Autor: Oleg Nashchubskiy
Übersetzer: E. Borovkova

Kind und Mobbing in der Schule.
Wie erzieht man ein Kind, das nicht Opfer von Mobbing wird.

UA Herz.
Private gemeinnützige Stiftung.

Waisenhäuser, die vom Krieg zwischen Russland und der Ukraine
betroffene Kinder betreuen, erhalten 50 % des Gewinns aus dem Verkauf
dieses Buches.

✧·✧·✧·✧·✧·✧·✧·✧·✧·✧·✧·✧·✧·✧·✧

✧ Dieses Buch ist auf Amazon erhältlich . com wurde gleichzeitig in sieben Sprachen veröffentlicht : Englisch, Spanisch, Deutsch, Französisch , Portugiesisch, Italienisch und Ukrainisch.

✧ Das Buch ist bereits in gedruckter Form erhältlich, auf hochwertigem Papier mit Hardcover, das eine höhere Stabilität und Haltbarkeit garantiert.

✧ Das Buch wird auch im bedruckten Softcover-Format verkauft, was das Mitführen des Buches erleichtert.

✧ Natürlich können Sie dieses Buch auch in einer digitalen Version erwerben, was viel günstiger ist und es Ihnen ermöglicht, das Buch auf jedem modernen Gerät zu lesen.

✧·✧·✧·✧·✧·✧·✧·✧·✧·✧·✧·✧·✧·✧·✧

Alle meine Bücher, als Fortsetzungen dieser Buchreihe über die psychologische Erziehung von Kindern, sowie alle weiteren Bücher mit praktischen und theoretischen Praxismaterialien finden Sie bei Amazon unter Eingabe meines Nachnamens in die Suche: Nashchubskiy

✧·✧·✧·✧·✧·✧·✧·✧·✧·✧·✧·✧·✧·✧·✧

Einführung

Stellen Sie sich eine Kindheit voller heiterem Lächeln, Spielen mit Freunden und endloser Freude vor. Genau das wünschen wir uns alle für unsere Kinder – eine Welt, in der sie wachsen, lernen und aufblühen können. Allerdings gibt es in diesem Idealbild auch einen Schatten namens Mobbing. Es ist ein Schatten, der in die Herzen und Gedanken von Kindern eindringt und Spuren von Schmerz, Angst und unnötiger Verletzlichkeit hinterlässt.

Wir als Eltern, Lehrer und Mitglieder der Gesellschaft können dieser Herausforderung nicht gleichgültig gegenüberstehen. Unsere Kinder verdienen etwas Besseres, sie verdienen eine sichere Umgebung, in der sie sich in allen Aspekten ihrer Persönlichkeit weiterentwickeln können, ohne Angst vor geistiger oder körperlicher Misshandlung haben zu müssen.

Dieses Buch ist unser Versuch, die Lücke des Mobbings zu schließen. Wir laden Sie ein auf eine Reise des Verstehens, Einfühlungsvermögens und Handelns. Wir möchten Ihnen nicht nur ein Verständnis für die Natur des Mobbings bieten, sondern auch praktische Werkzeuge und Strategien, die Ihnen dabei helfen, ein Kind frei von seinem Einfluss zu erziehen. In diesem Buch vereinen wir modernste Forschung, Erfolgsgeschichten aus der Praxis und bewährte Strategien, um Ihnen dabei zu helfen, eine Umgebung zu schaffen, in der Ihr Kind in seiner ganzen Einzigartigkeit aufblühen kann. Wir behaupten nicht, für jede Situation die vollständige Antwort zu haben, aber wir sind zuversichtlich, dass wir mit Ihrer Liebe, Geduld und Ihrem Engagement die Welt für alle unsere Kinder ein wenig freundlicher und sicherer machen können. Dieses Buch ist nicht nur ein Leitfaden zur Bekämpfung von Mobbing, sondern auch ein Aufruf zum Handeln. Wir laden Sie ein, Teil einer Bewegung zur Schaffung einer fürsorglicheren und integrativeren Gesellschaft zu werden, in der jedes Kind seinen Platz an der Sonne finden kann. Dieses Buch ist eine Stimme der Hoffnung in einer Welt, in der Mobbing manchmal überwältigend erscheint. Wir glauben, dass wir mit Ihrer Unterstützung und der Kraft unseres gemeinsamen Handelns eine Welt schaffen können, in der jedes Kind in seiner ganzen Einzigartigkeit entfalten kann, frei von den dunklen Mächten des Mobbings.

Lassen Sie uns gemeinsam die Fackel des Wissens und der Empathie hochhalten, um allen Kindern den Weg in eine bessere Zukunft zu ebnen. Bereiten Sie sich darauf vor, in diese wichtige und aufregende Welt einzutauchen, in der Ihre Teilnahme einen echten Unterschied machen kann. Vielen Dank, dass Sie diesen Weg mit uns gewählt haben.

Lassen Sie uns diese wichtige Reise gemeinsam beginnen, denn in jedem Kind steckt ein Licht, das es verdient, in seiner ganzen Schönheit und Erhabenheit zu strahlen.

❖·❖·❖·❖·❖·❖·❖·❖·❖·❖·❖·❖·❖·❖·❖

Kapitel 1.
Bulling und seine Auswirkungen auf Kinder.

Mobbing ist eine Form aggressiven Verhaltens, das dadurch gekennzeichnet ist, dass einer anderen Person absichtlich und wiederholt Schaden, Schaden oder Unbehagen zugefügt wird. Dies kann sich durch körperliche Gewalt, verbale Drohungen, Beleidigungen oder Annäherungsversuche sowie psychische Traumata, Isolation und Online-Cybermobbing äußern.

Die Auswirkungen von Mobbing auf Kinder können verheerend sein und schwerwiegende Folgen für ihr körperliches und emotionales Wohlbefinden sowie ihre soziale Anpassung und ihre schulischen Leistungen haben. Hier sind einige der Hauptaspekte der Auswirkungen von Mobbing auf Kinder:

1. Emotionale Probleme: Kinder, die gemobbt werden, leiden häufig unter Angstgefühlen, Ängsten, Depressionen, Verzweiflung und einem geringen Selbstwertgefühl. Sie fühlen sich möglicherweise isoliert und unsichtbar, was sich auf ihr emotionales Wohlbefinden auswirkt.

Mobbing kann dazu führen, dass Kinder Angst vor der Schule oder anderen sozialen Situationen haben, in denen sie Mobbern begegnen könnten. Sie fühlen sich möglicherweise ständig gestresst und ängstlich und wissen nicht, wann und wo der nächste Angriff stattfinden wird.

Ständiger Spott, Drohungen und die Aufmerksamkeit von Mobbern können dazu führen, dass sich Kinder hoffnungslos und verzweifelt fühlen. Sie beginnen möglicherweise, an sich selbst und ihren Fähigkeiten zu zweifeln und haben das Gefühl, dass sich ihre Situation durch nichts verbessern lässt.

Ständiges missbräuchliches Verhalten durch Mobber kann das Selbstvertrauen eines Kindes untergraben. Sie können anfangen, negative Meinungen über sich selbst zu glauben und sich selbst als minderwertig und unfähig wahrzunehmen. Dies kann zu negativen Selbstgesprächen und Zweifeln an Ihrem Wert führen.

Kinder, die gemobbt werden, können sich von Gleichaltrigen abgelehnt und sogar von Familie und Freunden isoliert fühlen. Möglicherweise verbergen sie ihre Probleme aus Angst oder Scham, was ihr Gefühl der Unsichtbarkeit und Einsamkeit verstärken kann.

Diese emotionalen Probleme können das geistige Wohlbefinden eines Kindes und seine Fähigkeit, im Alltag erfolgreich zu funktionieren, erheblich beeinträchtigen. Das Verständnis dieser Aspekte hilft uns, die Notwendigkeit zu erkennen, Mobbing zu bekämpfen und ein unterstützendes Umfeld zu schaffen, in dem sich Kinder sicher und akzeptiert fühlen können.

2. Psychische Folgen: Mobbing kann zu schwerwiegenden psychischen Problemen wie einer posttraumatischen Belastungsstörung (PTSD), Selbstmordgedanken und -versuchen sowie verminderter Motivation und Interesse an der Schule führen.

Ständige Gewalt und Drohungen durch Mobber können bei Kindern zur Entwicklung einer PTBS führen. Sie erleben möglicherweise wiederholt gruselige Mobbingszenen als Rückblenden oder Albträume, verspüren starken Stress und Angst, wenn sie sich an diese Ereignisse erinnern, und meiden Situationen, die sie daran erinnern.

Eine der gefährlichsten und tragischsten Folgen von Mobbing ist das Risiko, dass Kinder Selbstmordgedanken und Selbstmordverhalten entwickeln. Sie haben möglicherweise das Gefühl, dass es keinen Ausweg aus der Situation gibt und dass der Tod der einzige Weg ist, dem Leiden zu entkommen. Dies erfordert ein sofortiges Eingreifen und die Unterstützung von Angehörigen und Spezialisten.

Mobbing kann die Lernmotivation und das Lerninteresse eines Kindes stark beeinträchtigen. Sie beginnen möglicherweise, die Schule zu meiden, weil sie befürchten, gemobbt zu werden, oder weil ihre schulischen Leistungen aufgrund von Stress und Ängsten nachgelassen haben. Dies kann zu längeren Fehlzeiten in der Schule und schlechten schulischen Leistungen führen.

Diese psychologischen Auswirkungen von Mobbing können schwerwiegende Auswirkungen auf das Leben und Wohlbefinden eines Kindes haben. Es ist wichtig zu verstehen, dass die Unterstützung und Intervention von Erwachsenen der Schlüssel zur Überwindung dieser Probleme und zur Wiederherstellung der psychischen Gesundheit des Kindes ist. Die Schaffung eines sicheren und unterstützenden Umfelds in der Schule und zu Hause ist ein wichtiger Schritt, um diese negativen Folgen zu verhindern.

3. Soziale Isolation: Kinder, die Opfer von Mobbing sind, fühlen sich möglicherweise von Gleichaltrigen isoliert und haben Schwierigkeiten, Freundschaften aufzubauen und aufrechtzuerhalten. Dies kann zu sozialer Isolation und Einsamkeitsgefühlen führen.

Wenn ein Kind von Mobbern lächerlich gemacht oder aggressiv wird, kann es Schwierigkeiten haben, vertrauensvolle Beziehungen zu anderen Kindern aufzubauen. Möglicherweise fühlt er sich unbehaglich oder hat Angst, dass andere ihn genauso behandeln wie den Tyrannen.

Aus Angst, Mobbern gegenüberzutreten, meiden Kinder möglicherweise die Teilnahme an verschiedenen sozialen Aktivitäten. Sie verpassen möglicherweise Schultreffen, Ferien oder Spiele in den Pausen, weil sie befürchten, noch mehr lächerlich gemacht oder angegriffen zu werden.

Wenn ein Kind Opfer von Mobbing wird, kann dies zu einem Vertrauensverlust gegenüber anderen Kindern führen. Er könnte anfangen zu vermuten, dass sich alle gegen ihn wenden und potenziellen Freunden gegenüber misstrauisch werden könnten. Dies macht es schwierig, neue Freundschaften zu schließen und bestehende zu pflegen.

Aufgrund all dieser Faktoren kann sich das Kind isoliert und einsam fühlen. Möglicherweise findet er keinen Platz für sich im Team und fühlt sich für andere missverstanden und unsichtbar. Dies kann zu Gefühlen tiefer Einsamkeit und Verzweiflung führen.

Das Verständnis dieser Aspekte der sozialen Ausgrenzung hilft uns, die Notwendigkeit zu erkennen, Kinder, die Opfer von Mobbing sind, aktiv zu unterstützen und ihnen zu helfen. Die Schaffung eines unterstützenden und integrativen Umfelds, in dem sich jedes Kind wertgeschätzt und respektiert fühlt, ist der Schlüssel zur Verhinderung sozialer Isolation und ihrer negativen Folgen.

4. Lernschwierigkeiten: Mobbing kann sich negativ auf die schulischen Leistungen von Kindern auswirken, da die Lernmotivation abnimmt, es zu Fehlzeiten aufgrund von Angst kommt oder es sich negativ auf das psychische Wohlbefinden auswirkt.

Wenn ein Kind ständig Spott, Drohungen oder anderen Formen der Aggression durch Mobber ausgesetzt ist, kann seine Lernmotivation erheblich verringert werden. Möglicherweise verliert er aufgrund von Gefühlen der Hilflosigkeit und Verzweiflung das Interesse am Lernen, da er keinen Sinn darin sieht, gute Ergebnisse zu erzielen, die von Tyrannen unbemerkt bleiben oder sogar lächerlich gemacht werden.

Kinder, die gemobbt wurden, meiden möglicherweise die Schule, aus Angst, dem Tyrannen gegenüberzutreten. Selbst wenn sie an die Schule denken, verspüren sie möglicherweise Ängste und Sorgen, was zu systematischen Fehlzeiten führen kann. Dies wiederum führt zu Wissenslücken und einer Verschlechterung der Studienleistungen.

Ständige Anspannung und Stress im Zusammenhang mit Mobbing können sich negativ auf den psychischen Zustand des Kindes auswirken. Aufgrund ständiger Angst- und Unruhegefühle kann es zu einer Verschlechterung der Konzentration, des Gedächtnisses und der geistigen Leistungsfähigkeit kommen. Dies macht es schwierig, erfolgreich am Bildungsprozess teilzunehmen und neues Wissen zu erlernen.

Ein gemobbtes Kind verliert möglicherweise das Interesse an der Schule, weil es sich auf seine Probleme und sein Leid konzentriert. Möglicherweise sieht er die Schule als einen Ort an, an dem er sich unglücklich und als Versager fühlt, was zu einem weiteren Rückzug aus dem Bildungsprozess und schlechten Leistungen führt.

Diese Lernschwierigkeiten können schwerwiegende Auswirkungen auf das akademische und soziale Leben eines Kindes haben. Es ist wichtig, Maßnahmen zu ergreifen, um Mobbing vorzubeugen und die betroffenen Kinder zu unterstützen, damit sie diese Schwierigkeiten überwinden und ihr Potenzial in der Schule und im Leben entfalten können.

5. Langfristige Folgen: Die Auswirkungen von Mobbing können Kinder ihr ganzes Leben lang verfolgen, Spuren psychologischer und emotionaler Traumata hinterlassen und ihre Fähigkeit beeinträchtigen, gesunde Beziehungen aufzubauen und im Erwachsenenalter Erfolg zu haben.

Mobbing kann tiefe psychologische und emotionale Narben hinterlassen, die Kinder ein Leben lang begleiten können. Zu diesen Traumata können eine posttraumatische Belastungsstörung (PTBS), Depressionen, Angststörungen sowie Probleme mit dem Selbstwertgefühl und Selbstvertrauen gehören. Langfristige emotionale Wunden können die Fähigkeit einer Person, mit den Herausforderungen des Lebens umzugehen, und ihr allgemeines Wohlbefinden beeinträchtigen.

Kinder, die gemobbt wurden, können im Erwachsenenalter Schwierigkeiten haben, gesunde und vertrauensvolle Beziehungen aufzubauen. Sie verspüren möglicherweise Misstrauen gegenüber anderen Menschen, haben Angst, erneut verletzlich zu sein, und haben Schwierigkeiten, Empathie und Mitgefühl für andere zu zeigen. Dies kann ihre Fähigkeit beeinträchtigen, sich an neue Umgebungen und Umstände anzupassen.

Die psychologischen und emotionalen Auswirkungen von Mobbing können sich auch auf die Erfolgsfähigkeit einer Person im Erwachsenenalter auswirken. Dies kann sich auf ihre akademische und berufliche Laufbahn sowie auf ihre persönlichen Beziehungen und ihr allgemeines Lebensgefühl auswirken. Der Wunsch nach Selbstverwirklichung und Erfolg kann aufgrund interner Barrieren, die durch Mobbing in der Kindheit entstehen, geschwächt werden.

Diese langfristigen Auswirkungen von Mobbing verdeutlichen die Bedeutung einer frühzeitigen Intervention und Unterstützung für Kinder, die dieser Art von Gewalt ausgesetzt sind. Die Bereitstellung emotionaler Unterstützung, Beratung und Erholungsmöglichkeiten kann Kindern helfen, mit den Auswirkungen von Mobbing umzugehen und ihren Weg zu einem gesunden, glücklichen Leben fortzusetzen.

Das Verständnis dieser Konsequenzen hilft zu verstehen, wie wichtig es ist, Mobbing zu bekämpfen und ein sicheres und unterstützendes Umfeld für alle Kinder zu schaffen.

Mobbing ist systematisches, vorsätzliches und aggressives Verhalten, das darauf abzielt, eine andere Person zu demütigen, einzuschüchtern oder zu schädigen. Sie kann sich in verschiedenen Formen äußern, etwa in körperlicher Gewalt, verbalen Beschimpfungen oder sozialer Ausgrenzung. Die Rolle von Eltern und Pädagogen bei der Mobbingprävention besteht darin, Kinder zu erziehen, zu überwachen und zu unterstützen, um ein sicheres Umfeld in der Schule zu schaffen. Die Rolle von Eltern und Pädagogen bei der Prävention von Mobbing ist von entscheidender Bedeutung. Deshalb:

Eltern:

1. Schaffen Sie ein unterstützendes Umfeld: Eltern können zu Hause eine unterstützende und einfühlsame Atmosphäre schaffen, in der sich Kinder wohl und sicher fühlen. Sie sollten ihren Kindern beibringen, andere zu respektieren und freundlich und hilfsbereit zu sein.

Eltern können Empathie und Mitgefühl gegenüber ihren Kindern vorleben, indem sie ihnen zeigen, wie sie fürsorglich und rücksichtsvoll mit den Gefühlen anderer umgehen können. Sie können mit Kindern über Emotionen und Erfahrungen sprechen, ihnen beibringen, die Gefühle anderer Menschen zu verstehen und mit Empathie auf sie zu reagieren.

Es ist wichtig, dass Kinder das Gefühl haben, dass sie ihre Probleme und Erfahrungen offen mit ihren Eltern besprechen können. Eltern müssen bereit sein, ihren Kindern zuzuhören, sie in schwierigen Situationen zu unterstützen und ihnen bei der Lösung von Problemen zu helfen.

Eltern sollten ihren Kindern beibringen, Unterschiede zwischen Menschen zu respektieren, sei es Unterschiede in Kultur, Religion, Rasse, sexueller Orientierung oder anderen Aspekten. Sie sollten Toleranz und Offenheit gegenüber Vielfalt fördern.

Eltern können die familiären Bindungen stärken und ein unterstützendes Umfeld schaffen, indem sie Zeit mit ihren Kindern verbringen, an gemeinsamen Aktivitäten teilnehmen und Familientraditionen schaffen. Dies hilft den Kindern, sich als Teil eines Ganzen zu fühlen und Unterstützung in der Familie zu erfahren.

Die Schaffung eines unterstützenden Umfelds in der Familie spielt eine wichtige Rolle bei der Bildung des psychischen Wohlbefindens und der emotionalen Stabilität von Kindern. Diese Atmosphäre des Vertrauens, des Verständnisses und der Unterstützung hilft Kindern, sich zu emotional gesunden und selbstbewussten Menschen zu entwickeln, was wiederum dazu beiträgt, sie vor Mobbing zu schützen.

2. Vermittlung emotionaler Intelligenzfähigkeiten: Eltern können ihren Kindern emotionale Intelligenzfähigkeiten beibringen, einschließlich des Umgangs mit Emotionen, des Zeigens von Empathie und der friedlichen Lösung von Konflikten. Diese Fähigkeiten helfen Kindern, effektiv mit anderen zu interagieren und Konflikte zu vermeiden.

Eltern können Kindern dabei helfen, Fähigkeiten zum Umgang mit ihren Emotionen zu entwickeln, indem sie ihnen beibringen, ihre Gefühle zu erkennen und zu benennen, zu verstehen, was diese Emotionen auslöst, und zu lernen, wie sie geeignete Ausdrucksformen wählen. Dadurch können Kinder besser mit Stress umgehen und sich an unterschiedliche Situationen anpassen, wodurch emotionale Ausbrüche verhindert werden, die zu Konflikten führen können.

Empathie ist die Fähigkeit, sich in die Lage einer anderen Person zu versetzen und deren Gefühle und Erfahrungen zu verstehen. Eltern können Kindern beibringen, sensibel auf die Gefühle anderer Menschen zu reagieren, aktiv zuzuhören, Fragen zu stellen und Unterstützung auszudrücken. Empathie hilft Kindern, ihre Mitmenschen besser zu verstehen, Freundschaften zu stärken und Konflikte zu vermeiden, die auf Missverständnissen oder Unwissenheit beruhen.

Eltern können ihren Kindern Fähigkeiten zur konstruktiven Konfliktlösung beibringen, darunter das Ausdrücken ihrer Gefühle und Bedürfnisse, das Finden von Kompromissen und alternativen Lösungen sowie das Erlernen der Versöhnung nach einem Konflikt. Dies hilft Kindern, aggressives Verhalten zu vermeiden und Wege zu finden, friedlich mit anderen zusammenzuarbeiten und zusammenzuleben.

Eltern können auch zu Hause eine emotional sichere Umgebung schaffen, in der Kinder ihre Gefühle und Bedürfnisse frei zum Ausdruck bringen können, ohne Angst vor Urteil oder Bestrafung haben zu müssen. Dies fördert emotionale Offenheit und Vertrauen unter den Familienmitgliedern und schafft die Grundlage für eine effektive Vermittlung emotionaler Intelligenzfähigkeiten.

Die Entwicklung dieser Fähigkeiten hilft Kindern, erfolgreich mit der Welt um sie herum zu interagieren, hochwertige Beziehungen aufzubauen und Konflikten vorzubeugen, was für ihr psychisches Wohlbefinden und den Schutz vor Mobbing wichtig ist.

3. Unterstützung und Vertrauen: Eltern sollten ihre Kinder unterstützen, wenn sie Opfer von Mobbing werden, und ihnen ein vertrauensvolles Umfeld bieten, in dem sie ihre Probleme sicher teilen können. Dadurch fühlen sich die Kinder unterstützt und haben keine Angst, um Hilfe zu bitten.

Eltern müssen bereit sein, ihren Kindern aktiv zuzuhören, wenn sie ihre Probleme oder Erfahrungen im Zusammenhang mit Mobbing mitteilen möchten. Das bedeutet, den Kindern die Möglichkeit zu geben, ihre Gefühle und Gedanken frei auszudrücken, ohne sie zu unterbrechen oder Ratschläge zu geben, bis ihnen vollständig zugehört wird.

Eltern sollten die emotionalen Reaktionen ihrer Kinder auf Mobbing anerkennen und bestätigen, indem sie ihnen erlauben, ihre Wut, Angst, Traurigkeit oder Frustration auszudrücken. Es ist wichtig, dass Kinder das Gefühl haben, dass ihre Gefühle wichtig und berechtigt sind, und dass die Eltern bereit sind, ihnen bei der Bewältigung dieser Gefühle zu helfen.

Eltern müssen ein offenes und vertrauensvolles Umfeld schaffen, in dem sich Kinder wohl und sicher fühlen, um über ihre Mobbingprobleme zu sprechen. Das bedeutet, bei der Diskussion über Mobbing Vertraulichkeit zu wahren und den Eltern Unterstützung und Schutz zuzusagen.

Eltern sollten mit ihren Kindern zusammenarbeiten, um Lösungen gegen Mobbing zu finden. Gemeinsam können sie Strategien besprechen, wie sie damit umgehen, sich schützen oder Hilfe suchen können. Dies stärkt das Gefühl der Zusammenarbeit und Unterstützung innerhalb der

Familie.

Eltern sollten mit ihren Kindern in Kontakt bleiben und ihnen weiterhin Unterstützung und Hilfe bei der Bewältigung von Mobbing bieten. Es ist wichtig, dass Kinder wissen, dass sie nicht allein sind und dass ihre Eltern immer da sind, um ihnen bei der Bewältigung von Schwierigkeiten zu helfen.

4. Empathie und Respekt lehren: Eltern können ihren Kindern Empathie und Respekt für andere beibringen. Das Verstehen der Gefühle und Perspektiven anderer hilft Kindern, Toleranz und Akzeptanz gegenüber Vielfalt zu entwickeln, was die Wahrscheinlichkeit von Aggression und Mobbing verringert.

Empathie ist die Fähigkeit, sich in die Lage einer anderen Person zu versetzen und deren Gefühle und Erfahrungen zu verstehen. Eltern können ihren Kindern diese wichtige Fähigkeit auf verschiedene Weise beibringen, beispielsweise durch die Diskussion der Gefühle und Erfahrungen von Figuren in Büchern oder Filmen, die Analyse realer Situationen und die Identifizierung der Gefühle und Bedürfnisse anderer Menschen. Empathie hilft Kindern, Verständnis und Mitgefühl für andere zu entwickeln, was dazu beiträgt, ein freundlicheres und verständnisvolleres Umfeld zu schaffen.

Eltern können ihren Kindern auch beibringen, Unterschiede zwischen Menschen zu respektieren, seien es Unterschiede in Kultur, Religion, Rasse, sexueller Orientierung oder anderen Aspekten. Sie können mit Kindern über die Bedeutung von Vielfalt und Toleranz sprechen und betonen, dass jeder Mensch einzigartig ist und das Recht auf Respekt und Würde hat. Dies hilft Kindern, Voreingenommenheit und Diskriminierung zu vermeiden, was ein wichtiger Faktor zur Vermeidung von Mobbing und Konflikten aufgrund von Missverständnissen ist.

Eltern können Freundlichkeit und Fürsorge für andere vorleben, indem sie ihren Kindern zeigen, dass Respekt und Empathie wichtige Eigenschaften in zwischenmenschlichen Beziehungen sind. Sie können Kinder dazu ermutigen, fürsorglich und rücksichtsvoll gegenüber anderen zu sein, ihnen in schwierigen Situationen helfen und ihre Gefühle der Dankbarkeit und Wertschätzung zum Ausdruck bringen. Dies trägt dazu bei, ein freundlicheres und unterstützenderes Umfeld zu schaffen, in dem sich jeder akzeptiert und respektiert fühlt.

Eltern können ihre Kinder dazu ermutigen, offen für Unterschiede zu sein und Menschen so zu akzeptieren, wie sie sind. Dazu gehört der Respekt vor unterschiedlichen kulturellen, religiösen und sozialen Praktiken sowie die Vielfalt der Meinungen und Überzeugungen. Toleranz hilft Kindern, positive Beziehungen zu anderen aufzubauen und Konflikte zu vermeiden, die auf Voreingenommenheit oder Missverständnissen beruhen.

5. Überwachung der Online-Aktivitäten: Heutzutage ereignen sich

viele Fälle von Mobbing im Online-Umfeld. Eltern sollten die sozialen Medien und Internetaktivitäten ihrer Kinder überwachen, negative Aspekte der Online-Interaktionen mit ihnen besprechen und ihnen sicheres und ethisches Verhalten im Internet beibringen.

Eltern sollten ihre Kinder über die potenziellen Gefahren aufklären, denen sie online begegnen können, darunter Mobbing, Gewalt im Internet, obszöne Inhalte und rechtswidriges Verhalten. Es ist wichtig, dass Kinder verstehen, dass solche Situationen ihrer emotionalen und psychischen Gesundheit schaden können und wissen, wie sie darauf reagieren sollen.

Eltern sollten klare Regeln und Grenzen für die Nutzung des Internets und sozialer Medien festlegen, einschließlich der Online-Zeit und der Inhalte, mit denen Kinder interagieren können. Dazu kann es gehören, den Zugriff auf bestimmte Websites oder Apps einzuschränken und bestimmte Online-Sicherheitsregeln mit Ihren Kindern zu besprechen.

Eltern sollten ihren Kindern Fähigkeiten zur Internetsicherheit beibringen, einschließlich der Geheimhaltung persönlicher Daten, der Verwendung sicherer Passwörter, des Bewusstseins für die Risiken im Umgang mit Fremden und des Erkennens potenziell gefährlicher Situationen. Sie können auch Strategien zum Umgang mit unerwünschtem Online-Verhalten und Möglichkeiten, sich selbst zu schützen, mit ihren Kindern besprechen.

Es ist wichtig, dass Eltern einen offenen Dialog mit ihren Kindern über deren Online-Aktivitäten und mögliche Probleme führen. Kinder müssen wissen, dass sie um Hilfe bitten können, wenn sie online Mobbing oder andere negative Situationen erleben, und dass ihre Eltern immer bereit sind, sie zu unterstützen und ihnen bei der Lösung des Problems zu helfen.

6. Unterstützung bei der Konfliktlösung: Eltern können ihren Kindern Fähigkeiten beibringen, Konflikte ohne Gewalt oder Aggression zu lösen. Sie sollten bereit sein, ihre Kinder bei Konflikten zu unterstützen und ihnen dabei zu helfen, konstruktive Wege zur Problemlösung zu finden.

Eltern können ihren Kindern wirksame Kommunikationsfähigkeiten beibringen, die die Grundlage für die Konfliktlösung bilden. Dazu gehört die Fähigkeit, Ihre Gefühle und Bedürfnisse klar und selbstbewusst auszudrücken, sowie die Fähigkeit, den Standpunkten anderer Menschen zuzuhören und sie zu verstehen. Eltern können Kindern beibringen, nicht konfrontative Kommunikationsformen wie „Ich-Nachrichten" zu verwenden, um Schuldzuweisungen und aggressive Gespräche zu vermeiden.

Es ist wichtig, dass Kinder verstehen, dass die Konfliktlösung ein gemeinschaftlicher Prozess ist und dass sie mit anderen zusammenarbeiten können und sollten, um eine Lösung zu finden, die alle Parteien zufriedenstellt. Eltern können Zusammenarbeit und kreatives Denken fördern, indem sie Kindern helfen, alternative Lösungen für Probleme zu finden und Kompromisse einzugehen.

Eltern können ihren Kindern dabei helfen, Fähigkeiten zum Umgang mit Emotionen in Konfliktsituationen zu entwickeln. Dazu gehört, dass Sie lernen, innezuhalten, bevor Sie wütend oder gereizt reagieren, und lernen, Ihre Emotionen zu kontrollieren, um zu verhindern, dass sie eskalieren. Eltern können ihren Kindern beibringen, in Konfliktsituationen Entspannungstechniken oder Atemübungen anzuwenden, um Stress und Anspannung abzubauen.

Eltern können Vorbilder für ihre Kinder sein, indem sie ihnen zeigen, wie sie Konflikte ruhig und konstruktiv lösen können. Dazu gehört, mit Kindern über Beispiele aus ihrem eigenen Leben zu sprechen oder ihnen zu zeigen, wie Eltern selbst Konflikte mit anderen lösen. Das Vorleben positiven Verhaltens hilft Kindern, Fähigkeiten zur Konfliktlösung zu erlernen und diese auf ihr eigenes Leben anzuwenden.

7. Beteiligung der Gemeinschaft: Eltern können sich aktiv an Gemeinschaftsinitiativen beteiligen, um Mobbing in Schulen und in der Gemeinschaft insgesamt zu verhindern. Sie können mit anderen Eltern, Pädagogen und örtlichen Behörden zusammenarbeiten, um sichere und unterstützende Gemeinschaften zu schaffen, in denen sich jedes Kind sicher und respektiert fühlt.

Eltern können Bildungsprogramme und Aktivitäten zur Bekämpfung und Sensibilisierung für Mobbing aktiv unterstützen und daran teilnehmen. Dies könnte in Form von Workshops, Workshops, Expertentreffen oder anderen Bildungsformen erfolgen, um Eltern und Kindern zu helfen, zu verstehen, wie sie Mobbing erkennen, verhindern und darauf reagieren können, wenn es auftritt.

Eltern können Anti-Mobbing-Programme und -Richtlinien in Schulen unterstützen und fördern, die dazu beitragen, ein sicheres und unterstützendes Umfeld für Schüler zu schaffen. Sie können mit Schulleitungen und anderen Eltern zusammenarbeiten, um Strategien zur Mobbingprävention zu entwickeln und umzusetzen, Schulungsaktivitäten durchzuführen und die Wirksamkeit von Interventionen zu überwachen.

Eltern können mit anderen Eltern und Gemeinschaftsorganisationen zusammenarbeiten, um Gemeinschaften zu schaffen, in denen sich jedes Kind sicher und respektiert fühlt. Dazu kann die Organisation von Aktivitäten gehören, um Kinder unterschiedlichen Alters und unterschiedlichen kulturellen Hintergrunds zusammenzubringen, sowie die Schaffung von Räumen und Möglichkeiten für die Interaktion und Zusammenarbeit zwischen Eltern und Kindern.

Eltern können eine wichtige Rolle bei der Unterstützung von Opfern und Zeugen von Mobbing spielen, indem sie emotionale Unterstützung bieten, ihnen helfen, Hilfe und Schutz zu suchen, und als Fürsprecher für wirklich freundliches und respektvolles Verhalten in der Gemeinschaft auftreten. Es ist wichtig, dass jedes Kind weiß, dass es Unterstützung und

Schutz hat, wenn es Probleme mit Mobbing gibt.

Eltern spielen eine Schlüsselrolle bei der Gestaltung der Werte, Fähigkeiten und Verhaltensweisen ihrer Kinder. Ihre aktive Beteiligung an der Bekämpfung von Mobbing und der Schaffung eines sicheren Umfelds für Kinder trägt dazu bei, diese Art von Gewalt zu verhindern und eine gesunde psychologische und emotionale Entwicklung von Kindern sicherzustellen.

Lehrer:

1. Schulung und Aufklärung: Lehrer haben die Möglichkeit, Bildungsaktivitäten durchzuführen und Schüler über die Gefahren von Mobbing, seine Folgen und Präventionsmethoden aufzuklären. Sie können ein sicheres Schulumfeld schaffen, in dem Respekt und Toleranz Priorität haben.

Pädagogen können Unterricht über Mobbing und seine Folgen in den Lehrplan integrieren, einschließlich des Themas in Sozialkunde, Psychologie, Ethik oder anderen Fächern. Dies wird es den Schülern ermöglichen, ein Bewusstsein für Mobbing zu entwickeln und Fähigkeiten in Bezug auf Empathie, Toleranz und Respekt für Unterschiede zu entwickeln.

Lehrer können für Schüler Schulungen, Seminare und Workshops zum Thema Mobbing und Möglichkeiten zur Mobbingprävention organisieren. Durch diese Aktivitäten können Schüler Probleme im Zusammenhang mit Mobbing diskutieren, Strategien entwickeln, um darauf zu reagieren, und lernen, wie sie ihren Mitschülern helfen können, wenn sie negative Auswirkungen erleben.

Pädagogen können schulische Anti-Mobbing-Programme entwickeln und umsetzen, die Null-Toleranz-Richtlinien gegenüber Mobbing, Melde- und Unterstützungsmechanismen für Opfer sowie die Schulung von Schülern in Konfliktlösung und zwischenmenschlichen Kommunikationsfähigkeiten umfassen.

Lehrer können als Vorbild für respektvolles und tolerantes Verhalten im Umgang mit Schülern und Kollegen dienen. Ihre Kommunikation und Interaktion mit den Schülern sollte die Werte Respekt, Toleranz und Fairness widerspiegeln und so eine Atmosphäre des gegenseitigen Verständnisses und der Unterstützung in der Schule schaffen.

Pädagogen können den Schülern auch Fähigkeiten zur emotionalen Intelligenz vermitteln, einschließlich Emotionsmanagement, Empathie und soziale Fähigkeiten. Dies wird den Schülern helfen, sich selbst und andere besser zu verstehen und in sozialen Situationen effektiver zu interagieren, was die Wahrscheinlichkeit von Konflikten und Mobbing verringern kann.

2. Überwachung und Intervention: Pädagogen müssen die soziale Dynamik im Klassenzimmer und in der Schule sorgfältig überwachen, um Mobbingfälle umgehend zu erkennen und sofort einzugreifen. Sie müssen bereit sein, die Schüler zu unterstützen und Konflikte zwischen ihnen zu

lösen, indem sie ihnen beibringen, konstruktiv miteinander umzugehen.

Pädagogen sollten auf Verhaltens- und Einstellungsänderungen der Schüler achten, die auf mögliches Mobbingverhalten hinweisen könnten. Dazu gehört die Beobachtung von Veränderungen in den Lernaktivitäten, im Sozialverhalten und im emotionalen Zustand der Schüler sowie im Auftreten physischer oder emotionaler Spuren am Körper oder im Verhalten.

Wenn Mobbingfälle festgestellt werden, müssen Pädagogen sofort eingreifen und alle Betroffenen unterstützen. Dazu kann es gehören, mit dem Opfer zu sprechen und ihm Schutz zu gewähren, Disziplinarmaßnahmen gegen Straftäter zu ergreifen und Aufklärungsprogramme für alle an der Situation Beteiligten durchzuführen.

Pädagogen sollten den Schülern aktiv die Fähigkeiten vermitteln, konstruktiv zu interagieren und Konflikte gewaltfrei zu lösen. Dazu gehört die Vermittlung effektiver Kommunikation, der Umgang mit Emotionen und Konfliktsituationen sowie die Förderung von gegenseitigem Respekt und Verständnis.

Pädagogen müssen im Klassenzimmer und in der Schule als Ganzes ein sicheres und unterstützendes Umfeld schaffen und aufrechterhalten. Dazu gehört die Schaffung von Regeln und Vorschriften, die Mobbing und Gewalt verbieten, sowie die Durchführung von Aktivitäten und Programmen zur Stärkung der Freundschaft, Zusammenarbeit und des Verständnisses unter den Schülern.

Pädagogen können dazu beitragen, das öffentliche Bewusstsein für Mobbing zu schärfen, indem sie mit Eltern, anderen Pädagogen und Gemeinschaftsorganisationen zusammenarbeiten. Sie können Initiativen zur Prävention von Mobbing im Bildungsbereich und darüber hinaus aktiv unterstützen.

Ergänzen wir natürlich die Liste der Rollen von Lehrern bei der Mobbingprävention:

4. Prävention und Bildung: Pädagogen können systematische Maßnahmen ergreifen, um Mobbing zu verhindern, einschließlich der Vermittlung von Fähigkeiten der Schüler in sozialer Kompetenz, emotionaler Entwicklung und konstruktiver Konfliktlösung. Dazu gehört die Durchführung von Schulungen, Vorträgen, Spielen und anderen Bildungsveranstaltungen.

Pädagogen können den Schülern soziale Kompetenzen vermitteln, zu denen die Fähigkeit gehört, effektiv zu kommunizieren, zusammenzuarbeiten und gesunde Beziehungen zu anderen aufzubauen. Dazu gehört auch die Entwicklung emotionaler Intelligenz, die es Kindern ermöglicht, ihre Emotionen besser zu verstehen und zu bewältigen, sowie Empathie und Respekt für die Gefühle anderer.

Pädagogen können Schulungen durchführen, die darauf abzielen, die

Fähigkeiten der Schüler zur Konfliktprävention und -lösung zu entwickeln. Dazu kann die Vermittlung adaptiver Strategien für die Reaktion auf unangenehme Situationen, die Fähigkeit, Kompromisse auszuhandeln und Win-Win-Lösungen zu suchen, sowie die Bereitstellung von Instrumenten zum Abbau von Spannungen während eines Konflikts gehören.

Pädagogen können den Schülern helfen, zu verstehen, was Mobbing ist, welche Formen es annehmen kann und welche Konsequenzen es haben kann. Dies ermöglicht es den Schülern, Mobbing besser zu erkennen und darauf zu reagieren, und schafft eine Umgebung des offenen Dialogs, in der Kinder ihre Sorgen und Bedenken mit Lehrern und anderen Schülern besprechen können.

Essen in einem Klassenzimmer und einer Schule, in der sich jeder Schüler akzeptiert und respektiert fühlt. Dazu gehört die Förderung von Freundlichkeit, Respekt und Toleranz sowie die Unterstützung kultureller und persönlicher Vielfalt.

5. Unterstützung von Mobbingopfern und Mobbingopfern: Pädagogen müssen darauf vorbereitet sein, sowohl Mobbingopfer als auch diejenigen, die aggressives Verhalten zeigen, zu unterstützen. Sie müssen in der Lage sein, Mobbingfälle zu erkennen und den Opfern vertrauliche und einfühlsame Unterstützung sowie Hilfestellung bei der Verhaltensänderung von Mobbingopfern zu bieten.

Pädagogen müssen Mobbingopfern nicht nur emotionale Unterstützung, sondern auch praktische Hilfe bei der Lösung des Problems bieten. Dazu gehört die Schaffung einer vertrauensvollen Atmosphäre, in der Opfer sich wohl fühlen, über ihre Erfahrungen zu sprechen, sowie die Bereitstellung von Informationen über Ressourcen und Dienste, die ihnen helfen können, mit den Auswirkungen von Mobbing umzugehen.

Pädagogen müssen verstehen, dass aggressives Verhalten häufig auf zugrunde liegende Probleme und Defizite in den sozialen Fähigkeiten von Kindern zurückzuführen ist. Anstatt Mobber einfach nur zu bestrafen, sollten Pädagogen mit ihnen zusammenarbeiten, um ihnen zu helfen, die Konsequenzen ihres Handelns zu verstehen und Empathie und konstruktive Wege zur Konfliktlösung zu entwickeln. Dazu können Einzelgespräche, Gruppenschulungen zu sozialen Kompetenzen und Konfliktlösung sowie die Zusammenarbeit mit den Eltern gehören, um Verhaltensänderungen zu Hause zu unterstützen.

Pädagogen müssen einen sicheren Raum schaffen, in dem sich sowohl Opfer als auch Mobber geschützt und unterstützt fühlen können. Dazu gehört die Festlegung klarer Regeln und Vorschriften zum Verbot von Mobbing und Gewalt sowie die Förderung einer offenen Kommunikation und vertrauensvollen Beziehungen zwischen Schülern und Lehrkräften.

6. Schaffen Sie einen sicheren Raum: Pädagogen müssen eine sichere und unterstützende Lernumgebung schaffen, in der sich jeder Schüler respektiert und geschützt fühlt. Dazu gehört die Annahme eines

Null-Toleranz-Ansatzes gegenüber Mobbing, die klare Vermittlung von Regeln höflicher Kommunikation und die Bereitstellung von Möglichkeiten zum Aufbau positiver zwischenmenschlicher Beziehungen.

Pädagogen müssen klar und konsequent darlegen, dass Mobbing im Bildungsumfeld nicht toleriert wird. Dazu gehört die aktive Überwachung der Aktivitäten im Klassenzimmer und auf dem Schulhof, die schnelle Reaktion auf Mobbingvorfälle und die Ergreifung angemessener Disziplinarmaßnahmen gegen Täter.

Lehrer sollten den Schülern systematisch die Regeln der höflichen Kommunikation und des Respekts gegenüber anderen Menschen vermitteln. Dazu gehört die Förderung grundlegender Normen und Werte wie gegenseitiger Respekt, Toleranz und Verständnis für Unterschiede. Pädagogen sollten auch gewünschtes Verhalten vorleben und positive zwischenmenschliche Interaktionen fördern.

Pädagogen sollten Situationen schaffen, die freundschaftliche und unterstützende Beziehungen zwischen den Schülern fördern. Dazu kann die Organisation von Gruppenprojekten, gemeinsamen Aktivitäten und Spielen gehören, die den Zusammenhalt und das Verständnis zwischen den Kindern fördern. Pädagogen können sich auch darauf konzentrieren, eine Unterrichtsumgebung zu schaffen, in der sich jeder Schüler akzeptiert und wertgeschätzt fühlt.

7. Entwicklung des Bewusstseins der Gemeinschaft: Pädagogen können aktiv daran arbeiten, das Bewusstsein der Gemeinschaft für das Problem des Mobbings zu stärken, indem sie Eltern, andere Pädagogen und die Gesellschaft als Ganzes einbeziehen. Sie können Veranstaltungen, Kampagnen und Projekte organisieren, die auf die Förderung von Toleranz, gegenseitiger Hilfe und Respekt abzielen.

Pädagogen sollten Eltern, andere Lehrkräfte und Mitglieder der Gemeinschaft aktiv in die Lösung des Mobbingproblems einbeziehen. Dazu kann die Organisation von Elterntreffen, Konferenzen und Workshops zum Thema Mobbing gehören sowie die Aufklärung der Öffentlichkeit über die Bedeutung von Toleranz und Respekt.

Pädagogen können innerhalb und außerhalb der Schule verschiedene Aktivitäten und Kampagnen organisieren, um Toleranz, gegenseitige Hilfe und Respekt zu fördern. Dies können Thementage, Wettbewerbe, Ausstellungen, Aufführungen oder andere Aktivitäten sein, die darauf abzielen, eine positive Atmosphäre in Schule und Gesellschaft zu schaffen.

Pädagogen können Projekte und Aktivitäten organisieren, die darauf abzielen, die zwischenmenschlichen Fähigkeiten der Schüler zu entwickeln. Dies können Gruppenaufgaben, Spiele, Trainings und Workshops sein, die auf die Entwicklung von Kommunikationsfähigkeiten, Empathie, Konfliktlösung und Zusammenarbeit abzielen.

Pädagogen sollten die Verbreitung von Informationen über das Mobbingproblem und Möglichkeiten zu seiner Lösung unterstützen. Dazu kann die Erstellung von Informationsbroschüren, Broschüren und Postern, die Veröffentlichung von Materialien auf der Schulwebsite oder in sozialen Medien sowie die Durchführung von Sensibilisierungskampagnen und Veranstaltungen gehören, um das Bewusstsein für Mobbing zu schärfen.

8. Zusammenarbeit mit Eltern und der Gemeinschaft: Pädagogen sollten aktiv mit Eltern und der Gemeinschaft zusammenarbeiten, um Mobbing zu verhindern und darauf zu reagieren. Sie können Elterntreffen, Diskussionen und gemeinsame Aktivitäten organisieren, um ein sicheres Schulumfeld zu schaffen.

Pädagogen sollten regelmäßig Elterngespräche und Diskussionen über Mobbing abhalten. Dies kann eine separate Veranstaltung oder Teil allgemeiner Schulversammlungen sein. Bei diesen Treffen können Pädagogen Eltern über Strategien zur Mobbingprävention aufklären, Informationen über die Anzeichen und Folgen von Mobbing bereitstellen und Möglichkeiten für Eltern und Schulen zur Zusammenarbeit bei der Reaktion auf Mobbingvorfälle besprechen.

Pädagogen sollten danach streben, Partnerschaften mit Eltern und der Gemeinschaft insgesamt aufzubauen. Dazu gehört, offen für das Feedback der Eltern zu sein, Eltern in die Entscheidungsfindung hinsichtlich der Sicherheit und des Wohlbefindens von Kindern in der Schule einzubeziehen und gemeinsam Aktivitäten zur Mobbingprävention zu planen und umzusetzen.

Pädagogen können Bildungsveranstaltungen und Schulungen für Eltern zum Thema Mobbing und dessen Prävention organisieren. Dabei kann es sich um eine Reihe von Vorträgen, Workshops oder Online-Kursen handeln, die Eltern Informationen und Hilfsmittel an die Hand geben, um ihren Kindern beim Umgang mit Mobbingsituationen zu helfen und ein sicheres und unterstützendes Umfeld in der Schule und in der Gemeinschaft zu fördern.

Pädagogen spielen eine entscheidende Rolle bei der Schaffung eines Bildungsumfelds, in dem sich jeder Schüler sicher und respektiert fühlen kann. Ihre Aktivitäten zielen nicht nur auf die Bildung ab, sondern auch darauf, bei den Schülern Wohlwollen, Empathie und Toleranz zu fördern, was dazu beiträgt, Mobbing vorzubeugen und eine positive Schulatmosphäre zu schaffen.

Eltern und Erzieher spielen eine Schlüsselrolle bei der Schaffung einer sicheren und unterstützenden Umgebung für Kinder, in der sie wachsen und sich entwickeln können, ohne Angst vor Mobbing haben zu müssen. Ihre aktive Teilnahme und Zusammenarbeit ist notwendig, um dieses Problem wirksam zu verhindern und zu bekämpfen.

✧ · ✧ · ✧ · ✧ · ✧ · ✧ · ✧ · ✧ · ✧ · ✧ · ✧ · ✧ · ✧ · ✧ · ✧

Kapitel 2.
Mobbing verstehen.

Mobbing ist die Schattenseite unserer Gesellschaft, ein Schatten, der viele Kinder und Jugendliche ständig heimsucht. Dabei handelt es sich nicht nur um einen Konflikt oder einen gewöhnlichen Streit auf dem Schulhof. Unter Mobbing versteht man systematischen Missbrauch, Schaden oder psychologischen Terror, der das Selbstwertgefühl, das emotionale Wohlbefinden und sogar die körperliche Gesundheit der Betroffenen beeinträchtigt.

Opfer von Mobbing sind die Hauptlast dieser Ungerechtigkeit. Das sind nicht nur Worte, es ist ein endloser Strom von Angst, Furcht und Verzweiflung, den sie auf ihren Schultern tragen. Durch Mobbing fühlen sie sich unsichtbar und isoliert von der Welt um sie herum. Sie verlieren das Selbstvertrauen, verlieren das Interesse am Lernen und verlieren den Glauben an sich selbst. Ihr ganzes Leben wird voller Leid und Schmerz, der unsichtbare Narben in ihrer Seele hinterlässt.

Doch die Folgen von Mobbing beschränken sich nicht nur auf emotionale Wunden. Sie dringen tiefer ein und hinterlassen Spuren im Innersten eines Menschen. Langfristige Auswirkungen können verheerend sein. Posttraumatische Belastungsstörungen, Selbstmordgedanken und soziale Isolation sind nur die Spitze des Eisbergs. Mobbing hinterlässt Spuren in Ihrem gesamten Leben und hindert Sie daran, gesunde Beziehungen aufzubauen und in der Zukunft Glück und Erfolg zu finden.

In Bildungseinrichtungen können Kinder mit verschiedenen Formen von Mobbing konfrontiert werden, die sich sowohl innerhalb der Schulmauern als auch im virtuellen Raum manifestieren können. Schauen wir uns die wichtigsten Arten von Mobbing an:

1. Körperliches Mobbing: Dies ist eine Form der Aggression, bei der andere Kinder körperlich misshandelt werden. Dazu können Schläge, Stöße, Tritte, Schläge oder andere körperliche Handlungen gehören, die darauf abzielen, dem Opfer Schaden zuzufügen oder es zu demütigen.

Körperliches Mobbing ist eine der offensichtlichsten und direktesten Formen der Aggression und kann sowohl das körperliche als auch das emotionale Wohlbefinden des Opfers ernsthaft schädigen. Diese Art von Mobbing kann sowohl innerhalb von Schulmauern als auch im Außenbereich, auf Spielplätzen oder anderen öffentlichen Orten auftreten. Sie kann sich in verschiedenen Formen körperlicher Gewalt äußern. Einer der wichtigen Aspekte von körperlichem Mobbing besteht darin, dass dasselbe Opfer ständig oder regelmäßig Aggressionen und Angriffen durch einen oder mehrere Angreifer ausgesetzt ist. In diesem Fall kann das Opfer aufgrund seines Status, seines Aussehens, seines Verhaltens oder anderer

Merkmale zum Ziel von Spott, Drohungen und körperlicher Gewalt werden. Dieses Verhalten kann zu Verletzungen und emotionalem Stress beim Opfer führen und eine Kultur der Angst und Unsicherheit in der Schule schaffen.

Körperliches Mobbing im Bildungsbereich kann sich auf verschiedene Weise äußern, darunter:

1. Kämpfen: Dies ist eine der offensichtlichsten Formen von körperlichem Mobbing, wenn Kinder in der Pause, während der Pause oder sogar im Unterricht mit anderen Kindern streiten. Dies kann zu Verletzungen sowohl der Kampfteilnehmer als auch Unbeteiligter führen.

2. Stoßen und Schlagen: Kinder können aggressiv werden, indem sie Gleichaltrige stoßen oder schlagen, um sie zu demütigen oder ihnen Schmerzen zuzufügen. Dies kann in verschiedenen Bereichen des Schulkomplexes auftreten, einschließlich Fluren, Cafeterien, Sportplätzen und sogar Bussen.

3. Treten und Stoßen: Hierbei handelt es sich um eine Form des Mobbings, bei der Kinder andere Kinder gezielt treten oder stoßen, wodurch sie sich verletzt oder gedemütigt fühlen. Dies kann an versteckten Orten wie Toiletten oder Hauswirtschaftsräumen auftreten, an denen sich möglicherweise keine Erwachsenen aufhalten.

4. Drohungen und Zwangsverhalten: Kinder können Gleichaltrigen mit körperlicher Gewalt drohen oder sie durch die Androhung von Gewalt dazu zwingen, etwas gegen ihren Willen zu tun. Drohen Sie beispielsweise, Sie zu schlagen, wenn das Opfer der Aufforderung nicht nachkommt oder etwas Wertvolles nicht hergibt.

5. Ausschluss von Spiel- und Gruppenaktivitäten: Kinder können körperliche Gewalt oder Drohungen anwenden, um andere Kinder vom Spiel oder von Gruppenaktivitäten auszuschließen, was zu sozialer Isolation und Demütigung führt.

Dies sind nur einige Beispiele dafür, wie sich körperliches Mobbing im Bildungsumfeld manifestieren kann. Es ist wichtig zu bedenken, dass jede Form körperlicher Aggression sowohl der körperlichen als auch der emotionalen Gesundheit von Kindern ernsthaften Schaden zufügen kann.

Opfer von körperlichem Mobbing können nicht nur körperliche Schmerzen und Verletzungen erleiden, sondern auch emotionale Folgen wie Angst, Unruhe und Verlust des Selbstwertgefühls. Sie leiden möglicherweise unter ständigem Stress und Angst und wissen nicht, wann der nächste Vorfall passieren könnte. Darüber hinaus hinterlässt körperliches Mobbing oft sichtbare Spuren am Körper des Opfers, die dessen psychischen Zustand verschlechtern und zu Scham und Selbstentwertung führen können.

Um körperliches Mobbing zu verhindern, ist es wichtig, ein sicheres und unterstützendes Umfeld zu schaffen, in dem solche Handlungen strengstens verboten und strafbar sind. Im Kampf gegen diese Form des

Mobbings spielen die Vermittlung von Konfliktlösungsfähigkeiten, die Förderung gegenseitiger Hilfe und Toleranz sowie das aktive Eingreifen von Lehrern und Eltern bei aggressivem Verhalten eine Schlüsselrolle.

2. Verbales Mobbing: Hierbei handelt es sich um den Einsatz von Worten oder Sprache, um einem anderen Kind Schaden zuzufügen, es zu beleidigen oder zu demütigen. Dazu können Spott, Drohungen, Beleidigungen, abfällige Kommentare, Klatsch und das Verbreiten von Gerüchten gehören.

Verbales Mobbing ist eine der häufigsten und subtilsten Formen der Aggression, die für andere vielleicht nicht wahrnehmbar ist, für das Opfer jedoch schwerwiegende Folgen haben kann. Diese Art von Mobbing erfolgt durch verbale Kommentare oder den Einsatz von Sprache, um ein anderes Kind zu demütigen, zu benachteiligen oder zu diskriminieren.

Ein häufiges Beispiel für verbales Mobbing ist Spott oder Spott, der sich über einen längeren Zeitraum gegen das Opfer richten kann und bei ihm Scham, Demütigung und ein Gefühl der Unsichtbarkeit hervorruft. Drohungen können auch als eine Form des verbalen Mobbings eingesetzt werden, wodurch sich das Opfer eingeschüchtert und hilflos fühlt.

Im Bildungsbereich kann sich verbales Mobbing in verschiedenen Formen äußern, darunter:

- Spott und Mobbing: Dazu können ständige Kommentare oder Witze gehören, die das Opfer demütigen oder beleidigen sollen. Dabei kann es sich um Spitznamen, spöttische Bemerkungen über das Aussehen, die Intelligenz oder andere persönliche Merkmale handeln.

- Drohungen und Einschüchterung: Hierbei handelt es sich um eine Form des verbalen Mobbings, bei der der Tyrann Worte oder Sprache zum Zwecke der Drohung oder Einschüchterung verwendet. Dabei kann es sich um Androhungen körperlicher Gewalt, Erpressung oder andere Formen der Drohung handeln.

- Beleidigungen und abfällige Kommentare: Dazu gehört die Verwendung unhöflicher oder beleidigender Wörter oder Phrasen, die darauf abzielen, die Würde des Opfers zu demütigen oder zu untergraben.

- Verbreitung von Gerüchten und Klatsch: Hierbei handelt es sich um eine Form des verbalen Mobbings, bei der Mobber falsche oder beleidigende Informationen über das Opfer verbreiten, um dessen Ruf oder sozialen Status zu schädigen.

- Ausgrenzung oder Isolation: Dies kann das Ignorieren oder Verweigern der Kommunikation mit dem Opfer, die Isolierung aus Gruppen oder den Ausschluss von gesellschaftlichen Ereignissen umfassen, was zu Gefühlen der Ablehnung und Einsamkeit führen kann.

- Demütigung und Kritik: Dabei handelt es sich um ständige kritische Bemerkungen oder Herabsetzungen gegenüber dem Opfer, was zu einem Rückgang seines Selbstwertgefühls und Selbstvertrauens führen kann.

Dies sind nur einige der häufigsten Formen verbalen Mobbings im Bildungsbereich. Es ist wichtig, auf solche Erscheinungen zu achten und Maßnahmen zu ihrer Vorbeugung und Bekämpfung zu ergreifen.

Beleidigungen und abfällige Kommentare können das Selbstwertgefühl und das psychische Wohlbefinden des Opfers ernsthaft schädigen und ein Umfeld ständiger Anspannung und Stress schaffen. Auch das Verbreiten von Gerüchten und Klatsch ist eine häufige Form des verbalen Mobbings, das zu sozialer Ausgrenzung und Beleidigung anderer Schüler führen kann.

Verbales Mobbing kann tiefe emotionale und psychische Schäden verursachen, die auf den ersten Blick vielleicht nicht sichtbar sind, aber langfristige Auswirkungen auf das Opfer haben. Wenn ein Kind ständig Demütigungen, Beleidigungen oder verbalen Drohungen ausgesetzt ist, kann dies zu einem ernsthaften Rückgang des Selbstwertgefühls und des Selbstwertgefühls führen. Das Opfer beginnt möglicherweise, die negativen Aussagen zu glauben, die über es gemacht wurden, was zu negativen Selbstgesprächen und dem Gefühl der Unzulänglichkeit führt.

Schmerzhafte Worte können auch emotionale Narben hinterlassen, die das Opfer ein Leben lang begleiten können. Dies kann sich in Form von Angstzuständen, Depressionen, sozialer Isolation sowie verminderter Motivation und Selbstvertrauen äußern. Das Opfer beginnt möglicherweise, soziale Situationen zu meiden, wird schüchtern oder es mangelt ihm an Selbstvertrauen.

Darüber hinaus kann verbales Mobbing auch Auswirkungen auf die schulischen Leistungen und Erfolge haben. Ständige Beleidigungen oder Kritik von Gleichaltrigen oder Lehrern können das Opfer vom Lernprozess ablenken und seine Lernmotivation verringern.

Auch wenn Worte keine körperlichen Spuren hinterlassen, können sie dennoch tiefgreifende und dauerhafte Auswirkungen auf den emotionalen und psychischen Zustand des Opfers haben.

Es ist wichtig zu erkennen, dass verbales Mobbing unsichtbare Wunden hinterlassen und schwerwiegende Auswirkungen auf den emotionalen und psychischen Zustand des Opfers haben kann. Daher ist es notwendig, diese Form der Aggression in der Bildungseinrichtung aktiv zu bekämpfen.

3. Soziales (emotionales) Mobbing: Dies ist eine Form des Mobbings, bei der das Opfer isoliert, aus einer Gruppe ausgeschlossen und Gerüchte oder falsche Informationen über das Opfer verbreitet werden, um es von anderen zu demütigen oder zu entfremden.

Soziales oder emotionales Mobbing ist eine Form der Aggression, die auf der Manipulation sozialer Bindungen und emotionaler Beziehungen mit dem Ziel beruht, das Opfer zu demütigen oder aus einer sozialen Gruppe auszuschließen. Im Gegensatz zu physischem oder verbalem Mobbing, das oft offenkundig auftritt, kann soziales Mobbing weniger auffällig sein, aber schwerwiegende Folgen für das Opfer haben.

Isolation und Ausgrenzung aus der Gruppe sind die Hauptmerkmale von sozialem Mobbing. Dazu kann gehören, das Opfer zu ignorieren, die Kommunikation mit ihm zu verweigern oder es von gesellschaftlichen Veranstaltungen oder Gruppenaktivitäten auszuschließen. Solche Handlungen können dazu führen, dass sich das Opfer einsam, entfremdet und unsichtbar fühlt, was zu emotionalem Stress und Depressionen führt.

Isolation und Ausschluss aus Gruppen sind heimtückische Formen sozialen Mobbings, die beim Opfer tiefe emotionale Narben hinterlassen können. Wenn andere Kinder das Opfer ignorieren, die Interaktion mit ihm verweigern oder es von Gruppenaktivitäten ausschließen, entsteht ein Gefühl der Unsichtbarkeit und Nichtakzeptanz, das das Opfer in einen Zustand sozialer Isolation zurücklässt.

Ein Opfer von sozialem Mobbing kann sich buchstäblich an die Seite gedrängt und ausgeschlossen fühlen aus einem sozialen Gefüge, in dem es sich zuvor wohl und akzeptiert gefühlt hat. Dies führt zu Gefühlen der Einsamkeit und Entfremdung, die schwere emotionale Belastungen und Depressionen verursachen können.

Isolation und Ausschluss aus der Gruppe zerstören nicht nur das Selbstwertgefühl des Opfers, sondern können auch seinen psychischen Zustand ernsthaft beeinträchtigen. Das Gefühl, unsichtbar zu sein und nicht in der Lage zu sein, mit anderen Kindern in Kontakt zu treten, kann das Gefühl der Entfremdung und Orientierungslosigkeit verstärken und letztendlich zu sozialer Isolation und weiterer psychischer Belastung führen.

Das Verbreiten von Gerüchten und falschen Informationen ist eine weitere häufige Form von sozialem Mobbing. Angreifer können absichtlich Gerüchte oder falsche Informationen über das Opfer verbreiten, um dessen Ruf zu schädigen oder negative Einstellungen bei anderen hervorzurufen. Dies kann zur sozialen Isolation des Opfers führen und sein Leiden noch verstärken.

Das Verbreiten von Gerüchten und falschen Informationen ist ein listiges und zerstörerisches Mittel des sozialen Mobbings, das das Opfer zutiefst verletzen kann. Angreifer können absichtlich Gerüchte oder falsche Aussagen über das Opfer erzeugen und verbreiten, um sie zu demütigen oder seinen Ruf zu schädigen.

Diese Form des Mobbings kann schwerwiegende Folgen für das Opfer haben. Die Verbreitung falscher Informationen löst bei anderen zunächst Misstrauen und Ekel aus, was zu sozialer Isolation und Entfremdung führen kann. Darüber hinaus fällt es dem Opfer möglicherweise schwer, Vertrauen zu anderen Menschen aufzubauen, da Gerüchte ihre Wahrnehmung und Einstellung ihr gegenüber beeinflussen können.

Eine der gefährlichsten Eigenschaften dieser Form des Mobbings besteht darin, dass sich Gerüchte schnell weit verbreiten können, insbesondere im Zeitalter der sozialen Medien und der Online-Kommunikation. Dies kann zu weit verbreiteten Fehlinformationen und verstärkten negativen Auswirkungen auf das Opfer führen, was dessen Leid erhöht und zu weiterer sozialer Isolation führt.

Es ist wichtig zu verstehen, dass soziales Mobbing schwerwiegende Auswirkungen auf den psychischen Zustand und die soziale Anpassung von Kindern und Jugendlichen haben kann. Es ist wichtig zu erkennen, dass soziales Mobbing nicht nur vorübergehende Unannehmlichkeiten verursacht, sondern auch tiefgreifende und langfristige Auswirkungen auf den psychischen Zustand und die soziale Anpassung von Kindern und Jugendlichen hat. Die anhaltenden Gefühle der Isolation, Angst, Ablehnung und Verletzlichkeit, die mit sozialem Mobbing einhergehen, können das emotionale Wohlbefinden junger Menschen zerstören.

Zu den psychischen Folgen von sozialem Mobbing können Depressionen, Angstzustände, geringes Selbstwertgefühl, aggressives Verhalten sowie verschiedene Arten psychosomatischer Probleme gehören. Sozial gemobbten Kindern und Jugendlichen fällt es oft schwer, vertrauensvolle Beziehungen zu anderen aufzubauen, was zu Isolation und Entfremdung von der Gesellschaft führen kann.

Darüber hinaus kann sich soziales Mobbing negativ auf die soziale Anpassung eines Kindes oder Jugendlichen auswirken. Es kann sich auf die Fähigkeit einer Person auswirken, Freundschaften zu schließen und aufrechtzuerhalten und das Einfühlungsvermögen und die sozialen Fähigkeiten zu entwickeln, die für eine erfolgreiche Interaktion mit der Welt um sie herum erforderlich sind. Daher können die psychologischen und sozialen Folgen von sozialem Mobbing erheblich sein und erfordern ernsthafte Aufmerksamkeit und Unterstützung seitens der Gesellschaft, der Eltern und der Lehrer.

Das Tolle an dieser Form von Mobbing ist, dass es subtiler und schwieriger zu erkennen sein kann, was es schwieriger macht, es zu verhindern und zu bekämpfen. Soziales oder emotionales Mobbing kann für das Opfer eine Reihe schwerwiegender Folgen haben, darunter:

- Emotionale Probleme: Opfer von sozialem Mobbing verspüren häufig Gefühle von Angst, Unruhe, Depression und Entfremdung. Sie fühlen sich möglicherweise isoliert und unsichtbar, was sich negativ auf ihr emotionales Wohlbefinden auswirkt.

- Soziale Isolation: Die Auswirkungen von sozialem Mobbing können dazu führen, dass sich das Opfer von Gleichaltrigen isoliert fühlt und Schwierigkeiten hat, Freundschaften aufzubauen und aufrechtzuerhalten. Dies kann ihre Gefühle der Einsamkeit und Entfremdung verstärken.

- Vermindertes Selbstwertgefühl: Ständige Demütigung, Ausschluss aus der Gruppe und die Verbreitung falscher Informationen können zu einem Rückgang des Selbstwertgefühls des Opfers führen. Sie beginnen möglicherweise, an sich selbst, ihren Fähigkeiten und ihrem Wert als Person zu zweifeln.

- Psychische Probleme: Soziales Mobbing kann beim Opfer schwerwiegende psychische Probleme wie Angststörungen, posttraumatisches Stresssyndrom (PTSS), Selbstmordgedanken und sogar Selbstmordversuche verursachen.

- Lernschwierigkeiten: Opfer von sozialem Mobbing können aufgrund verminderter Motivation, mangelnder Konzentration und Distanz zum Lernen Lernschwierigkeiten haben, die sich letztendlich auf ihre Noten und akademischen Leistungen auswirken können.

- Soziale Inkompetenz: Chronischer Ausschluss aus sozialen Gruppen und negative soziale Interaktionen können die Entwicklung sozialer Fähigkeiten des Opfers beeinträchtigen, was langfristig zu Problemen beim Aufbau gesunder Beziehungen und bei der Integration in die Gesellschaft führen kann.

- Verhaltensprobleme: Opfer von sozialem Mobbing können aggressives Verhalten zeigen oder umgekehrt passiv werden und Konflikte vermeiden. Sie können Schwierigkeiten haben, mit anderen zu kommunizieren, und Verhaltensauffälligkeiten zeigen, wie z. B. asoziales Verhalten oder das Vermeiden sozialer Situationen.

- Körperliche Symptome: Anhaltender Stress und emotionale Belastung durch soziales Mobbing können auch zu körperlichen Symptomen wie Schlaflosigkeit, Kopfschmerzen, Magenbeschwerden, verminderter Immunität und anderen körperlichen Symptomen führen.

- Verlust von Interessen und Hobbys: Opfer von sozialem Mobbing können aufgrund von ständigem Stress und Depressionen das Interesse an früheren Hobbys, Hobbys oder Freunden verlieren.

- Probleme im Umgang mit Autoritätspersonen: Aufgrund ihres geringen Selbstwertgefühls und des Gefühls der Unzulänglichkeit können Opfer von sozialem Mobbing Schwierigkeiten haben, vertrauensvolle Beziehungen zu Lehrern oder anderen Autoritätspersonen aufzubauen, was sich auf ihren Bildungsprozess und ihre Entwicklung auswirken kann.

Diese und viele andere Folgen von sozialem Mobbing können schwerwiegende Auswirkungen auf das Leben und Wohlbefinden des Opfers haben, sowohl in der Kindheit als auch in der Zukunft.

4. Cybermobbing: Dies ist eine Form von Mobbing, die in virtuellen Räumen wie sozialen Netzwerken, Foren, Chatrooms oder Nachrichten auftritt. Cybermobbing kann Drohungen, Beleidigungen, hasserfüllte Kommentare oder das Posten beleidigender oder geschmackloser Inhalte über das Opfer umfassen.

Cybermobbing ist eine schädliche Form der Aggression, die sich in der virtuellen Welt über verschiedene Online-Plattformen und soziale Medien entwickelt. Im Bildungsbereich kann Cybermobbing viele Formen annehmen, darunter:

- Beleidigende Nachrichten: Das Opfer erhält beleidigende, bedrohliche oder unangenehme Nachrichten per SMS, E-Mail oder Instant Messenger.

- Verbreitung falscher Informationen: Mobber können über soziale Netzwerke, Foren oder Blogs Gerüchte oder negative Informationen über das Opfer verbreiten.

- Beleidigende Kommentare in den sozialen Medien: Das Opfer kann in seinen Beiträgen, Fotos oder Videos in den sozialen Medien beleidigende Kommentare hören.

- Erstellen gefälschter Profile: Angreifer können gefälschte Profile in sozialen Netzwerken oder Foren erstellen, um das Opfer zu demütigen oder zu diskreditieren.

- Cyber-Demütigung in Online-Spielen: In Multiplayer-Online-Spielen können Mobber abfällige Kommentare oder Handlungen gegenüber anderen Spielern verwenden.

- Böswilliges Ignorieren: Dies ist eine Form des Cybermobbings, bei der das Opfer in Online-Gruppen oder Chatrooms absichtlich ignoriert wird, was zu Gefühlen der Isolation und Entfremdung führen kann.

- Cyber-Erpressung: Angreifer können dem Opfer mit der Offenlegung persönlicher Informationen oder kompromittierendem Material drohen, wenn sie ihren Forderungen nicht nachkommen.

- Konto-Hacks: Das Opfer kann Opfer von Cybermobbing durch Hacking oder unbefugten Zugriff auf seine Online-Konten werden, was zur Veröffentlichung persönlicher Informationen oder negativer Inhalte führen kann.

- Beleidigende oder bedrohliche Kommentare in Online-Dokumenten: Das Opfer kann in Dokumenten, die zu Bildungszwecken online geteilt werden, auf beleidigende oder bedrohliche Kommentare stoßen.

- Erstellen negativer Memes und Bilder: Täter können Memes, Bilder oder Cartoons erstellen oder verbreiten, die dem Ruf des Opfers schaden oder Schande hervorrufen.

- Negative Gruppen oder Gemeinschaften: Es kann Online-Gruppen oder Gemeinschaften geben, die sich der Demütigung oder Schikanierung bestimmter Schüler oder Schülergruppen widmen.

- Übergriffe im Online-Unterricht: Das Opfer kann während des Online-Unterrichts oder Fernunterrichts mit beleidigenden Kommentaren, Hassreden oder Drohungen von seinen Klassenkameraden oder Lehrern konfrontiert werden.

- Cyber-Missbrauch durch Spieleplattformen: In Online-Spielen können Täter Beleidigungen, Drohungen oder sogar Spielmanipulationen einsetzen, um andere Spieler zu demütigen oder zu schädigen.

- Cybermobbing in Form anonymer Umfragen oder Fragebögen: Das

Opfer kann auf anonyme Umfragen oder Fragebögen stoßen, die Drohungen, Beleidigungen oder andere Formen negativer Sprache enthalten.

- Belästigende Kommentare auf Bildungsplattformen: Das Opfer kann auf Online-Lernplattformen wie Kursdiskussionen, Foren oder Bildungs-Apps auf beleidigende oder bedrohliche Kommentare stoßen.

- Aufdringliche E-Mails oder Nachrichten: Täter senden dem Opfer möglicherweise zahlreiche aufdringliche E-Mails oder Nachrichten mit Drohungen, Beleidigungen oder anderen Formen negativen Inhalts.

- Cybermobbing durch mobile Anwendungen: Das Opfer kann Cybermobbing durch mobile Anwendungen wie Instant Messenger, Spiele oder soziale Netzwerke erleben, bei denen die Mobber es angreifen oder demütigen können.

- Cybermobbing bei Online-Übertragungen: Das Opfer kann während Online-Übertragungen oder Streams, die es moderiert oder an denen es teilnimmt, Beleidigungen, Drohungen oder andere Formen von Cybermobbing erfahren.

- Böse Kommentare in Videos oder Audioaufnahmen: Mobber hinterlassen möglicherweise negative Kommentare oder Drohungen in den Kommentaren von Videos oder Audioaufnahmen, die vom Opfer erstellt und online gepostet wurden.

- Cybermobbing durch Online-Spiele: In Multiplayer-Online-Spielen können Mobber das Opfer beleidigen, bedrohen oder absichtlich stören, was zu Angst- und Angstgefühlen führen kann.

Dabei handelt es sich noch nicht einmal um eine vollständige Liste der Formen des Cybermobbings, da es eine große Anzahl davon gibt und regelmäßig neue Formen entstehen.

Eines der Merkmale von Cybermobbing ist seine Anonymität und große Reichweite. Mobber können ihre Identität verbergen und Opfer aus dem Verborgenen angreifen, und Nachrichten und Inhalte können sich schnell online verbreiten und innerhalb von Minuten ein breites Publikum erreichen.

Dies führt zu einer besonderen Belastung für das Opfer, das sich möglicherweise ständig bedroht und wehrlos fühlt. Die Fähigkeit des Cybermobbings, über Mobiltelefone und andere Geräte in den persönlichen Bereich des Opfers einzudringen, macht es kontinuierlich und unmöglich, ihm auszuweichen.

Cybermobbing im Bildungsbereich kann sowohl kurzfristige als auch langfristige Auswirkungen auf das Opfer haben.

Zu den kurzfristigen Auswirkungen gehören:

- Emotionale Störungen: Das Opfer kann aufgrund von Drohungen, Beleidigungen und öffentlicher Demütigung im Online-Umfeld unter Stress, Ängsten, Furcht und Depressionen leiden.

- Verminderte akademische Motivation: Cybermobbing kann die

Zielperson vom Lernen ablenken, ihr Interesse an Lernmaterialien verringern und die akademische Produktivität verringern.

- Beeinträchtigtes psychisches Wohlbefinden: Cybermobbing kann das Selbstwertgefühl und Selbstvertrauen des Opfers beeinträchtigen und zu Gefühlen der Hilflosigkeit und Entfremdung führen.

- Körperliche Reaktionen: Bei einigen Opfern von Cybermobbing können körperliche Symptome wie Kopfschmerzen, Magenschmerzen, Schlaflosigkeit oder sogar Panikattacken auftreten.

- Körperliche Reaktionen: Zu den kurzfristigen Auswirkungen von Cybermobbing können körperliche Reaktionen wie erhöhte Herzfrequenz, Schwitzen, Zittern, Schwindel oder Magenbeschwerden gehören.

- Angst und Unruhe: Das Opfer hat möglicherweise Angst davor, was in der Online-Umgebung gesagt oder getan wird, und Angst vor den Konsequenzen, die Cybermobbing haben könnte.

- Gefühle der Hilflosigkeit: Chronischer Kontakt mit Cybermobbing kann dazu führen, dass sich Opfer hilflos und entfremdet fühlen und sich nicht in der Lage fühlen, sich zu verteidigen oder die Situation zu ändern.

- Vermindertes Selbstwertgefühl: Cybermobbing kann das Selbstwertgefühl und Selbstvertrauen des Opfers erheblich beeinträchtigen, was zu einer negativen Wahrnehmung der eigenen Persönlichkeit und Fähigkeiten führen kann.

- Soziale Probleme: Ein Opfer von Cybermobbing kann aufgrund von Schamgefühlen oder Angst vor sozialer Stigmatisierung Schwierigkeiten haben, soziale Beziehungen aufzubauen und aufrechtzuerhalten.

- Ablenkung vom Lernen: Cybermobbing kann das Opfer von akademischen Aufgaben ablenken und zu einer verminderten Konzentration führen, was sich auf seine akademischen Leistungen und sein Interesse am Lernen auswirken kann.

- Emotionale Krisen: Online-Mobbing kann beim Opfer emotionale Krisen wie Panikattacken, Apathie oder starke Gefühlsausbrüche hervorrufen.

- Negative Verhaltensänderungen: Ein Opfer von Cybermobbing kann negative Verhaltensänderungen zeigen, wie z. B. Vermeidung, Rückzug, Aggressivität oder Stimmungsschwankungen.

- Körperliche Symptome: Cybermobbing kann zu körperlichen Symptomen wie Schlaflosigkeit, Kopfschmerzen, Magenbeschwerden oder anderen Stress- und Angstsymptomen führen.

- Beeinträchtigte Gesundheit: Die ständige Anspannung und der Stress, die durch Cybermobbing verursacht werden, können sich negativ auf die allgemeine Gesundheit des Opfers auswirken und das Risiko für das körperliche und geistige Wohlbefinden erhöhen.

- Misstrauen gegenüber anderen: Opfer von Cybermobbing entwickeln möglicherweise Misstrauen gegenüber anderen, einschließlich

Gleichaltrigen, Freunden und sogar nahen Verwandten, was zu einer Verschlechterung ihrer sozialen Beziehungen und Isolation führen kann.

Zu den langfristigen Auswirkungen gehören:

- Psychische Probleme: Cybermobbing kann zu langfristigen psychischen Problemen wie einer posttraumatischen Belastungsstörung (PTSD), Angststörungen und Depressionen führen.

- Vermindertes Selbstwertgefühl: Längerer Kontakt mit Cybermobbing kann das Selbstwertgefühl und Selbstvertrauen des Opfers zerstören.

- Soziale Isolation: Das Opfer vermeidet möglicherweise die Interaktion mit anderen und fühlt sich abgelehnt und missverstanden, was zu sozialer Isolation führen kann.

- Akademische Probleme: Chronischer Kontakt mit Cybermobbing kann zu Fehlzeiten, schlechteren Noten und sogar einem vorzeitigen Abschluss führen.

Zu den langfristigen Auswirkungen von Cybermobbing auf das Opfer können gehören:

- Psychische Störungen: Chronischer Kontakt mit Cybermobbing kann zur Entwicklung schwerwiegender psychischer Störungen wie Depressionen, Angststörungen, posttraumatischer Belastungsstörung (PTBS) oder sozialer Phobie führen.

- Negatives Selbstbild: Eine langfristige Exposition gegenüber Cybermobbing kann dazu führen, dass das Opfer ein negatives Selbstbild entwickelt, das sein Selbstwertgefühl, sein Selbstwertgefühl und sein Selbstvertrauen beeinträchtigen kann.

- Beziehungsprobleme: Ein Opfer von Cybermobbing kann aufgrund von Misstrauen, sozialer Isolation oder mangelnden Kommunikationsfähigkeiten Schwierigkeiten haben, gesunde Beziehungen zu anderen aufzubauen und aufrechtzuerhalten.

- Verminderte schulische Leistungen: Die langfristigen stressigen Auswirkungen von Cybermobbing können sich auf die schulischen Leistungen des Opfers auswirken und zu vermindertem Interesse am Lernen, schlechterer Konzentration und verminderter Erfolgsmotivation führen.

- Risiko sozialer Isolation: Eine langfristige Exposition gegenüber Cybermobbing kann das Risiko sozialer Isolation des Opfers erhöhen, was sein psychisches und emotionales Wohlbefinden weiter verschlechtern kann.

- Vertrauensprobleme: Wenn Opfer über einen längeren Zeitraum Cybermobbing ausgesetzt sind, kann es für die Opfer schwierig sein, anderen zu vertrauen, da sie möglicherweise den Glauben entwickeln, dass andere sie nicht unterstützen oder beschützen, was es letztendlich schwierig machen kann, in Zukunft enge Beziehungen aufzubauen .

- Negative Auswirkungen auf die Karriere: Die Folgen von

Cybermobbing lassen sich über das gesamte spätere Leben des Opfers, einschließlich seiner Karriere, verfolgen. Leiden in der Schule kann das Selbstvertrauen und die berufliche Entwicklung beeinträchtigen und Hindernisse für eine erfolgreiche Karriere schaffen.

- Gesundheitsrisiken: Chronischer Stress durch Cybermobbing kann die Risiken für die körperliche Gesundheit erhöhen, da Dauerstress zu einem geschwächten Immunsystem sowie zu Schlaf-, Appetit- und anderen Gesundheitsproblemen führen kann.

Die psychologischen und emotionalen Folgen von Cybermobbing können erheblich sein und sind nicht heilbar.

5. Sexuelles Mobbing: Hierbei handelt es sich um eine Form des Mobbings, bei der es sich um unerwünschte sexuelle Kommentare, Gesten, Annäherungsversuche oder andere Formen sexueller Belästigung handelt, die darauf abzielen, das Opfer zu demütigen oder seine Würde zu verletzen.

Sexuelles Mobbing im Bildungsbereich ist ein ernstes Problem, bei dem das Opfer unerwünschtem oder beleidigendem Sexualverhalten ausgesetzt ist. Dazu können verschiedene Formen der Belästigung gehören, wie z. B. anstößige Kommentare, vulgäre Gesten, unerwünschte Berührungen, Kenntnis der Privatsphäre, Erpressung, Drohungen oder sogar körperliche Übergriffe.

Der Hauptzweck von sexuellem Mobbing besteht nicht nur darin, beim Opfer unangenehme oder peinliche Emotionen hervorzurufen, sondern auch darin, es zu demütigen, sein Selbstwertgefühl zu untergraben und sein psychisches Wohlbefinden zu stören. Diese Formen der Aggression können beim Opfer tiefe emotionale und psychologische Wunden hinterlassen und sich auf seine schulische und soziale Anpassung in der Schule auswirken.

Die Auswirkungen von sexuellem Mobbing in Bildungseinrichtungen auf das Opfer können vielfältig sein und sich auf sein körperliches, emotionales und psychisches Wohlbefinden auswirken:

- Emotionale und psychologische Folgen: Opfer sexuellen Mobbings können Scham-, Schuld-, Angst-, Missverständniss- und Depressionsgefühle verspüren. Sie verspüren möglicherweise Ängste und mangelndes Selbstvertrauen, was sich negativ auf ihr Selbstwertgefühl und ihr emotionales Wohlbefinden auswirken kann.

- Soziale Isolation: Opfer können sich aus Angst vor sexueller Belästigung oder aufgrund der negativen Reaktion anderer auf den Vorfall von Gleichaltrigen isoliert fühlen. Dies kann zum Ausschluss aus der Gruppe und zu Schwierigkeiten beim Aufbau oder der Pflege von Freundschaften führen.

- Psychosomatische Probleme: Langfristiger Stress und Angstzustände, die durch sexuelles Mobbing verursacht werden, können zur Entwicklung verschiedener körperlicher Probleme wie Kopfschmerzen,

Magenbeschwerden, Schlafstörungen und anderen stressbedingten Symptomen führen.

- Verlust des Interesses am Studium und akademische Probleme: Opfer können aufgrund der negativen Auswirkungen auf ihren psychischen Zustand Schwierigkeiten haben, sich auf das Studium zu konzentrieren. Dies kann zu schlechter Leistung, Fehlzeiten und Verlust des Interesses am Lernen führen.

- Psychosoziales Trauma: Sexuelles Mobbing kann beim Opfer tiefe psychische Traumata hinterlassen, die es ein Leben lang begleiten können. Dies kann zu langfristigen Problemen bei der sozialen Anpassung, den Beziehungen und dem emotionalen Wohlbefinden führen.

Diese Konsequenzen verdeutlichen die Notwendigkeit einer umfassenden Intervention und Prävention von sexuellem Mobbing im Bildungsbereich sowie der Unterstützung der Opfer und der Unterstützung bei der Bewältigung ihrer traumatischen Erfahrungen.

Sexuelles Mobbing kann auch in einem Bildungsumfeld ein Klima der Angst und Unsicherheit schaffen, das das normale Lernen und die Sozialisierung des Opfers beeinträchtigt. Dies kann zu einem Rückgang der Lernmotivation, mangelnder Konzentration während des Unterrichts und Problemen beim Aufbau gesunder sozialer Beziehungen zu Gleichaltrigen führen.

Es ist wichtig, die Schwere sexuellen Mobbings zu erkennen und Maßnahmen zu ergreifen, um es im Bildungsbereich zu verhindern und zu bestrafen. Dies erfordert ein aktives Eingreifen von Lehrern, Administratoren und Eltern sowie die Vermittlung von Respekt, Toleranz und Empathie an die Schüler.

6. Religiöses und rassistisches Mobbing: Hierbei handelt es sich um Formen des Mobbings, die auf dem religiösen oder rassischen Hintergrund des Opfers basieren. Dazu können Drohungen, Beleidigungen oder diskriminierende Behandlung aufgrund religiöser oder rassistischer Überzeugungen gehören.

Religiöses und rassistisches Mobbing sind schwerwiegende Formen der Diskriminierung, die sich negativ auf die Opfer auswirken:

- Drohungen und Beleidigungen: Opfer können Drohungen, Beleidigungen und abfälligen Bemerkungen über ihre religiösen Überzeugungen oder ihre Rasse ausgesetzt sein. Dies kann dazu führen, dass sie sich ängstlich, ängstlich und verletzlich fühlen.

- Diskriminierende Behandlung: Opfer können im schulischen Umfeld aufgrund ihrer religiösen oder rassischen Überzeugungen diskriminiert werden. Dies kann sich in Form von Isolation, negativer Einstellung von Lehrern oder Klassenkameraden oder eingeschränktem Zugang zu bestimmten Möglichkeiten oder Ressourcen äußern.

- Psychische und emotionale Folgen: Religiöses und rassistisches Mobbing kann beim Opfer zu schwerwiegenden psychischen und emotionalen Problemen führen. Dazu können Minderwertigkeitsgefühle, Verlust des Selbstwertgefühls, Angstzustände und Depressionen gehören.

- Beeinträchtigte Bildungsergebnisse und soziale Anpassung: Opfer können Schwierigkeiten bei der akademischen und sozialen Anpassung haben, weil sie religiösem und rassistischem Mobbing ausgesetzt sind. Dies kann zu verminderten schulischen Leistungen, Fehlzeiten und Isolation von Gleichaltrigen führen.

- Mögliche langfristige Auswirkungen: Religiöses und rassistisches Mobbing kann beim Opfer langfristige psychologische Narben hinterlassen und seine Fähigkeit beeinträchtigen, in Zukunft gesunde Beziehungen, Selbstakzeptanz und soziale Aktivitäten aufzubauen.

Diese Implikationen verdeutlichen, wie wichtig es ist, im Bildungsumfeld gegen religiöses und rassistisches Mobbing vorzugehen und ein sicheres und unterstützendes Umfeld für alle Schüler zu schaffen.

Insgesamt hat religiöses und rassistisches Mobbing schwerwiegende Auswirkungen auf die Opfer und erfordert die Aufmerksamkeit von Bildungseinrichtungen und der Gesellschaft insgesamt, um solche Vorkommnisse zu verhindern und Opfer zu unterstützen.

7. Wirtschaftliches Mobbing: Hierbei handelt es sich um eine Form des Mobbings, bei der Kinder ihre materielle Macht oder ihre Ressourcen nutzen, um andere Kinder zu benachteiligen oder zu demütigen. Dazu kann gehören, dass man um Geld, Spielsachen oder andere Wertgegenstände bittet oder sie von Aktivitäten ausschließt, die nur denjenigen zur Verfügung stehen, die sie sich leisten können.

Wirtschaftliches Mobbing ist eine Form des Drucks oder der Bedrohung, die auf materiellen Ressourcen beruht und folgende Erscheinungsformen haben kann:

- Erpressung von Geld oder Wertsachen: Kinder können unter Androhung von Gewalt oder anderen negativen Konsequenzen Geld oder Wertsachen von anderen Kindern verlangen. Dazu kann gehören, dass man gezwungen wird, auf Taschengeld, Spielsachen oder andere Gegenstände zu verzichten.

- Ausschluss von Gruppenaktivitäten oder Aktivitäten: Kinder können ihre finanzielle Macht dazu nutzen, den Zugang anderer Kinder zu Gruppenaktivitäten oder Aktivitäten auszuschließen oder einzuschränken, indem sie eine Bezahlung für die Teilnahme verlangen oder mit dem Ausschluss drohen.

- Finanzielle Demütigung: Wirtschaftliches Mobbing kann sich auch durch abfällige Kommentare oder Handlungen im Zusammenhang mit der finanziellen Situation anderer Kinder äußern. Beispielsweise können Kinder diejenigen verspotten oder demütigen, die sich bestimmte Gegenstände oder Dienstleistungen nicht leisten können.

- Materieller Druck und Kontrolle: Manche Kinder nutzen möglicherweise ihre materiellen Ressourcen, um andere zu kontrollieren oder zu verwalten, indem sie sie zu bestimmten Handlungen oder zur Einhaltung bestimmter Regeln zwingen, unter der Androhung, dass ihnen der Zugang zu materiellen Gütern verweigert wird.

- Zwang zum Kauf: Kinder können andere zum Kauf bestimmter Waren oder Dienstleistungen zwingen und dabei ihre materielle Stärke oder ihren sozialen Status betonen.

- Drohungen, Geld oder Wertsachen zu verlieren: Der Tyrann kann damit drohen, anderen Kindern Geld oder Wertsachen wegzunehmen, wenn diese seinen Forderungen nicht nachkommen oder seinen Anweisungen nicht folgen.

- Vorenthalten von Hilfe oder Unterstützung: Kinder können ihre finanzielle Macht nutzen, um anderen Kindern Hilfe oder Unterstützung vorzuenthalten, was zu Abhängigkeit und Kontrolle über sie führt.

- Verletzung von Zugangsrechten: Wirtschaftliches Mobbing kann zu Einschränkungen des Zugangs zu öffentlichen Plätzen oder Dienstleistungen führen, wie etwa dem Zugang zu Spielen, Unterhaltung, dem Kauf von Mittagessen oder der Teilnahme an schulischen Aktivitäten.

- Einkommensdiskriminierung: Kinder können aufgrund ihres finanziellen Status oder mangelnder materieller Ressourcen diskriminiert oder gedemütigt werden, was zu sozialer Isolation und psychischen Schäden führen kann.

- Status oder materiellen Reichtum zur Manipulation nutzen: Kinder können ihre materielle Macht oder ihren Status in der Gesellschaft nutzen, um andere Kinder zu manipulieren oder ihre Ziele zu erreichen, was zu Ungleichheit und Ungerechtigkeit führen kann.

Wirtschaftliches Mobbing kann schwerwiegende Folgen für Kinder haben, darunter ein vermindertes Selbstwertgefühl, Angstzustände, Depressionen, soziale Isolation und schlechte Bildungsleistungen. Darüber hinaus kann es zur Etablierung von Ungerechtigkeits- und Ungleichheitsnormen in der Gesellschaft beitragen, die sich negativ auf die Persönlichkeitsentwicklung und soziale Anpassung von Kindern auswirken können.

Wirtschaftliches Mobbing kann zu Ungleichheit und Diskriminierung unter Kindern in Bildungseinrichtungen führen und bei den Opfern langfristige Folgen in Form eines verminderten Selbstwertgefühls, sozialer Isolation und negativer emotionaler Folgen haben.

8. Geschlechtermobbing: Dabei handelt es sich um eine Form des Mobbings, bei der es sich um sexuelle Beleidigungen oder Belästigungen aufgrund des Geschlechts handelt. Dazu können körperliche oder verbale Belästigung, Missbrauch aufgrund des Geschlechts oder Mobbing aufgrund der sexuellen Orientierung gehören.

Geschlechtsspezifisches Mobbing im Bildungsbereich ist ein ernstes Problem, das negative Folgen für das Opfer haben kann. Hier sind einige

Aspekte, die Sie berücksichtigen sollten:

- Körperliche Belästigung: Dazu gehören ungebetene Berührungen, Küsse, Umarmungen oder andere Formen körperlichen Kontakts, die das Opfer nicht möchte. Diese Handlungen können beim Opfer Angst, Unruhe und Unbehagen hervorrufen.

- Verbale Belästigung: Dazu können abfällige Kommentare, Witze oder Spitznamen im Zusammenhang mit dem Geschlecht oder der sexuellen Orientierung des Opfers gehören. Diese Worte können emotionalen Schmerz und Demütigung hervorrufen und sich negativ auf das Selbstwertgefühl und das psychische Wohlbefinden des Opfers auswirken.

- Sexuelle Einschüchterung: Hierbei handelt es sich um eine Form des Mobbings, bei der dem Opfer sexuelle Gewalt oder andere negative Konsequenzen angedroht werden, wenn es sexuelle Annäherungsversuche oder Aufforderungen ablehnt. Dies kann beim Opfer Gefühle der Verletzlichkeit, Angst und Unruhe hervorrufen.

- Belästigung aufgrund des Geschlechts oder der sexuellen Orientierung: Dazu gehören Kommentare oder Handlungen, die darauf abzielen, das Opfer aufgrund seines Geschlechts oder seiner sexuellen Orientierung zu demütigen oder herabzusetzen. Diese Formen des Mobbings können zu sozialer Isolation, Depression und geringem Selbstwertgefühl führen.

- Sexuelle Witze und Anekdoten: Dies können Kommentare oder Witze zu sexuellen Themen oder Ereignissen sein, die das Opfer als anstößig oder unangemessen empfindet. Dies kann dazu führen, dass sich das Opfer unwohl fühlt, sich schämt und Angst hat.

- Gezielte Diskriminierung: Bei geschlechtsspezifischem Mobbing können Opfer aufgrund ihres Geschlechts oder ihrer sexuellen Orientierung diskriminiert werden. Dies kann darin bestehen, den Zugang zu bestimmten Aktivitäten, Möglichkeiten oder Ressourcen einzuschränken oder sie aus einer Gruppe oder einem Team auszuschließen.

- Internet-Mobbing und Cybermobbing: Durch den Einsatz moderner Technologie kann sich sexuelles Mobbing über das Internet und soziale Netzwerke verbreiten. Dazu gehört das Posten abfälliger Kommentare, Fotos oder Videos sowie das Versenden bedrohlicher oder obszöner Nachrichten. Diese Handlungen können globaler Natur sein und beim Opfer ein Gefühl der Hilflosigkeit und Isolation hervorrufen.

- Psychologische Folgen: Sexuelles Mobbing kann langfristige psychologische Folgen wie posttraumatische Belastungsstörungen, Depressionen, Angstzustände und ein vermindertes Selbstwertgefühl haben. Aufgrund negativer Erfahrungen im Zusammenhang mit sexuellem Mobbing können Opfer Schwierigkeiten haben, gesunde Beziehungen aufzubauen und Vertrauen zu anderen aufzubauen.

Geschlechtsspezifisches Mobbing kann schwerwiegende

Auswirkungen auf das Opfer haben, einschließlich emotionaler Traumata, vermindertem Selbstwertgefühl, sozialer Isolation sowie verminderter schulischer Leistung und allgemeinem Wohlbefinden. Dies ist bei der Entwicklung von Strategien zur Vorbeugung und Bekämpfung dieser Form von Mobbing zu berücksichtigen.

9. Mobbing: Hierbei handelt es sich um eine Form des Mobbings, bei der das Opfer von einer Gruppe oder einem Kollektiv systematisch angegriffen und gedemütigt wird. Mobbing wird häufig mit dem Ziel durchgeführt, das Opfer aus einem Team oder einer Gemeinschaft auszuschließen oder sozial zu isolieren.

Mobbing in Bildungseinrichtungen kann sich in verschiedenen Formen äußern, darunter:

- Soziale Ausgrenzung: Das Opfer kann von gesellschaftlichen Veranstaltungen, Gruppenaktivitäten oder Spielen ausgeschlossen werden und außerhalb der Gruppe bleiben.

- Systematisches Mobbing: Dazu können ständige abfällige Kommentare, Beleidigungen und Spott seitens einer Gruppe oder Klasse gehören.

- Isolation: Das Opfer kann absichtlich von anderen Schülern isoliert werden, wodurch ein Gefühl der Einsamkeit und Entfremdung entsteht.

- Psychischer Druck: Dazu gehören Drohungen, Erpressung, Manipulation und andere Formen psychologischen Drucks, um das Opfer zu kontrollieren oder zu demütigen.

- Körperliche Gewalt: In manchen Fällen kann Mobbing in körperliche Gewalt wie Schlagen, Stoßen oder andere Formen der Aggression übergehen.

- Emotionaler Stress: Ständige Angriffe und Demütigungen können beim Opfer emotionalen Stress, Angstzustände, Depressionen und ein geringes Selbstwertgefühl verursachen.

- Ständiges Aufzwingen von Schuld- und Schamgefühlen: Mobber können beim Opfer gezielt Schuld- und Schamgefühle hervorrufen, was ihre Kontrolle und Demütigung erhöht.

- Ignorieren des Problems: Mobbing geht oft mit einer Leugnung des Problems oder einer Untätigkeit seitens der Lehrer und Eltern einher, was das Leid des Opfers erhöht und das Verhalten der Mobber begünstigt.

Mobbing kann schwerwiegende Folgen für das Opfer haben, darunter psychische Probleme, verminderte schulische Leistungen, soziale Isolation und in manchen Fällen sogar Selbstmordgedanken oder -versuche.

10. Psychologisches Mobbing: Hierbei handelt es sich um eine Form des Mobbings, bei der das Opfer psychischem Druck, Drohungen oder Manipulationen zum Zweck der Kontrolle oder Demütigung ausgesetzt wird. Dazu kann es gehören, dass das Opfer manipuliert, bedroht oder unter Druck gesetzt wird, seinen Willen zu beugen oder sein

Selbstwertgefühl zu untergraben.

Psychisches Mobbing in Bildungseinrichtungen kann sich in verschiedenen Formen äußern, darunter:

- Manipulation: Mobber können manipulative Techniken anwenden, um ein Opfer zu kontrollieren oder sein Verhalten, seine Gefühle oder Gedanken zu manipulieren.

- Drohungen und Erpressung: Das Opfer kann bedroht, erpresst oder zu bestimmten Handlungen gezwungen werden, unter der Androhung, persönliche Informationen preiszugeben oder Schaden anzurichten.

- Dominanz und Kontrolle: Mobber versuchen, das Opfer zu dominieren, seinen Willen zu unterwerfen oder sein Leben zu kontrollieren, was beim Opfer Gefühle der Hilflosigkeit und Angst hervorrufen kann.

- Psychischer Druck: Dazu gehören ständige Kritik, Demütigungen, Beleidigungen und andere Formen psychischen Drucks, die darauf abzielen, das Selbstwertgefühl und Selbstvertrauen des Opfers zu untergraben.

- Isolation und Ignorieren: Mobber können ein Opfer gezielt isolieren, indem sie seine Anwesenheit ignorieren oder seine Gefühle und Bedürfnisse verleugnen, was zu Gefühlen der Einsamkeit und Hilflosigkeit führen kann.

- Systematische Demütigung: Psychisches Mobbing kann die systematische Demütigung des Opfers durch die Schaffung eines negativen Bildes von sich selbst und seinen Fähigkeiten beinhalten.

- Psychischer Stress und Ängste: Das Opfer von psychischem Mobbing leidet oft unter ständigem Stress, Ängsten und Angst vor den Folgen der Angriffe.

- Soziale Isolation: Die Folgen von psychischem Mobbing können soziale Isolation sein, bei der sich das Opfer abgelehnt fühlt und nicht in der Lage ist, gesunde Beziehungen zu anderen aufzubauen.

- Verlust des Interesses an Studien und Aktivitäten: Opfer von psychischem Mobbing können aufgrund eines geringen Selbstwertgefühls und des Gefühls der Hilflosigkeit die Motivation zum Lernen und zur Teilnahme an verschiedenen Aktivitäten verlieren.

- Körperliche Symptome: Psychischer Stress kann zu körperlichen Symptomen wie Kopfschmerzen, Magenschmerzen, Schlafstörungen oder Appetitlosigkeit führen.

- Psychosomatische Probleme: Opfer von psychischem Mobbing können unter verschiedenen psychosomatischen Problemen leiden, wie z. B. einer Verschlechterung des Gesundheitszustands, stressbedingten Krankheiten oder einer Verschlechterung chronischer Krankheiten.

- Selbstisolation und Depression: Psychisches Mobbing kann zur Selbstisolation und Vertiefung der Depression des Opfers führen, was seinen psychischen Zustand und seine Lebensqualität verschlechtert.

- Suizidgedanken und -verhalten: In extremen Fällen kann psychisches Mobbing zur Entwicklung von Suizidgedanken und -verhalten beim Opfer führen, insbesondere wenn nicht rechtzeitig Unterstützung und Hilfe geleistet wird.

- Traumatische Folgen: Psychisches Mobbing kann langfristige traumatische Folgen haben, darunter Probleme mit dem Selbstwertgefühl, dem Vertrauen in andere sowie sozialen und zwischenmenschlichen Beziehungen.

Psychisches Mobbing kann schwerwiegende Folgen für das Opfer haben, darunter psychische Probleme wie Depressionen, Angstzustände, posttraumatische Belastungsstörungen sowie vermindertes Selbstwertgefühl und verminderte schulische Leistungen.

11. Gezielter Ausschluss: Hierbei handelt es sich um eine Form des Mobbings, bei der das Opfer systematisch aus der Gruppe ausgeschlossen oder ignoriert wird und so daran gehindert wird, sich an sozialen Aktivitäten oder Gruppenaktivitäten zu beteiligen.

Gezielter Ausschluss ist eine der verabscheuungswürdigsten Formen des Mobbings, insbesondere in Bildungseinrichtungen. In dieser Form wird das Opfer zum Objekt systematischer Ausgrenzung oder Vernachlässigung durch Gleichaltrige oder das Kollektiv. Dazu kann gehören, dass man sich weigert, das Opfer zu gesellschaftlichen Veranstaltungen, Spielen oder Gruppenaufgaben einzuladen, oder dass man den Kontakt mit dem Opfer außerhalb der Schule gezielt vermeidet.

Dieses Verhalten erzeugt beim Opfer im Team ein Gefühl der Entfremdung und Inakzeptanz, was zu einer Verschlechterung seines psychischen Zustands führen kann. Sie fühlen sich in den Augen anderer unsichtbar und unwichtig, was ihr Selbstwertgefühl und Selbstvertrauen stark beeinträchtigt.

Die psychologischen Auswirkungen einer gezielten Ausgrenzung auf ein Mobbingopfer können schwerwiegend und langanhaltend sein. Das Gefühl der Entfremdung und Inakzeptanz im Team erzeugt beim Opfer ständigen Stress und Angst. Sie verlieren möglicherweise allmählich das Selbstvertrauen und werden passiv und zurückgezogen.

Ständige Unterdrückung und Demütigung können auch dazu führen, dass sich das Opfer hilflos und ängstlich fühlt. Dies kann zu Depressionen, Angstzuständen und sogar einer posttraumatischen Belastungsstörung (PTBS) führen. Psychische Erkrankungen wie Depressionen, Angstzustände und PTBS können die Lebensqualität der Betroffenen erheblich beeinträchtigen und erfordern eine professionelle Intervention und Behandlung.

Zu den langfristigen Folgen einer gezielten Ausgrenzung können außerdem Probleme beim Aufbau gesunder Beziehungen, soziale Isolation und sogar schlechtere schulische Leistungen gehören. All dies kann sich in Zukunft negativ auf die Persönlichkeitsentwicklung und soziale Anpassung des Opfers auswirken.

Gezielter Ausschluss kann dazu führen, dass sich das Opfer einsam und entfremdet fühlt, was sich wiederum auf seine psychische Gesundheit und seine soziale Anpassung auswirken kann. Darüber hinaus kann diese Form des Mobbings langfristige traumatische Folgen haben, einschließlich Problemen beim Aufbau gesunder Beziehungen und beim Vertrauen in andere.

12. Psychischer Missbrauch: Hierbei handelt es sich um eine Form des Mobbings, bei der das Opfer psychischen Angriffen wie Drohungen, Erpressung oder Nötigung zu bestimmten Handlungen ausgesetzt ist.

Psychische Gewalt in Bildungseinrichtungen ist eine Form von Mobbing, die sich auf vielfältige Weise äußern kann. Dazu gehören psychologische Angriffe, die sich gegen das Opfer richten, wie Drohungen, Erpressung, Demütigung, Nötigung zu bestimmten Handlungen oder auch Manipulation.

Diese Art von Mobbing kann sowohl vor anderen Menschen als auch außerhalb von ihnen auftreten, wobei verschiedene Kommunikationsmittel wie Nachrichten, soziale Netzwerke oder sogar anonyme Notizen genutzt werden. Psychischer Missbrauch kann die psychische Gesundheit des Opfers ernsthaft schädigen und unsichtbare, aber tiefe Wunden hinterlassen.

Opfer dieser Art von Mobbing können unter ständigem Stress, Angst und Unruhe leiden. Sie verspüren möglicherweise Gefühle der Hilflosigkeit und Verzweiflung angesichts der beleidigenden Handlungen ihrer Täter. Die Folge ist oft, dass sie isoliert werden, den Kontakt mit anderen meiden und ihr Selbstvertrauen verlieren.

Psychische Gewalt im Bildungsbereich kann schwerwiegende Folgen für die psychische Gesundheit des Opfers haben, darunter Depressionen, Angststörungen, vermindertes Selbstwertgefühl sowie Beeinträchtigungen der schulischen Leistung und der sozialen Anpassung.

13. Religiöses Mobbing: Hierbei handelt es sich um eine Form des religiösen Mobbings, bei der das Opfer aufgrund seiner religiösen Überzeugungen angegriffen oder belästigt wird.

Religiöses Mobbing ist eine Form des Mobbings, bei der das Opfer aufgrund seines religiösen Glaubens oder seiner Zugehörigkeit zu einer bestimmten religiösen Gruppe angegriffen oder belästigt wird. Diese Art von Mobbing kann sich auf unterschiedliche Weise äußern, darunter Beleidigungen, Drohungen, Diskriminierung und sogar körperliche Gewalt.

Opfer von religiösem Mobbing können aufgrund ihres Glaubens oder ihrer religiösen Praxis mit Spott, Verachtung oder sogar Gewalt von Gleichaltrigen oder sogar Pädagogen konfrontiert werden. Sie können aufgrund ihrer religiösen Überzeugung Ziel von Witzen, Kritik oder sogar dem Ausschluss aus sozialen Gruppen sein.

Solche Angriffe auf religiöse Überzeugungen können das geistige und emotionale Wohlbefinden des Opfers erheblich schädigen. Sie fühlen sich möglicherweise isoliert, unglücklich und haben aufgrund der Feindseligkeit anderer sogar Angst um ihre Sicherheit.

Darüber hinaus kann religiöses Mobbing dazu führen, dass sich die Opfer für ihre Religion schämen oder schuldig fühlen, was ihr Selbstwertgefühl und ihre Selbstakzeptanz beeinträchtigen kann. Es kann auch zu verminderten schulischen Leistungen, sozialer Isolation und sogar zur Entwicklung psychischer Probleme wie Depressionen und Angststörungen führen.

14. Homophobes Mobbing: Hierbei handelt es sich um eine Form des Mobbings, die auf Vorurteilen oder Ablehnung der sexuellen Orientierung des Opfers beruht und zu Diskriminierung oder Aggression gegenüber Personen mit einer anderen sexuellen Orientierung führt.

Homophobes Mobbing im Bildungsbereich ist eine Form des Mobbings, die auf Vorurteilen oder Ablehnung der sexuellen Orientierung des Opfers beruht und zu Diskriminierung oder Aggression gegenüber Menschen mit einer anderen sexuellen Orientierung, wie etwa Schwulen, Lesben, Bisexuellen oder Transgender-Personen, führt.

Diese Art von Mobbing kann viele Formen annehmen, darunter Beleidigungen, Demütigungen, Mobbing, körperliche Gewalt oder sogar Lebensdrohungen. Opfer von homophobem Mobbing sind aufgrund ihrer sexuellen Orientierung oder Geschlechtsidentität häufig Stereotypen, Voreingenommenheit und Hass von Gleichaltrigen oder sogar Lehrern ausgesetzt.

Diese Art von Mobbing kann schwerwiegende psychische und emotionale Folgen für das Opfer haben. Aufgrund der Feindseligkeit anderer können sie Angst, Furcht, Scham und Depression verspüren. Infolgedessen können sie sozial isoliert werden, das Interesse an der Schule verlieren und psychische Gesundheitsprobleme wie eine posttraumatische Belastungsstörung (PTSS) oder Depression entwickeln. Homophobes Mobbing kann beim Opfer auch zu Suizidgedanken oder Suizidversuchen führen.

15. Erzwungene Teilnahme an schädlichen Aktivitäten: Dabei handelt es sich um eine Form des Mobbings, bei der das Opfer gegen seinen Willen zu destruktiven oder illegalen Aktivitäten gezwungen wird, wie zum Beispiel Drogenkonsum oder Rauchen.

Die erzwungene Teilnahme an schädlichen Aktivitäten im Bildungsbereich ist eine Form von Mobbing, bei der das Opfer gegen seinen Willen zur Teilnahme an destruktiven oder illegalen Aktivitäten gezwungen wird. Dazu können Drohungen, Erpressung oder andere Formen des Drucks auf das Opfer gehören, sich auf unerwünschtes oder gefährliches Verhalten einzulassen, beispielsweise Drogen zu nehmen oder zu rauchen.

Bei dieser Form des Mobbings können Mobber verschiedene Methoden anwenden, um das Opfer zur Einhaltung ihrer Forderungen zu zwingen, beispielsweise die Androhung körperlicher Gewalt, Erpressung oder sogar das Versprechen von Schutz im Austausch für unerwünschte Handlungen.

Für das Opfer kann dies nicht nur physischen und psychischen Druck bedeuten, sondern auch eine Verletzung der eigenen Grenzen und Werte. Sie fühlen sich oft machtlos gegenüber der Macht des Angreifers und erleben möglicherweise Angst, Scham und Verzweiflung. Als Folge einer solchen Exposition können bei den Opfern schwerwiegende psychische Folgen wie Angststörungen, Depressionen sowie soziale Isolation und Entfremdung von anderen auftreten.

16. Körperliches Mobbing oder Demütigung: Hierbei handelt es sich um eine Form des Mobbings, bei der das Opfer aufgrund seiner körperlichen Merkmale wie Gewicht, Größe, Hautfarbe oder Aussehen gemobbt oder gedemütigt wird.

Körperliches Mobbing oder Demütigung im Bildungsbereich ist eine Form des Mobbings, bei der das Opfer aufgrund seiner körperlichen Merkmale wie Gewicht, Größe, Hautfarbe oder Aussehen gemobbt oder gedemütigt wird. In solchen Fällen können Täter verschiedene Methoden anwenden, um das Opfer aufgrund seines Aussehens zu demütigen oder zu diskreditieren.

Diese Form des Mobbings kann sich durch Spott, Beleidigungen oder sogar körperliche Gewalt gegenüber Personen äußern, die nicht den Standards oder Vorstellungen von Schönheit oder Aussehen entsprechen. Opfer dieser Art von Mobbing leiden oft unter Scham, geringem Selbstwertgefühl und Hemmungen, was ihr emotionales und psychisches Wohlbefinden ernsthaft beeinträchtigen kann.

Ständiges Mobbing aufgrund körperlicher Merkmale kann zur Entwicklung von Minderwertigkeitskomplexen beim Opfer sowie zu einer Verschlechterung seiner sozialen Anpassung und seiner Bildungsergebnisse führen. Solche Situationen können auch zu weiterer sozialer Isolation und Entfremdung von anderen führen.

17. Moralischer Missbrauch: Hierbei handelt es sich um eine Form des Mobbings, bei der das Opfer feindseligen Handlungen oder Kommentaren ausgesetzt wird, die seine moralischen oder ethischen Überzeugungen verletzen oder Scham oder Schuldgefühle hervorrufen.

Pädagogisches Mobbing ist eine Form des Mobbings, bei der das Opfer feindseligen Handlungen oder Kommentaren ausgesetzt wird, die gegen seine moralischen oder ethischen Überzeugungen verstoßen oder Scham oder Schuldgefühle hervorrufen. Dazu kann gehören, dass das Opfer zu Handlungen gezwungen wird, die es für inakzeptabel hält, oder dass es an unangenehmen Situationen teilnimmt, die im Widerspruch zu seinen moralischen Grundsätzen stehen.

Moralischer Missbrauch kann sich auf verschiedene Weise äußern, einschließlich der öffentlichen Demütigung des eigenen Glaubens, seiner Überzeugungen oder seiner Gruppenzugehörigkeit sowie der Schaffung von Situationen, die beim Opfer Scham- oder Schuldgefühle hervorrufen können. Dazu können beispielsweise Verspottungen oder Beleidigungen religiöser oder moralischer Überzeugungen, Äußerungen der Verachtung der Werte oder Moral des Opfers oder sogar die Fälschung von Informationen gehören, um seinen Ruf zu diskreditieren.

Der durch psychischen Missbrauch verursachte psychische Druck und das Leid können zu schwerwiegenden psychischen Folgen wie Verlust des Selbstwertgefühls, Depressionen, Angstzuständen und sozialer Isolation führen. Opfer von psychischem Missbrauch leiden häufig unter emotionalem Stress und einem Gefühl der Entfremdung, was sich stark auf ihr allgemeines Wohlbefinden und ihren akademischen Erfolg auswirken kann.

18. Manipulatives Verhalten: Hierbei handelt es sich um eine Form des Mobbings, bei der das Opfer versucht wird, seine Handlungen, Gedanken oder Gefühle zu manipulieren und zu kontrollieren, um seine Persönlichkeit oder seinen Willen zu unterdrücken.

Manipulatives Verhalten im Bildungsbereich ist eine Form von Mobbing, bei der das Opfer versucht wird, seine Handlungen, Gedanken oder Gefühle zu manipulieren und zu kontrollieren, um seine Persönlichkeit oder seinen Willen zu unterdrücken. Dazu können verschiedene Taktiken gehören, die darauf abzielen, dem Opfer zu schaden und ihm das Gefühl zu geben, hilflos oder wertlos zu sein.

Manipulatives Verhalten kann sich durch verschiedene Methoden äußern, darunter psychischer Druck, Täuschung, Drohungen, Erpressung oder sogar die Verwendung eines verletzenden oder bedrohlichen Tons in der Kommunikation. Dazu können beispielsweise systematische Nötigung zu unerwünschten Handlungen oder die Teilnahme an unangenehmen Situationen, die bewusste Falschdarstellung von Tatsachen oder die Nötigung zur Änderung von Meinungen oder Überzeugungen unter Androhung negativer Konsequenzen gehören.

Die Folgen manipulativen Verhaltens für das Opfer können schwerwiegend sein und sich nachhaltig auf dessen psychisches Wohlbefinden und Wohlbefinden auswirken. Opfer können sich verletzlich, isoliert und deprimiert fühlen, was zur Entwicklung von Depressionen, Angstzuständen, geringem Selbstwertgefühl und anderen psychischen Problemen führen kann. Darüber hinaus kann sich manipulatives Verhalten negativ auf die schulischen Leistungen und sozialen Beziehungen des Opfers auswirken und es ihm erschweren, zu kommunizieren und gesunde Beziehungen aufzubauen.

19. Mobbing aufgrund einer Behinderung oder einer Entwicklungsstörung: Hierbei handelt es sich um eine Form des Mobbings, bei der das Opfer aufgrund seiner körperlichen oder geistigen Merkmale, einschließlich Behinderungen, Verhaltensproblemen oder sonderpädagogischem Förderbedarf, angegriffen oder benachteiligt wird.

Behinderungs- oder Entwicklungsmobbing im Bildungsbereich ist eine Form von Mobbing, bei der das Opfer aufgrund seiner körperlichen oder geistigen Merkmale, einschließlich Behinderungen, Verhaltensproblemen oder sonderpädagogischem Förderbedarf, angegriffen oder benachteiligt wird.

Diese Form des Mobbings kann sich durch verschiedene Arten von Aggression äußern, darunter körperliche und verbale Gewalt, sozialer und emotionaler Missbrauch sowie abfällige Kommentare oder Handlungen. Opfer eines solchen Mobbings können aufgrund ihrer Eigenschaften mit Mobbing oder dem Ausschluss aus einer Gruppe konfrontiert werden, was bei ihnen Minderwertigkeits- oder Schamgefühle hervorruft.

Die Auswirkungen eines solchen Mobbings auf das Opfer können tiefgreifend sein und zu erhöhtem Stress, Angstzuständen und Depressionen führen. Es kann sich auch auf die schulischen Leistungen und die soziale Anpassung des Opfers auswirken und dazu führen, dass es sich isoliert und anderen gegenüber misstrauisch fühlt.

20. Reputationsbeleidigung: Hierbei handelt es sich um eine Form des Mobbings, bei der das Opfer öffentlichen oder virtuellen Beleidigungen oder Verleumdungen ausgesetzt wird, mit dem Ziel, seinen Ruf oder seinen sozialen Status zu schädigen.

Rufbeleidigung in Bildungseinrichtungen ist eine Form des Mobbings, bei der das Opfer öffentlichen oder virtuellen Beleidigungen oder Verleumdungen ausgesetzt wird, mit dem Ziel, seinen Ruf oder seinen sozialen Status zu schädigen.

Diese Art von Mobbing kann sich auf unterschiedliche Weise äußern, etwa durch die Verbreitung falscher Gerüchte, das Veröffentlichen diffamierender Beiträge oder Kommentare in sozialen Medien sowie durch öffentliche beleidigende oder abfällige Bemerkungen in der Schule oder bei öffentlichen Veranstaltungen.

Dies kann schwerwiegende Folgen für das Opfer eines solchen Mobbings haben. Aufgrund falscher Anschuldigungen oder Beleidigungen können sie ein vermindertes Selbstwertgefühl und Scham- oder Schuldgefühle verspüren. Solche Handlungen können auch zur sozialen Isolation des Opfers führen und negative Folgen für seine Beziehungen zu anderen Schülern und Lehrern haben.

21. Mobbing durch die Verbreitung intimer Materialien: Dies ist eine Form des Cybermobbings, bei der das Opfer ohne seine Zustimmung der Verbreitung seiner intimen Materialien (z. B. Fotos, Videos) ausgesetzt wird, mit dem Ziel, es zu demütigen oder einzuschüchtern.

Mobbing durch die Verbreitung intimer Materialien in Bildungseinrichtungen ist eine Form des Cybermobbings, bei der das Opfer ohne seine Zustimmung der Verbreitung intimer Materialien (z. B. Fotos, Videos) ausgesetzt wird, mit dem Ziel der Demütigung oder Einschüchterung.

Diese Art von Mobbing beginnt oft mit dem unbefugten Zugriff auf vertrauliche oder persönliche Materialien des Opfers, beispielsweise durch das Hacken eines Social-Media-Kontos oder den Diebstahl eines Speichergeräts. Angreifer können diese Materialien dann nutzen, um das Opfer zu demütigen oder zu erpressen, indem sie sie an ein breites Spektrum von Personen weitergeben, darunter auch andere Schüler und Lehrer.

Für das Opfer eines solchen Mobbings kann dies verheerende Folgen haben. Sie fühlen sich der Verbreitung ihrer intimen Materialien wehrlos und hilflos ausgeliefert, was zu schweren psychischen Belastungen, Depressionen und Angstzuständen führt. Es kann sich auch stark auf ihr soziales und emotionales Wohlbefinden auswirken und zu Schamgefühlen, Isolation und Misstrauen gegenüber anderen führen.

22. Statusbasiertes Mobbing: Hierbei handelt es sich um eine Form des Mobbings, bei der das Opfer aufgrund seines sozialen Status, einschließlich seines finanziellen Status, seiner Herkunft oder seines sozialen Prestiges, angegriffen oder gedemütigt wird.

Statusbasiertes Mobbing in Bildungseinrichtungen ist eine Form des Mobbings, bei der das Opfer aufgrund seines sozialen Status, einschließlich Reichtum, Herkunft oder sozialem Prestige, angegriffen oder gedemütigt wird.

Diese Art von Mobbing äußert sich häufig in Form einer Diskriminierung oder Herabwürdigung des Opfers aufgrund seiner finanziellen Lage, seines nationalen oder kulturellen Hintergrunds oder seines sozialen Hintergrunds. Mobber können Stereotypen und vorgefasste Meinungen nutzen, um Opfer zu demütigen oder zu isolieren und sie so von der Teilnahme an sozialen oder pädagogischen Aktivitäten abzuhalten.

Dies kann schwerwiegende Folgen für das Opfer eines solchen Mobbings haben. Sie fühlen sich möglicherweise aufgrund ihres sozialen Status unwürdig und minderwertig, was zu einem geringen Selbstwertgefühl und psychischen Belastungen führt. Darüber hinaus kann es ihre akademischen Leistungen und sozialen Interaktionen erheblich beeinträchtigen und Hindernisse für die Integration in die akademische und soziale Gemeinschaft schaffen.

23. Kulturelles Mobbing: Dabei handelt es sich um eine Form des Mobbings, bei der das Opfer aufgrund seines kulturellen oder ethnischen Hintergrunds, seiner Sprache, seiner Bräuche oder Traditionen angegriffen oder gedemütigt wird.

Kulturelles Mobbing im Bildungsbereich ist eine Form des

Mobbings, bei der das Opfer aufgrund seines kulturellen oder ethnischen Hintergrunds, seiner Sprache, seiner Bräuche oder Traditionen angegriffen oder gedemütigt wird.

Diese Art von Mobbing kann sich durch Spott, Beleidigungen, Diskriminierung oder sogar Gewalttaten gegen das Opfer aufgrund seiner kulturellen Merkmale äußern. Angreifer können Stereotypen, Vorurteile oder Missverständnisse nutzen, um das Opfer zu demütigen oder zu isolieren.

Für das Opfer von kulturellem Mobbing kann dies schwerwiegende Folgen haben. Aufgrund ihres kulturellen oder ethnischen Hintergrunds fühlen sie sich möglicherweise unsichtbar oder respektlos, was zu einem geringen Selbstwertgefühl und psychischen Belastungen führt. Darüber hinaus kann es sich auf ihre akademischen Leistungen, ihre sozialen Beziehungen und ihr allgemeines Wohlbefinden auswirken und Hindernisse für die Anpassung und Interaktion in der Lerngemeinschaft schaffen.

Diese verschiedenen Formen des Mobbings mögen in ihren Merkmalen einzigartig sein, aber eines haben sie alle gemeinsam: Sie schaffen ein toxisches und gefährliches Umfeld für Kinder in Bildungseinrichtungen, das dringende Maßnahmen zu ihrer Prävention und Bekämpfung erfordert.

Diese Arten von Mobbing können einzeln oder in Kombination miteinander auftreten und für die betroffenen Kinder eine schwere Belastung darstellen.

❖ · ❖ · ❖ · ❖ · ❖ · ❖ · ❖ · ❖ · ❖ · ❖ · ❖ · ❖ · ❖ · ❖ · ❖

Kapitel 3.
Anzeichen dafür, dass ein Kind Opfer von Mobbing ist.

Mobbing im Bildungsbereich ist ein ernstes Problem, mit dem viele Kinder und Jugendliche auf der ganzen Welt konfrontiert sind. Unfaires und aggressives Verhalten von Gleichaltrigen kann tiefgreifende und dauerhafte Auswirkungen auf das psychische und emotionale Wohlbefinden eines Kindes haben und sich auf seine schulischen Leistungen, seine sozialen Beziehungen und sein allgemeines Wohlbefinden auswirken. Allerdings bleiben viele Fälle von Mobbing unbemerkt oder werden nicht ausreichend gemeldet, weil Kinder häufig über die Probleme, mit denen sie in der Schule konfrontiert sind, schweigen. In diesem Kapitel schauen wir uns die wichtigsten Anzeichen an, die darauf hindeuten können, dass Ihr Kind gemobbt wird, und wir besprechen Strategien, die Ihnen helfen, diese unangenehme Situation zu erkennen und zu überwinden.

Hier sind einige Anzeichen, auf die Sie achten sollten, um

festzustellen, ob Ihr Kind Opfer von Mobbing in der Schule ist:

1. Verhaltensänderungen: Plötzliche Verhaltensänderungen Ihres Kindes, wie z. B. Rückzug, Reizbarkeit, Frustration oder Angst, können auf ein Mobbingproblem hinweisen.

Verhaltensänderungen können eines der ersten Anzeichen dafür sein, dass ein Mobbingproblem vorliegt. Plötzliche und unerklärliche Verhaltensänderungen Ihres Kindes, wie z. B. Vermeidung, Rückzug, Rückzug oder eine Verschlechterung der schulischen Leistungen, können Anzeichen dafür sein, dass es Mobbing durch Gleichaltrige erlebt.

Ein gemobbtes Kind kann ohne ersichtlichen Grund gereizt oder unglücklich werden und verspürt oft Angst vor Schulaktivitäten oder Ereignissen, die zuvor positive Emotionen hervorgerufen haben. Möglicherweise geht er auch der Schule aus dem Weg und sucht nach Gründen, zu Hause zu bleiben. Diese Veränderungen können das Ergebnis von Stress durch Mobbing sein und sind ein starkes Signal für aufmerksames Eingreifen der Eltern.

2. Körperliche Symptome: Unerklärliche körperliche Symptome wie Beulen, Kratzer, Prellungen oder andere Verletzungen ohne Erklärung können darauf hindeuten, dass Ihr Kind körperlich gemobbt wird.

Bei Verdacht auf Mobbing können auch körperliche Symptome ein weiterer Indikator sein, auf den man achten sollte. Plötzliche Stöße, Kratzer, Prellungen oder andere Verletzungen ohne Erklärung können ein Hinweis darauf sein, dass Ihr Kind von Gleichaltrigen körperlich misshandelt wird.

Natürlich können sich Kinder beim Spielen oder Sport verletzen, aber wenn diese Verletzungen zu häufig und ohne klaren Grund auftreten, kann das ein Zeichen dafür sein, dass Ihr Kind Opfer von körperlichem Mobbing ist. Diese körperlichen Spuren am Körper eines Kindes sind möglicherweise nur die Spitze des Eisbergs. Daher ist es wichtig, auf sie zu achten und nach weiteren Anzeichen oder Hinweisen auf mögliches Mobbing zu suchen.

3. Veränderungen in der schulischen Leistung: Ein Rückgang der schulischen Leistungen, eine Zurückhaltung beim Schulbesuch oder beim Lernen sowie eine Verschlechterung der Beziehungen zu Lehrern oder Klassenkameraden können Anzeichen dafür sein, dass Ihr Kind Opfer von Mobbing ist.

Veränderungen in den schulischen Leistungen können ein weiteres Zeichen dafür sein, dass Ihr Kind Opfer von Mobbing ist. Ein Rückgang der schulischen Leistungen, ein plötzlicher Rückgang des Interesses am Lernen oder an der Teilnahme an schulischen Aktivitäten oder eine Zurückhaltung beim Schulbesuch können auf mögliche Mobbing-Probleme hinweisen.

Wenn ein Kind von Gleichaltrigen unter Druck gesetzt oder lächerlich gemacht wird, kann dies seine Konzentration und

Lernmotivation beeinträchtigen. Es kann sein, dass er aus Furcht oder Furcht beginnt, Bildungsaktivitäten zu meiden, was zu schlechteren schulischen Leistungen führt. Auch eine Verschlechterung der Beziehungen zu Lehrern oder Klassenkameraden kann mit Mobbing einhergehen, da sich das Kind in der Gegenwart seiner Tyrannen isoliert oder unwohl fühlt.

Es ist wichtig, solche Veränderungen genau zu beobachten und offene Gespräche mit Ihrem Kind zu führen, um die Gründe für seine Unzufriedenheit in der Schule herauszufinden und ihm bei der Bewältigung möglicher Probleme zu helfen.

4. Soziale Isolation: Wenn Ihr Kind beginnt, die Interaktion mit anderen Kindern zu meiden oder das Interesse an sozialen Aktivitäten oder Spielen verliert, kann dies ein Zeichen dafür sein, dass es aufgrund von Mobbing Probleme mit Gleichaltrigen hat.

Soziale Isolation ist ein weiteres wichtiges Anzeichen, um festzustellen, ob Ihr Kind Opfer von Mobbing ist. Wenn Ihr Kind beginnt, die Interaktion mit anderen Kindern zu meiden oder weniger Interesse an sozialen Aktivitäten oder Spielen zeigt, kann dies ein Zeichen dafür sein, dass es aufgrund von Mobbing Probleme mit Gleichaltrigen hat.

Soziale Isolation kann sich darin äußern, dass sich ein Kind immer mehr zurückzieht, lieber Zeit alleine verbringt, die Teilnahme an sozialen Aktivitäten vermeidet oder sogar die Schule schwänzt, aus Angst, Mobbern gegenüberzutreten. Möglicherweise fühlt er sich aufgrund früherer negativer Interaktionen in der Nähe anderer Kinder unwohl oder fürchtet sich vor neuen Situationen, die zu mehr Mobbing führen könnten.

Wenn solche Anzeichen erkannt werden, ist es wichtig, darauf zu achten und einen offenen Dialog mit dem Kind aufzubauen, um die Gründe für sein verändertes Verhalten herauszufinden und ihm Unterstützung und Hilfe bei der Lösung möglicher Probleme zu geben.

5. Ungewöhnliches Verhalten nach der Schule: Wenn Ihr Kind über unangenehme Ereignisse in der Schule spricht oder nach der Rückkehr aus der Schule ungewöhnliches Verhalten zeigt, kann dies ein Zeichen dafür sein, dass es Opfer von Mobbing ist.

Auch ungewöhnliches Verhalten nach der Schule ist eines der Anzeichen, auf die Sie achten sollten, um festzustellen, ob Ihr Kind Opfer von Mobbing ist. Wenn Ihr Kind nach der Rückkehr aus der Schule über unangenehme Ereignisse in der Schule spricht oder ungewöhnliches Verhalten zeigt, kann dies ein Zeichen dafür sein, dass es gemobbt wird.

Zu den Verhaltensweisen, die vom Normalzustand abweichen, können Stress-, Angst- oder Depressionssymptome gehören. Das Kind kann zurückgezogener, gereizter oder umgekehrt passiver und selbstsüchtiger werden. Möglicherweise zeigt er auch Anzeichen von körperlichen Beschwerden wie Schlaflosigkeit, Appetitlosigkeit oder Beschwerden über Magen- oder Kopfschmerzen.

Diese Verhaltensänderungen nach der Schule können ein Hinweis darauf sein, dass Ihr Kind aufgrund von Mobbing unter Stress leidet. Es ist wichtig, darauf zu achten und wenn möglich einen offenen Dialog mit dem Kind aufzubauen, um die Gründe für sein ungewöhnliches Verhalten herauszufinden und es bei der Lösung des Problems zu unterstützen.

6. Verlust von persönlichen Gegenständen oder Geld: Verlorene oder beschädigte persönliche Gegenstände, Geld oder Schulsachen können ein Hinweis darauf sein, dass Ihr Kind von anderen Kindern betrogen oder gestohlen wird.

Auch der Verlust von persönlichen Gegenständen oder Geld ist eines der Anzeichen, auf die Sie achten sollten, um festzustellen, ob Ihr Kind Opfer von Mobbing ist. Wenn Ihr Kind den Verlust oder die Beschädigung seiner persönlichen Gegenstände, seines Geldes oder seiner Schulsachen meldet, kann dies ein Hinweis darauf sein, dass es von anderen Kindern betrogen oder gestohlen wird.

Mobbing geht oft nicht nur mit verbalen und körperlichen Angriffen einher, sondern auch mit wirtschaftlichen Aggressionserscheinungen. Opfer von Kindern müssen möglicherweise erleben, dass ihr Geld gestohlen wird oder ihre persönlichen Gegenstände verloren gehen oder beschädigt werden. Dies kann das Ergebnis einer direkten Aktion der Täter sein oder dadurch, dass das Opfer unter Androhung von Gewalt oder Isolation gezwungen wird, sein Hab und Gut oder Geld herauszugeben.

Solche Verluste können dem Kind nicht nur finanziellen Schaden zufügen, sondern auch seine emotionale Verfassung und sein Selbstvertrauen beeinträchtigen. Daher ist es wichtig, dem Kind zuzuhören, wenn es ähnliche Ereignisse mitteilt, und gemeinsam mit ihm die entstandene Situation zu verstehen.

7. Emotionale Äußerungen: Hören Sie den Aussagen Ihres Kindes über seine Gefühle und Erfahrungen in der Schule aufmerksam zu. Wenn er häufig unangenehme Situationen oder negative Interaktionen mit Klassenkameraden erwähnt, kann dies ein Zeichen dafür sein, dass er Opfer von Mobbing ist.

Der emotionale Ausdruck Ihres Kindes kann der Schlüssel sein, um zu erkennen, ob es Opfer von Mobbing in der Schule ist. Hören Sie aufmerksam zu, was Ihr Kind über seine Gefühle und Erfahrungen in der Schule sagt. Wenn er häufig unangenehme Situationen oder negative Interaktionen mit Klassenkameraden erwähnt, kann dies ein Zeichen für mögliches Mobbing sein.

Zu den emotionalen Äußerungen eines Kindes können Äußerungen von Angst, Furcht, Traurigkeit, Gereiztheit oder sogar Depression im Zusammenhang mit seiner Schulzeit gehören. Das Kind spricht möglicherweise darüber, dass es von anderen Kindern verletzt, gedemütigt oder eingeschüchtert wurde. Möglicherweise bringt er auch seine Abneigung gegen den Schulbesuch oder die Begegnung mit bestimmten Klassenkameraden zum Ausdruck.

Es ist wichtig, eine offene und vertrauensvolle Kommunikation mit Ihrem Kind zu pflegen, damit es seine Erfahrungen frei teilen kann. Äußert Ihr Kind Besorgnis oder gar Angst vor schulischen Ereignissen, ist es wichtig, auf seine Worte zu hören und gemeinsam Wege zu finden, mögliche Probleme zu lösen.

8. Häufige körperliche Beschwerden: Ein starker Anstieg von Erkrankungen wie Kopfschmerzen, Schmerzen oder morgendlicher Übelkeit ohne medizinische Erklärung kann auf psychische Belastungen durch Mobbing zurückzuführen sein.

Häufige körperliche Beschwerden Ihres Kindes können ein weiteres Anzeichen dafür sein, dass möglicherweise ein Mobbingproblem vorliegt. Ein starker Anstieg der Häufigkeit von Krankheiten wie Kopfschmerzen, Schmerzen bei Tieren oder morgendlicher Übelkeit, für die es keine medizinische Erklärung gibt, kann auf die psychische Belastung durch Mobbing zurückzuführen sein.

Diese körperlichen Symptome können das Ergebnis emotionalen Stresses sein, dem das Kind aufgrund negativer Einflüsse von Gleichaltrigen ausgesetzt ist. Beispielsweise kann Stress durch die ständige Erwartung neuer Angriffe oder die Angst, in der Schule in unangenehme Situationen zu geraten, zu körperlichen Manifestationen führen.

Es ist wichtig, auf solche Symptome zu achten und ein offenes Gespräch mit Ihrem Kind zu führen, um zu verstehen, was es stört. Bieten Sie ihm Unterstützung an und versuchen Sie, Wege zu finden, wie Sie ihm helfen können, mit der psychischen Belastung umzugehen, die er aufgrund von Mobbing erleiden könnte.

9. Veränderungen im Lebensstil: Plötzliche Veränderungen im Lebensstil, wie z. B. der Verlust des Interesses an zuvor schönen Hobbys oder die Weigerung, an außerschulischen Aktivitäten teilzunehmen, können eine Folge von Mobbing sein.

Veränderungen im Lebensstil Ihres Kindes können ein weiterer Hinweis darauf sein, dass es gemobbt wird. Wenn Sie plötzliche Veränderungen in seinen Gewohnheiten und Interessen bemerken, kann dies ein Zeichen dafür sein, dass er aufgrund der Auswirkungen von Mobbing unter psychischen Problemen leidet.

Beispielsweise kann ein plötzlicher Rückgang des Interesses an Interessen oder Hobbys, die zuvor Freude bereiteten, ein Hinweis darauf sein, dass sich das Kind aufgrund negativer Einflüsse von Gleichaltrigen unglücklich oder hoffnungslos fühlt. Auch die Weigerung, an außerschulischen Aktivitäten oder gesellschaftlichen Veranstaltungen teilzunehmen, kann eine Folge des psychischen Drucks sein, dem er in der Schule ausgesetzt ist.

Diese Änderungen des Lebensstils können der Versuch eines Kindes sein, Mobbing-Situationen zu entkommen, oder einfach eine Manifestation seines Stresses und seiner Depression. Es ist wichtig, auf solche

Veränderungen zu achten und Ihr Kind bei der Bewältigung möglicher Mobbing-Probleme zu unterstützen.

10. Ungewöhnliche Gegenstände im Rucksack oder in den Taschen: Das Finden ungewöhnlicher Gegenstände wie Drohungen, Notizen oder aggressiver Zeichnungen im Rucksack oder in den Taschen Ihres Kindes kann ein Zeichen dafür sein, dass es gemobbt wird.

Das Finden ungewöhnlicher Gegenstände im Rucksack oder in den Taschen Ihres Kindes kann ein Warnsignal sein und darauf hinweisen, dass es gemobbt wird. Solche Gegenstände können Drohungen, beleidigende Notizen, aggressive Zeichnungen oder sogar physische Gegenstände sein, die dazu dienen, Schaden anzurichten.

Die gefundenen Materialien können klare Anzeichen dafür sein, dass Ihr Kind von Gleichaltrigen gemobbt wird. Dabei kann es sich um eine Form von psychischem Druck oder Drohungen gegen Ihr Kind handeln. Solche Befunde sollten ernst genommen und als Hinweis auf mögliche Probleme in der Schule gewertet werden.

Achten Sie auf den Inhalt des Rucksacks oder der Taschen Ihres Kindes. Wenn solche Materialien gefunden werden, wenden Sie sich an das Schulpädagogikpersonal oder andere zuständige Behörden, um dies zu untersuchen und entsprechende Maßnahmen zu ergreifen. Die Unterstützung und der Schutz Ihres Kindes sind wichtig, um seine Sicherheit und sein Wohlbefinden in der Lernumgebung zu gewährleisten.

11. Mangel an Freunden oder Veränderungen im sozialen Umfeld: Wenn Ihr Kind plötzlich sein soziales Umfeld wechselt, nicht mehr mit alten Freunden kommuniziert oder ohne ersichtlichen Grund Freunde verliert, kann dies eine Folge der durch Mobbing verursachten sozialen Isolation sein.

Ein Mangel an Freunden oder Veränderungen im sozialen Umfeld Ihres Kindes können ein starkes Warnsignal dafür sein, dass es in seinem schulischen Umfeld zu Mobbing kommt. Wenn Ihr Kind ohne ersichtlichen Grund plötzlich aufhört, mit alten Freunden zu kommunizieren oder den Kontakt zu zuvor nahestehenden Menschen verliert, kann dies ein Hinweis darauf sein, dass es sich in sozialer Isolation von anderen Schülern befindet.

Soziale Isolation kann durch systematischen Ausschluss oder Ablehnung von Gleichaltrigen entstehen, die als Folge von Mobbing auftreten können. Ein Kind, das Gegenstand von Spott oder Aggression ist, hat oft Schwierigkeiten, Freundschaften zu pflegen oder Unterstützung von Gleichaltrigen zu suchen.

Wenn Sie diese Verhaltensänderungen bei Ihrem Kind bemerken, ist es wichtig, ihm Aufmerksamkeit zu schenken und es zu unterstützen. Sprechen Sie mit ihm über seine Beziehungen zu Freunden und das schulische Umfeld im Allgemeinen und finden Sie heraus, ob er möglicherweise das Ziel eines Konflikts zwischen den Schulen ist. Seien

Sie bereit, mögliche Unterstützungs- und Bewältigungsstrategien mit Lehrern und Schulpersonal zu besprechen, um Ihrem Kind zu helfen, mit Schwierigkeiten umzugehen und zu positiven sozialen Erfahrungen in der Schule zurückzukehren.

12. Angstgefühle: Wenn Ihr Kind vor dem Schulbesuch Anzeichen von Angst zeigt, insbesondere in bestimmten Situationen oder beim Treffen mit bestimmten Kindern, kann dies auf eine negative Mobbingerfahrung zurückzuführen sein.

Das Angst- oder Unruhegefühl Ihres Kindes vor dem Schulbesuch ist ein weiteres wichtiges Anzeichen dafür, dass möglicherweise Mobbing in seinem Lernumfeld vorliegt. Wenn Ihr Kind vor bestimmten Situationen in der Schule oder vor der Begegnung mit bestimmten Kindern Nervosität, Angst oder sogar Angst zeigt, kann dies an negativen Erfahrungen infolge von Mobbing liegen.

Für ein Kind ist es eine äußerst traumatische Erfahrung, Ziel von Aggression oder Mobbing durch Gleichaltrige zu sein, die bei ihm starke emotionale Reaktionen hervorrufen kann. Besonders ausgeprägt kann diese Angst in Situationen sein, in denen es um den Kontakt mit Kindern geht, was potenziell zu weiteren Konflikten oder Gewalt führen könnte.

Wenn Sie bemerken, dass Ihr Kind Angst hat oder Angst hat, in die Schule zu gehen oder mit bestimmten Gleichaltrigen zu interagieren, ist es wichtig, dies anzusprechen und mit ihm über seine Gefühle zu sprechen. Unterstützen Sie ihn, hören Sie sich seine Sorgen an und versuchen Sie herauszufinden, was ihm genau Angst macht. Geben Sie ihm Verständnis und Unterstützung und erklären Sie, dass Sie bereit sind, ihm bei der Bewältigung aller Probleme in der Schule zu helfen.

13. Auf Probleme in der Schule nicht reagieren: Wenn Ihr Kind es vermeidet, über Probleme oder Vorfälle in der Schule zu sprechen, sondern lieber schweigt oder nicht über seine Erfahrungen spricht, kann dies ein Zeichen dafür sein, dass es Opfer von Mobbing ist.

Die fehlende Reaktion Ihres Kindes auf Probleme in der Schule, etwa seine Zurückhaltung, über das Geschehene zu sprechen, oder seine Zurückhaltung, mögliche Vorfälle oder Schwierigkeiten zu besprechen, kann ein Zeichen dafür sein, dass es sich in einer Mobbing-Situation befindet.

Kinder, die Opfer von Mobbing geworden sind, haben möglicherweise Angst vor weiteren Konsequenzen oder befürchten, dass sich die Situation verschlimmern könnte, was dazu führt, dass sie über das Geschehen in der Schule schweigen. Sie haben möglicherweise das Gefühl, dass ihnen niemand helfen oder ihr Problem verstehen wird, was zu Isolation und Stille führt.

Wenn Sie also bemerken, dass Ihr Kind es vermeidet oder vermeidet, seine Probleme in der Schule zu besprechen, ist es wichtig, eine angenehme und unterstützende Umgebung zu schaffen, in der es sich sicher und verstanden fühlen kann. Versuchen Sie, nach und nach Vertrauen zu Ihrem Kind aufzubauen, indem Sie ihm verständnisvoll und bereit sind, ihm zuzuhören, und erklären Sie, dass Sie immer bereit sind, ihm bei der Lösung aller Probleme in der Schule zu helfen.

14. Ein Rückgang der schulischen Leistungen: Ein plötzlicher Rückgang der Noten oder des Interesses an der Schule kann ein Zeichen dafür sein, dass Ihr Kind Opfer von Mobbing ist und unter psychischem Stress leidet, der seine schulischen Leistungen beeinträchtigt.

Ein Rückgang der schulischen Leistungen und des Interesses Ihres Kindes an der Schule kann ein deutliches Zeichen dafür sein, dass es in der Schule gemobbt wird. Dieser Rückgang kann eine Folge des psychischen Stresses sein, den das Kind aufgrund von Mobbing oder negativem Einfluss von Gleichaltrigen erfährt.

Wenn ein Kind gemobbt wird, sind seine Aufmerksamkeit und seine emotionalen Ressourcen möglicherweise auf die Bewältigung negativer Erfahrungen und das Überleben in einer feindseligen Umgebung gerichtet, anstatt sich auf Lernen und schulische Erfolge zu konzentrieren. Dies kann sich in einer Verschlechterung der Noten, mangelnder Bereitschaft, Hausaufgaben zu machen, oder sogar dem Schwänzen von Unterrichtsstunden äußern.

Darüber hinaus kann es sein, dass sich das Kind hinsichtlich seiner Fähigkeiten unsicher fühlt, was zu einem Verlust der Motivation und des Interesses am Lernen führt. Solche Veränderungen können sich negativ auf seinen Bildungsprozess und seine weitere Entwicklung auswirken.

15. Häufige Stimmungsschwankungen: Plötzliche Stimmungsschwankungen, häufiger Ausdruck von Reizbarkeit, Aggressivität oder Anzeichen einer Depression, insbesondere nach der Rückkehr aus der Schule, können darauf hindeuten, dass Ihr Kind Opfer von Mobbing ist.

Häufige Stimmungsschwankungen Ihres Kindes, wie extreme emotionale Schwankungen, Reizbarkeit oder Aggression, können ein deutliches Zeichen dafür sein, dass es gemobbt wird.

Mobbing kann bei einem Kind zu starkem emotionalem Stress führen, der sich in Stimmungsschwankungen äußern kann. Er kann aufgrund negativer Einflüsse von Gleichaltrigen Wut, Frustration oder Traurigkeit verspüren. Anstelle der Freude und des Spaßes, die Kinder normalerweise in der Schule empfinden, kann es sein, dass das Kind Angst, Furcht oder sogar Verzweiflung verspürt.

Nach der Rückkehr aus der Schule kann Ihr Kind Anzeichen einer Depression zeigen, wie z. B. depressive Verstimmung, vermindertes Interesse an regelmäßigen Aktivitäten und sozialen Aktivitäten sowie veränderte Ess- und Schlafgewohnheiten. Diese Stimmungsschwankungen können der Versuch des Kindes sein, seine emotionalen Erfahrungen mit Mobbing auszudrücken und auf Probleme in der Schule hinzuweisen.

16. Verheddterte oder beschädigte Gegenstände: Wenn Sie beschädigte oder verschmutzte Gegenstände wie Kleidung, Schulmaterial oder persönliche Gegenstände ohne Erklärung finden, kann dies ein Hinweis darauf sein, dass Ihr Kind gemobbt oder gemobbt wird.

Wenn Sie feststellen, dass die Habseligkeiten Ihres Kindes, wie Kleidung, Schulmaterial oder persönliche Gegenstände, ohne Erklärung beschädigt oder verschmutzt sind, kann das ein Zeichen dafür sein, dass es Opfer von Mobbing oder Mobbing geworden ist.

Beschädigte oder beschädigte Gegenstände können ein geheimer Beweis dafür sein, dass Ihr Kind in der Schule körperlich oder verbal misshandelt wird. Diese Handlungen zielen möglicherweise darauf ab, sein Eigentum zu beschädigen oder ihn hilflos und ängstlich zu machen.

Beschädigte Gegenstände können schikanierenden Kindern auch als Möglichkeit dienen, ihre Aggression oder Dominanz gegenüber Ihrem Kind zu demonstrieren, indem sie ihre Gegenstände als Zielscheiben verwenden. Dies kann das Gefühl der Verletzlichkeit und Wehrlosigkeit Ihres Kindes verstärken, sein emotionales Wohlbefinden verschlechtern und seine Belastung durch Mobbing verstärken.

17. Lernschwierigkeiten oder mangelndes Interesse am Lernen: Wenn die schulischen Leistungen Ihres Kindes stark nachlassen, das Interesse an der Schule verliert oder beginnt, Hausaufgaben zu meiden, kann dies auf Mobbing und damit verbundenen psychischen Stress zurückzuführen sein.

Wenn Ihr Kind plötzlich Schwierigkeiten beim Lernen hat oder das Interesse am Lernen verliert, könnte dies ein ernstes Zeichen dafür sein, dass es Opfer von Mobbing ist. Ein starker Rückgang der schulischen Leistungen oder eine Zurückhaltung bei der Teilnahme an schulischen Aktivitäten, wie etwa dem Erledigen von Hausaufgaben oder der Teilnahme am Unterricht, können auf eine durch Mobbing verursachte psychische Belastung hinweisen.

Mobbing kann sich negativ auf die schulische Motivation auswirken und ein Kind davon überzeugen, dass seine Bemühungen sinnlos sind oder dass es aufgrund des ständigen Drucks und Stresses, dem es in der Schule ausgesetzt ist, nicht in der Lage ist, schulische Aufgaben zu bewältigen. Es kann auch zu einem verminderten Selbstvertrauen und Selbstwertgefühl führen, was wiederum den negativen Kreislauf verstärkt und die Distanzierung vom Lernprozess verstärkt.

18. Körperliche Schäden oder Flecken am Körper: Wenn Sie am Körper Ihres Kindes Prellungen, Schürfwunden, Prellungen oder andere körperliche Schäden feststellen, für die es keine zufriedenstellende Erklärung gibt, kann dies ein Hinweis darauf sein, dass es Opfer von körperlichem Mobbing geworden ist.

Das Finden von Blutergüssen, Kratzern, Prellungen oder anderen körperlichen Verletzungen am Körper Ihres Kindes ohne zufriedenstellende

Erklärung kann ein ernstes Zeichen dafür sein, dass es Opfer von körperlichem Mobbing ist. Körperliche Schäden können durch direkte Angriffe von Mobbern wie Schlägen oder Schlägen oder durch ungesunde körperliche Konflikte zwischen Kindern entstehen.

Das Kind versucht möglicherweise, Spuren von Verletzungen zu verbergen, aus Angst vor den Folgen oder aus Angst vor einer Verschlechterung der Situation. Daher ist es wichtig, auf Veränderungen seiner körperlichen Verfassung zu achten und seinen Geschichten über mögliche Vorfälle in der Schule aufmerksam zuzuhören. Solche Zeichen können nicht nur auf direkte körperliche Gewalt hinweisen, sondern auch auf den ständigen Stress und die Anspannung, die ein Kind durch systematische Angriffe von Tätern erfährt.

19. Veränderungen im Sozialverhalten: Wenn Ihr Kind weniger sozial wird, den Kontakt mit Freunden vermeidet oder mehr Zeit allein verbringt, kann dies ein Zeichen dafür sein, dass es aufgrund von Mobbing Schwierigkeiten hat.

Veränderungen im Umgang mit anderen können ein weiteres Zeichen dafür sein, dass Ihr Kind gemobbt wird. Wenn er weniger sozial wird, den Kontakt mit Freunden vermeidet oder mehr Zeit allein verbringt, kann das daran liegen, dass er sich von anderen unsichtbar oder nicht akzeptiert fühlt. Das Kind kann aufgrund möglicher Angriffe von Mobbern Angst oder Furcht verspüren und neigt daher dazu, soziale Situationen zu meiden, in denen es ihnen begegnen könnte.

Dieses Symptom kann auch auf eine durch Mobbing verursachte soziale Isolation hinweisen, bei der sich das Kind von seinem sozialen Umfeld zurückgewiesen oder ausgeschlossen fühlt. Es ist wichtig, auf solche Veränderungen zu achten und Ihrem Kind Unterstützung und Verständnis zu bieten, damit es mit den negativen Auswirkungen von Mobbing zurechtkommt.

20. Häufige Beschwerden über körperliche Beschwerden: Wenn Ihr Kind häufig über Bauchschmerzen, Kopfschmerzen, Schlaflosigkeit oder andere körperliche Beschwerden klagt, kann dies an Stress durch Mobbing liegen.

Auch häufige Beschwerden über körperliche Beschwerden können ein Zeichen dafür sein, dass Ihr Kind gemobbt wird. Wenn Ihr Kind häufig über Bauchschmerzen, Kopfschmerzen, Schlaflosigkeit oder andere körperliche Probleme klagt, kann dies an Stress durch Mobbing liegen.

Körperliche Symptome wie Schmerzen und Unbehagen können Ausdruck der emotionalen Belastung sein, die ein Kind aufgrund von Mobbing erfährt. Stress und Angst, die durch negative Interaktionen mit Tätern verursacht werden, können zu physiologischen Symptomen wie Schmerzen und Schlaflosigkeit führen. Diese Symptome können als Reaktion auf den Stress und die Angst auftreten, die durch die negativen Auswirkungen von Mobbing entstehen.

Daher ist es wichtig, die körperlichen Beschwerden Ihres Kindes genau zu beobachten und auf unerklärliche körperliche Symptome zu achten, um mögliche Probleme im Zusammenhang mit Mobbing zu erkennen und Ihrem Kind Unterstützung und Hilfe bei der Bewältigung dieser Schwierigkeiten zu bieten.

21. Verlust von persönlichen Gegenständen oder Geld: Der plötzliche Verlust von Geld oder persönlichen Gegenständen ohne Erklärung kann ein Hinweis darauf sein, dass Ihr Kind in der Schule Opfer eines Diebstahls oder einer Erpressung wird.

Der Verlust persönlicher Gegenstände oder des Geldes Ihres Kindes ohne eine zufriedenstellende Erklärung kann ebenfalls ein Zeichen dafür sein, dass es gemobbt wird. Plötzlicher Verlust von Geld oder persönlichen Gegenständen ohne Erklärung kann ein Hinweis darauf sein, dass Ihr Kind in der Schule Opfer eines Diebstahls oder einer Erpressung wird.

Mobbing kann dazu führen, dass andere Kinder aggressive Methoden wie Diebstahl oder Erpressung anwenden, um Ihr Kind zu belästigen oder zu demütigen. Dies kann Fälle einschließen, in denen Geld oder Wertgegenstände eines Kindes ohne dessen Zustimmung oder Erklärung verloren gehen. Fälle wie dieser können Ausdruck der negativen Auswirkungen von Mobbing auf Ihr Kind sein und bei ihm ein Gefühl der Hilflosigkeit, Angst und Unruhe hervorrufen.

Daher ist es wichtig, auf den Verlust von persönlichen Gegenständen oder Geld Ihres Kindes zu achten und mit ihm über die möglichen Gründe für solche Ereignisse zu sprechen. Geben Sie Ihrem Kind Unterstützung und Verständnis und versuchen Sie, Wege zu finden, wie Sie ihm bei der Bewältigung helfen und sich vor weiteren Vorfällen schützen können.

22. Mangelnde Lust, zur Schule zu gehen: Wenn Ihr Kind plötzlich eine starke Abneigung gegen den Schulbesuch zum Ausdruck bringt und dabei Angst oder ängstliche Gedanken anführt, kann dies auf Mobbing in der Schule zurückzuführen sein.

Fehlende Lust am Schulbesuch ist ein weiteres mögliches Zeichen dafür, dass Ihr Kind Opfer von Mobbing in der Schule ist. Wenn Ihr Kind plötzlich eine starke Abneigung gegen den Schulbesuch zum Ausdruck bringt und dabei Angst oder ängstliche Gedanken anführt, kann dies auf Mobbing zurückzuführen sein.

Mobbing erzeugt beim Opfer eine Atmosphäre der Angst und Furcht, die Schule mit negativen Erfahrungen zu assoziieren beginnt. Das Kind hat möglicherweise Angst davor, Mobbern zu begegnen, oder hat Angst, dass es in der Schule neue Bedrohungen oder Angriffe erwartet. Dies kann zum Rückzug aus dem schulischen Umfeld und zum aktiven Wunsch führen, den Schulbesuch zu vermeiden.

Unterstützen Sie Ihr Kind, besprechen Sie mit ihm seine Gefühle und Sorgen und versuchen Sie, die Gründe für seine Zurückhaltung beim Schulbesuch zu verstehen. Schaffen Sie ein sicheres und unterstützendes

Umfeld, in dem er offen über seine Erfahrungen sprechen und Maßnahmen ergreifen kann, um ihn vor Mobbing in der Schule zu schützen.

Abschließend möchte ich betonen, wie wichtig es ist, Veränderungen im Verhalten und emotionalen Zustand Ihres Kindes sorgfältig zu überwachen, die darauf hindeuten könnten, dass es Opfer von Mobbing in einer Bildungseinrichtung geworden ist. Verschiedene Anzeichen, wie Veränderungen im Umgang mit anderen, mangelnde Lust am Schulbesuch, körperliche Schäden oder emotionale Äußerungen können darauf hinweisen, dass Ihr Kind aufgrund von Mobbing Schwierigkeiten hat.

Es ist wichtig, aufmerksam auf die Signale zu achten, die Ihr Kind sendet, und eine offene Kommunikation aufrechtzuerhalten, damit es sich wohl fühlt, seine Gefühle mitzuteilen. Darüber hinaus ist es notwendig, Maßnahmen zu ergreifen, um das Kind vor Mobbing zu schützen, indem man Lehrer, Psychologen oder andere Spezialisten um Hilfe bittet und gemeinsam an der Lösung auftretender Probleme arbeitet.

Mobbing kann schwerwiegende Folgen für das psychische und emotionale Wohlbefinden eines Kindes haben. Daher ist es wichtig, sofort auf Anzeichen von Mobbing zu reagieren und die notwendigen Schritte zu unternehmen, um sicherzustellen, dass Ihr Kind in der Lernumgebung sicher und geschützt ist.

❖ · ❖ · ❖ · ❖ · ❖ · ❖ · ❖ · ❖ · ❖ · ❖ · ❖ · ❖ · ❖ · ❖ · ❖

Kapitel 4.
Folgen von Mobbing für Kinder.

Mobbing kann schwerwiegende Folgen für Kinder haben und sich auf ihr psychisches, emotionales und schulisches Wohlbefinden auswirken. Hier sind einige davon:

1. Psychische und emotionale Probleme:

- Depression: Ständige Gefühle der Hilflosigkeit und Hoffnungslosigkeit können bei gemobbten Kindern zur Entwicklung einer Depression führen.

Durch Mobbing verursachte Depressionen bei Kindern können sich auf unterschiedliche Weise äußern. Das Kind kann depressiv und apathisch werden und das Interesse an früheren Aktivitäten und Hobbys verlieren. Er kann Schuld-, Scham- und Minderwertigkeitsgefühle verspüren, weil er von seinen Mitmenschen lächerlich gemacht und gedemütigt wird. Ständige Gefühle der Einsamkeit und Entfremdung können zu verstärkten depressiven Symptomen führen. Das Kind beginnt möglicherweise, die Gesellschaft anderer Kinder zu meiden, wird weniger kontaktfreudig und verbringt mehr Zeit allein.

Durch Mobbing verursachte Depressionen bei Kindern gehen oft mit körperlichen Symptomen wie Schlaflosigkeit, Müdigkeit und

Appetitlosigkeit einher. Das Kind kann aufgrund ständiger Traurigkeit und Hoffnungslosigkeit Schwierigkeiten haben, sich zu konzentrieren und zu lernen. Auch die Beziehungen zu Eltern und Lehrern können sich verschlechtern, da das Kind möglicherweise die Kommunikation mit ihnen vermeidet oder Aggression und Verärgerung zum Ausdruck bringt.

Alle diese Symptome können die allgemeine Lebensqualität des Kindes beeinträchtigen und seine normale Entwicklung und Sozialisierung beeinträchtigen. Daher ist es wichtig, den psychischen Zustand von Kindern genau zu überwachen und ihnen Unterstützung und Hilfestellung bei der Bewältigung der negativen Folgen von Mobbing zu geben.

- Angst und soziale Phobie: Durch Mobbing verursachte Ängste können zu Ängsten und Furcht vor sozialen Situationen führen.

Angst und soziale Phobie können schwerwiegende Folgen von Mobbing bei Kindern sein. Ständiger Spott, Drohungen und Aggression von Gleichaltrigen erzeugen bei Kindern ein Gefühl der Angst und des Selbstzweifels. Sie haben Angst vor sozialen Situationen, vor der Kommunikation mit anderen Kindern, vor neuen Bekanntschaften und vor Situationen, die die Möglichkeit von Mobbing mit sich bringen könnten.

Emotionale Probleme wie Angstzustände und soziale Phobie können die Aktivitäten eines Kindes erheblich einschränken und seine Entwicklung beeinträchtigen. Aus Angst, verspottet oder gedemütigt zu werden, vermeidet das Kind möglicherweise die Teilnahme an Unterrichtsaktivitäten, Sportveranstaltungen oder anderen sozialen Aktivitäten. Dies kann zu sozialer Isolation und einer Verschlechterung der Lebensqualität des Kindes führen.

Darüber hinaus können Angstzustände und soziale Phobien die schulischen Leistungen eines Kindes beeinträchtigen und seinen Schulerfolg behindern. Beispielsweise vermeidet ein Kind möglicherweise, vor der Klasse zu sprechen, oder weigert sich, an Unterrichtsprojekten teilzunehmen, aus Angst, lächerlich gemacht oder negativ beurteilt zu werden. Dies kann zu schlechten Studienleistungen und einem Verlust des Interesses am Studium führen.

Daher ist es wichtig, auf den emotionalen Zustand von Kindern zu achten, die von Mobbing betroffen sind, und ihnen Unterstützung und Hilfe bei der Überwindung von Ängsten und sozialer Phobie zu bieten.

- Geringes Selbstwertgefühl und Selbstvertrauen: Ständige Beleidigungen und Demütigungen können das Selbstwertgefühl eines Kindes zerstören, was wiederum sein Selbstvertrauen beeinträchtigen kann.

Die ständigen Beleidigungen und Demütigungen, die Mobbing-Situationen kennzeichnen, können schwerwiegende Auswirkungen auf das Selbstwertgefühl und Selbstvertrauen eines Kindes haben. Solche negativen Einflüsse können dazu führen, dass ein Kind sich selbst minderwertig fühlt und sich selbst ärgert. Jeder Fall von Mobbing, sei es Beleidigung, Spott oder Demütigung, hinterlässt Spuren im

Selbstwertgefühl des Kindes und führt zu einem negativen Bild von sich selbst.

Wenn ein Kind ständig mit Kritik und negativen Bewertungen von Gleichaltrigen konfrontiert wird, kann es beginnen, an seinen eigenen Fähigkeiten und Werten zu zweifeln. Dies kann zur Bildung eines negativen inneren Dialogs führen, in dem sich das Kind ständig von seiner Minderwertigkeit und Unfähigkeit überzeugt. Ein geringes Selbstwertgefühl und vermindertes Selbstvertrauen können sich auf verschiedene Aspekte des Lebens eines Kindes auswirken, einschließlich seiner Fähigkeit, mit anderen zu kommunizieren, Beziehungen aufzubauen und sogar schulischen Erfolg zu erzielen.

Diese emotionalen und psychischen Probleme können auf lange Sicht schwerwiegende Folgen für das Kind haben. Sie können sein psychisches Wohlbefinden, seine soziale Anpassung und sein allgemeines Selbstvertrauen beeinträchtigen. Daher ist es wichtig, nicht nur Mobbing-Erscheinungen zu bekämpfen, sondern dem Kind auch Unterstützung und Hilfestellung bei der Wiederherstellung seines Selbstwertgefühls und Selbstvertrauens zu bieten.

- Verhaltensprobleme: Mobbing kann zu aggressivem Verhalten, störendem Verhalten und sogar zur Entwicklung asozialer Persönlichkeitsmerkmale führen.

Mobbing hat erhebliche Auswirkungen auf das Verhalten von Kindern und kann sich in verschiedenen Verhaltensauffälligkeiten äußern. Ein Kind, das gemobbt wird, kann als Reaktion auf den Stress und den Druck, dem es ausgesetzt ist, aggressives Verhalten zeigen. Dies können physische, aber auch verbale oder psychische Manifestationen von Aggression sein. Beispielsweise kann es anfälliger für Konflikte mit anderen Kindern werden, Respektlosigkeit gegenüber Lehrern oder Eltern zeigen und im Umgang mit Gleichaltrigen Aggression zeigen.

Neben aggressivem Verhalten kann Mobbing auch zu Verhaltensproblemen bei einem Kind führen. Er kann widerspenstig werden, Regeln missachten, sich streiten oder sich sogar auf unsoziale Aktivitäten einlassen. Das Kind neigt möglicherweise eher zu asozialen oder asozialen Verhaltensmustern, die sich auf sein soziales Funktionieren und seine Anpassung an die Gesellschaft auswirken können.

Darüber hinaus kann sich Mobbing negativ auf die Charakterentwicklung eines Kindes auswirken und zur Entwicklung asozialer Persönlichkeitsmerkmale beitragen. Ein Kind, das ständigem Gruppenzwang und Gewalt ausgesetzt ist, kann beginnen, negative Überzeugungen über sich selbst und die Welt um es herum zu entwickeln, was letztendlich seine Fähigkeit beeinträchtigen kann, in Zukunft gesunde und produktive Beziehungen aufzubauen.

2. Akademische Probleme:
- Verminderte schulische Leistungen: Kinder, die gemobbt werden,

haben möglicherweise Schwierigkeiten, sich auf Schulaufgaben zu konzentrieren, und leiden infolgedessen unter verminderten schulischen Leistungen.

Mobbing hat erhebliche Auswirkungen auf die schulischen Leistungen von Kindern. Unter ständigem Stress und Angstzuständen, die durch Mobbing verursacht werden, kann es für ein Kind zu Konzentrations- und Lernschwierigkeiten kommen. Möglicherweise fühlt er sich ständig ängstlich und unruhig, was es ihm schwer macht, sich auf sein Lernen und die Erledigung von Aufgaben zu konzentrieren. Dies kann zu einer verminderten Lernmotivation und schlechteren akademischen Ergebnissen führen.

Kinder, die gemobbt werden, meiden möglicherweise auch die Schule, weil sie Angst davor haben, Mobbern gegenüberzutreten. Sie können anfangen, den Unterricht zu schwänzen, zu spät zu kommen oder den Unterricht früher zu verlassen, um Konfliktsituationen zu vermeiden. Dies wiederum kann dazu führen, dass ihnen wichtige Informationen und Materialien entgehen, was sich negativ auf ihre Leistung und ihr allgemeines Lernen auswirken kann.

Somit wirkt sich Mobbing nicht nur negativ auf den psychischen Zustand des Kindes aus, sondern beeinträchtigt auch erheblich seine Bildungs- und Schulleistungen.

- Mangelndes Interesse am Lernen: Mobbing kann dazu führen, dass Kinder dem Lernen und Lernprozessen abgeneigt werden, was sich negativ auf ihr Lernen auswirkt.

Mobbing kann die Lernmotivation eines Kindes stark beeinträchtigen. Angstgefühle und Unruhe im Zusammenhang mit dem Schulbesuch und dem Kontakt mit Mobbern können zu einer psychologischen Distanzierung vom Bildungsprozess führen. Das Kind verliert möglicherweise das Interesse an der Schule, weil es sich ständig Sorgen darüber macht, was es in der Schule erwartet.

Mangelnde Motivation kann sich in verschiedenen Formen äußern: von der Zurückhaltung beim Lernen bis hin zum Schwänzen von Kursen. Das Kind schwänzt möglicherweise den Unterricht, kommt zu spät zum Unterricht oder geht aus Angst vor Zusammenstößen mit Tyrannen gar nicht mehr zur Schule. Dies wirkt sich negativ auf seine akademischen Leistungen und seine allgemeine Lernerfahrung aus.

Darüber hinaus kann mangelndes Interesse am Studium zu einer weiteren Verschlechterung der akademischen Leistungen und einer psychischen Verschlechterung führen. Eine geringe Motivation kann zu einer unzureichenden Vorbereitung auf den Unterricht führen, was wiederum zu schlechten Noten und einem erhöhten Gefühl der Hilflosigkeit und Unterwürdigung führen kann.

3. Körperliche Probleme:

- Schlafstörungen: Durch Mobbing verursachter Stress kann zu Schlafproblemen wie Schlaflosigkeit oder Albträumen führen.

Mit Mobbing verbundener Stress kann den Schlaf eines Kindes ernsthaft beeinträchtigen. Ständige Sorgen und Ängste können das Einschlafen erschweren und zu Schlaflosigkeit führen. Ein Kind kann aufgrund des ständigen Stresses und der Angst vor bevorstehenden Situationen in der Schule Schwierigkeiten beim Einschlafen haben. Darüber hinaus können Albträume aus psychischen Traumata resultieren, die bei Mobbing-bezogenen Ereignissen am Tag erlebt werden.

Schlafstörungen können für ein Kind eine Reihe negativer Folgen haben, darunter eine Verschlechterung des psychischen Wohlbefindens, verminderte schulische Leistungen sowie körperliche und emotionale Erschöpfung. Darüber hinaus kann chronischer Schlafmangel die allgemeine Gesundheit eines Kindes beeinträchtigen und sein Immunsystem, sein Gedächtnis und seine Konzentration beeinträchtigen.

- Körperverletzung: Körperliches Mobbing kann zu Verletzungen, Prellungen und anderen körperlichen Schäden führen.

Körperliches Mobbing kann sich durch direkte aggressive Handlungen wie Schlagen, Treten, Stoßen äußern, die zu verschiedenen Verletzungen und Schäden am Körper führen können. Prellungen, Schürfwunden, Prellungen, Brüche und sogar schwere Verletzungen können die Folge körperlicher Gewalt durch Mobbing sein.

Verletzungen durch körperliches Mobbing verursachen nicht nur körperliche Schmerzen und Beschwerden, sondern können auch emotionale Folgen haben. Ein Kind, das dieser Art von Missbrauch ausgesetzt ist, kann Angst und Unruhe verspüren und das Vertrauen in andere verlieren, was sich auf sein psychisches und emotionales Wohlbefinden auswirkt. Darüber hinaus können wiederholte Traumata langfristige körperliche und emotionale Folgen haben, darunter chronische Schmerzen, Schlafstörungen und sogar eine posttraumatische Belastungsstörung.

4. Soziale Isolation und Beziehungsprobleme:

- Isolation: Kinder, die gemobbt werden, können soziale Kontakte meiden und von Gleichaltrigen isoliert werden.

Isolation ist eine häufige psychologische Folge von Mobbing. Kinder, die von Gleichaltrigen misshandelt oder bedroht werden, beginnen möglicherweise, soziale Situationen und den Kontakt mit anderen Kindern zu meiden. Sie werden möglicherweise weniger kontaktfreudig, ziehen sich in sich selbst zurück und zeigen kein Interesse an der Teilnahme an gesellschaftlichen Veranstaltungen oder Spielen.

Die Isolation von anderen kann dadurch verstärkt werden, dass das Opfer von Mobbing möglicherweise Angst vor möglichen Begegnungen mit dem Mobber verspürt. Dadurch entsteht ein Teufelskreis, in dem das

Kind die Interaktion mit anderen Kindern vermeidet, aus Angst, dass sich die Situation verschlimmern könnte.

Eine solche soziale Isolation kann sich auf den psychischen Zustand des Kindes auswirken und dazu führen, dass es sich einsam, hilflos und unverstanden fühlt. Darüber hinaus kann ein Mangel an sozialen Kontakten die Entwicklung von Kommunikationsfähigkeiten und Selbstwertgefühl behindern, was die mit Mobbing verbundenen psychischen Probleme noch verstärken kann.

- Beziehungsprobleme: Mobbing kann sich negativ auf die Beziehungen eines Kindes zu anderen Kindern sowie zu Lehrern und Eltern auswirken.

Mobbing hat schwerwiegende Auswirkungen auf die Beziehungen eines Kindes zu Gleichaltrigen, Lehrern und Eltern. In der Schule haben Kinder, die unter Mobbing leiden, möglicherweise Schwierigkeiten, Freundschaften aufzubauen und positive Beziehungen zu anderen Schülern aufrechtzuerhalten. Sie fühlen sich möglicherweise isoliert und unsicher, was sie daran hindert, mit anderen in Kontakt zu treten.

Darüber hinaus können auch die Beziehungen zu Lehrern durch Mobbing beeinträchtigt werden. Ein Kind, das von Gleichaltrigen verspottet oder bedroht wurde, hat möglicherweise Angst, in der Schule Hilfe von Lehrern oder anderen Erwachsenen zu suchen. Dies kann dazu führen, dass man sich vom Lernprozess distanziert und sich negativ auf das Lernen und den akademischen Erfolg auswirkt.

Mobbing kann sich auch auf die Beziehung zwischen einem Kind und seinen Eltern auswirken. Eltern bemerken möglicherweise Veränderungen im Verhalten und in der Stimmung ihres Kindes, verstehen aber nicht immer die Gründe für diese Veränderungen. Dies kann zu Spannungen in den familiären Beziehungen führen und die Kommunikation zwischen Eltern und Kind erschweren.

5. Langfristige Folgen:

- Anpassungsprobleme: Kinder, die gemobbt wurden, können künftig Schwierigkeiten haben, sich an neue Umgebungen und soziale Situationen anzupassen.

Mobbing hat schwerwiegende Auswirkungen auf den Anpassungsprozess von Kindern an neue Umgebungen und soziale Situationen. Kinder, die gemobbt wurden, können Angst vor neuen sozialen Interaktionen entwickeln, weil sie befürchten, Ziel von Spott oder Aggression zu werden. Diese Angst kann es für sie schwierig machen, neue Freundschaften zu schließen und sich erfolgreich an eine neue Umgebung, beispielsweise eine neue Schule oder Gemeindegruppe, anzupassen.

Darüber hinaus können Kinder, die unter Mobbing leiden, ein negatives Bild von sich selbst und ihren Fähigkeiten entwickeln, was ihr Selbstvertrauen und ihre Bereitschaft, sich neuen Herausforderungen zu stellen, beeinträchtigen kann. Sie vermeiden möglicherweise die Teilnahme an sozialen Aktivitäten oder die Kommunikation mit neuen Menschen, weil sie befürchten, Gegenstand von Aufmerksamkeit und negativen Bewertungen zu werden.

Daher wirkt sich Mobbing nicht nur auf die aktuellen Beziehungen und das emotionale Wohlbefinden von Kindern aus, sondern kann auch langfristige Folgen haben und ihre Fähigkeit beeinträchtigen, sich in Zukunft erfolgreich an neue Situationen und Umgebungen anzupassen.

- Wiederholung des Kreislaufs: Einige Kinder, die Opfer von Mobbing geworden sind, können später zu Tyrannen werden, wodurch sich der Kreislauf der Gewalt wiederholt.

Die Wiederholung des Gewaltkreislaufs ist ein Phänomen, bei dem Kinder, die selbst Opfer von Mobbing geworden sind, aggressives Verhalten annehmen und zu Aggressoren gegenüber anderen Kindern werden können. Denn sie empfinden Aggression als normales Verhalten und versuchen mit solchen Methoden ihr verlorenes Selbstwertgefühl und ihre Kontrolle zurückzugewinnen.

Dieses Verhalten kann sowohl im schulischen Umfeld als auch in anderen sozialen Situationen auftreten. Es ist möglich, dass ehemalige Mobbingopfer gegenüber schwachen oder verletzlichen Kindern aggressiv werden, um ihr Macht- und Kontrollgefühl zu stärken. Dieser Kreislauf der Gewalt kann das Problem des Mobbings in der Gesellschaft verschärfen und schwerwiegende negative Folgen sowohl für die Kinder selbst als auch für ihre Umgebung haben.

Diese Konsequenzen verdeutlichen, wie wichtig es ist, Mobbing zu bekämpfen und Kindern im Bildungsumfeld Unterstützung und Schutz zu bieten. Bemühungen zur Prävention und Bekämpfung von Mobbing sind wichtig, um allen Kindern eine sichere und unterstützende Lernumgebung zu bieten.

Kapitel 5 .

Die Rolle der Eltern bei der Mobbingprävention.

Die Schaffung eines unterstützenden und offenen familiären Umfelds zur Diskussion von Mobbingthemen ist der Schlüssel zur Förderung des psychischen Wohlbefindens von Kindern und zum Schutz vor negativen Folgen. Hier sind einige Schritte, die Eltern dabei helfen können, eine solche Atmosphäre zu schaffen:

1. Offene Kommunikation etablieren: Eltern sollten eine Atmosphäre schaffen, in der Kinder das Gefühl haben, frei über ihre Probleme, Sorgen und Erfahrungen sprechen zu können. Dies kann durch regelmäßige Gespräche beim Abendessen oder abends, wenn die ganze Familie zusammenkommt, erreicht werden.

Der Aufbau einer offenen Kommunikation innerhalb der Familie ist ein grundlegender Aspekt für die Aufrechterhaltung einer gesunden Eltern-Kind-Beziehung. Dies gibt Kindern die Möglichkeit, sich wohl und sicher zu fühlen und ihre Gedanken, Gefühle und Sorgen auszudrücken. Hier sind einige wichtige Schritte, um diese Atmosphäre zu schaffen:

-Etablieren Sie regelmäßige Gespräche: Regelmäßige Familiengespräche, insbesondere zum Mittag- oder Abend, schaffen eine stabile und entspannte Umgebung, in der sich Kinder wohl fühlen, wenn sie ihre Gedanken und Erfahrungen äußern.

Regelmäßige Familiengespräche spielen eine Schlüsselrolle bei der Aufrechterhaltung der Verbindung zwischen Eltern und Kindern und tragen auch dazu bei, ein gesundes Umfeld für offene Kommunikation zu schaffen.

Es ist wichtig, einen Zeitpunkt zu wählen, an dem alle Familienmitglieder anwesend sein und dem Gespräch Aufmerksamkeit schenken können. Das Mittag- oder Abendessen ist oft ein idealer Zeitpunkt für Familiengespräche, da hier alle zusammenkommen können. Versuchen Sie, die Umgebung so angenehm und entspannt wie möglich zu gestalten. Schalten Sie Fernseher und Mobiltelefone aus, damit sich alle auf das Gespräch konzentrieren können. Halten Sie Ihre Gespräche abwechslungsreich und besprechen Sie sowohl alltägliche als auch ernstere Themen. Dies gibt Kindern das Gefühl, dass ihre Meinung unter allen Umständen wichtig ist. Stellen Sie sicher, dass jedes Familienmitglied die Möglichkeit hat, seine Meinung zu äußern und seine Gedanken mitzuteilen. Hören Sie einander aufmerksam und respektvoll zu. Sie sollten kein Gespräch erzwingen, wenn jemand nicht reden möchte. Geben Sie jedem Familienmitglied die Möglichkeit, selbst zu entscheiden, ob es an dem Gespräch teilnehmen möchte. Erlauben Sie den Kindern, Fragen zu stellen und Dinge zu besprechen, die sie beschäftigen oder interessieren. Seien Sie bereit, Erklärungen abzugeben und den Dialog aufrechtzuerhalten. Regelmäßige Familiengespräche schaffen nicht nur die Möglichkeit zur offenen Kommunikation, sondern fördern auch die Nähe und das Verständnis zwischen den Familienmitgliedern. Sie helfen Eltern, die Bedürfnisse und Gefühle ihrer Kinder besser zu verstehen und stärken zudem die familiären Beziehungen.

- Schaffen Sie einen sicheren Raum für Diskussionen: Eltern sollten im Gespräch mit ihren Kindern tolerant, verständnisvoll und aufgeschlossen sein. Dies gibt Kindern das Gefühl, geschützt zu sein und zuversichtlich zu sein, dass ihre Meinung gehört und respektiert wird.

Die Schaffung eines sicheren Raums für Diskussionen innerhalb der Familie ist ein Schlüsselaspekt für die Aufrechterhaltung einer offenen Kommunikation und den Aufbau von Vertrauen zwischen Eltern und Kindern. Hier sind einige Aspekte, die Sie berücksichtigen sollten:

Eltern sollten tolerant und verständnisvoll gegenüber den Gefühlen und Meinungen ihrer Kinder sein. Das bedeutet, dass sie bereit sein müssen, ihnen ohne Urteil oder Kritik zuzuhören und ihren Standpunkt zu verstehen. Es ist wichtig, dass Eltern bei der Diskussion von Themen keine Voreingenommenheit oder Vorurteile zeigen. Kinder sollten das Gefühl haben, dass ihre Meinung respektiert wird, egal wie unterschiedlich sie von ihren Eltern sind. Eltern sollten bei Gesprächen mit ihren Kindern aktives Zuhören üben. Das bedeutet, dass sie im Gespräch vollständig präsent und konzentriert sein und Fragen stellen müssen, um den Standpunkt des Kindes klar zu verstehen und zu bestätigen, dass seine Ansichten gehört wurden. Eltern sollten in den Gesprächen auch ihre emotionale Unterstützung und ihr Einfühlungsvermögen für ihre Kinder zum Ausdruck bringen. Dies hilft Kindern, sich unterstützt und beschützt zu fühlen, auch wenn sie ihre Sorgen oder Sorgen äußern. Wichtig ist auch, klare Regeln und Grenzen für Familiengespräche festzulegen. Dazu können Vertraulichkeitsregeln gehören, die dem Kind die Gewissheit geben, dass die Gespräche zwischen ihm und seinen Eltern bleiben.

Die Schaffung eines sicheren Raums für Diskussionen trägt dazu bei, dass sich Kinder wohl fühlen, wenn sie ihre Gedanken, Erfahrungen und Sorgen äußern, was dazu beiträgt, tiefere, vertrauensvollere Beziehungen innerhalb der Familie aufzubauen.

- Aktiv zuhören: Es ist wichtig, Kindern aktiv zuzuhören und Interesse und Aufmerksamkeit für ihre Geschichten zu zeigen. Dazu kann das Stellen von Fragen gehören, die zum Nachdenken und einem tieferen Verständnis ihrer Gedanken und Gefühle anregen.

Unter aktivem Zuhören versteht man nicht nur die physische Anwesenheit bei einem Gespräch, sondern auch die intensive Beteiligung am Kommunikationsprozess mit Ihrem Kind. Das bedeutet, dass Eltern Interesse und Aufmerksamkeit für die Worte und Gefühle ihres Kindes zeigen und damit zeigen müssen, dass sie bereit sind, den Standpunkt ihres Kindes tatsächlich zu verstehen.

Aktives Zuhören erfordert nicht nur körperliche Präsenz, sondern auch emotionale Präsenz. Eltern sollten Empathie und Mitgefühl für die Gefühle und Erfahrungen ihres Kindes zeigen, indem sie großes Interesse an dem zeigen, was sie sagen.

Es ist wichtig, Fragen zu stellen, die Ihrem Kind helfen, seine Gedanken und Gefühle zu klären, und die es zum Nachdenken anregen, sodass es seine Gedanken und Ideen bewusster ausdrücken kann. Dies fördert die Entwicklung von Selbstverständnisfähigkeiten und hilft dem Kind, sich seiner Gefühle und Emotionen bewusst zu werden.

Aktives Zuhören umfasst auch nonverbale Hinweise wie Gesten, Gesichtsausdrücke und Tonfall, die den Eltern zusätzliche Informationen über den Zustand und die emotionale Verfassung des Kindes vermitteln können.

Insgesamt ist aktives Zuhören ein zentraler Bestandteil einer offenen und unterstützenden Kommunikation in der Familie. Dies hilft Eltern, ihre Kinder besser zu verstehen, stärkt die Beziehungen und schafft eine Atmosphäre gegenseitigen Respekts und Vertrauens.

- Offenheit und Aufrichtigkeit fördern: Eltern sollten Kinder dazu ermutigen, in ihren Aussagen offen und aufrichtig zu sein, auch wenn es um schwierige oder unangenehme Themen geht.

Offenheit und Aufrichtigkeit in der Kommunikation mit Kindern zu bewahren bedeutet, eine Atmosphäre zu schaffen, in der Kinder sich frei fühlen, ihre Gedanken und Gefühle auszudrücken, auch wenn es um Themen geht, die schwierig oder unangenehm sein können. Eltern müssen ihre Bereitschaft zeigen, auch Gedanken und Gefühle zu akzeptieren und zu verstehen, die Unbehagen verursachen können.

Das bedeutet, dass Eltern offen bleiben sollten, um eine Vielzahl von Themen zu besprechen, darunter Mobbing, Probleme in der Schule, soziale Beziehungen und emotionaler Stress. Es ist wichtig, eine Atmosphäre der Sicherheit und Geborgenheit zu schaffen, in der Kinder darauf vertrauen können, dass ihre Meinung gehört und respektiert wird, auch wenn sie anderer Meinung ist als die ihrer Eltern.

Eltern sollten gegenüber den Aussagen ihrer Kinder tolerant und verständnisvoll sein, auch wenn sie selbst nicht mit ihnen einverstanden sind. Es ist wichtig, sich daran zu erinnern, dass Offenheit und Aufrichtigkeit in der Kommunikation dazu beitragen, Vertrauen zwischen Eltern und Kindern aufzubauen, was wiederum zu tieferen und qualitativ hochwertigeren Beziehungen beiträgt.

- Verurteilen oder kritisieren Sie nicht: Es ist wichtig, Urteile und Kritik zu vermeiden, wenn Sie mit Kindern sprechen. Dies kann Barrieren schaffen und eine offene Kommunikation verhindern.

Die Vermeidung von Urteilen und Kritik im Umgang mit Kindern ist der Schlüssel zur Aufrechterhaltung einer offenen und gesunden Kommunikation. Wenn Eltern Kinder aufgrund ihrer Gedanken, Gefühle oder Handlungen verurteilen oder kritisieren, kann dies Barrieren schaffen und eine offene Diskussion über Probleme verhindern.

Anstatt Missbilligung oder Kritik auszudrücken, können Eltern Empathie und Verständnis üben. Das bedeutet, dass sie versuchen sollten, sich in die Lage des Kindes zu versetzen und dessen Standpunkt und Gefühle zu verstehen, bevor sie Schlussfolgerungen ziehen oder ihre Meinung äußern.

Eltern sollten tolerant und unterstützend sein, wenn sie schwierige Themen wie Mobbing besprechen. Es ist wichtig, eine Atmosphäre zu schaffen, in der Kinder das Gefühl haben, dass sie ihre Gedanken und Erfahrungen offen teilen können, ohne Angst davor zu haben, beurteilt oder unterbewertet zu werden.

Das Vermeiden von Urteilen und Kritik trägt auch dazu bei, Vertrauen zwischen Eltern und Kindern aufzubauen, was tiefere, innigere

Beziehungen fördert. Wenn Kinder wissen, dass ihre Meinung respektiert und akzeptiert wird, fühlen sie sich wohler, wenn sie in jeder Lebenssituation ihre Eltern um Hilfe und Unterstützung bitten.

- Den Ausdruck von Emotionen fördern: Eltern sollten Kinder dazu ermutigen, ihre Emotionen und Gefühle auszudrücken, auch wenn sie unangenehm oder schwierig erscheinen.

Die Förderung des Ausdrucks von Emotionen spielt eine wichtige Rolle bei der Förderung emotionaler Offenheit und einer gesunden emotionalen Entwicklung bei Kindern. Wenn Eltern den Ausdruck von Emotionen unterstützen, helfen sie Kindern, ihre Gefühle zu erkennen und zu verstehen, was zu ihrem psychischen Wohlbefinden beiträgt.

Der Ausdruck von Emotionen ist ein Schlüsselelement für die emotionale Regulierung und die Anpassung an schwierige Situationen. Die Unterstützung der Eltern ermöglicht es Kindern, keine Angst vor ihren Emotionen zu haben, sondern sich ihrer bewusst zu werden, sie zu analysieren und gesunde Ausdrucksformen zu finden.

Wenn Eltern den Ausdruck von Emotionen fördern, schaffen sie einen sicheren Raum, in dem sich Kinder wohl fühlen und ihre Gefühle mitteilen können. Dies trägt dazu bei, die Bindung zwischen Eltern und Kindern zu stärken, da Kinder wissen, dass sie sich jederzeit an ihre Eltern wenden können, um ihre Gefühle mitzuteilen und Unterstützung und Verständnis zu erhalten.

Die Förderung des Ausdrucks von Emotionen trägt auch dazu bei, dass Kinder emotionale Intelligenz entwickeln, die für eine erfolgreiche Interaktion mit der Außenwelt und die Anpassung an verschiedene Lebenssituationen wichtig ist.

- Mit gutem Beispiel vorangehen: Eltern sollten in ihrer Kommunikation Offenheit und Aufrichtigkeit zeigen, damit Kinder ihrem Beispiel folgen können.

Als Vorbild für Kinder beim Ausdruck von Gefühlen und Kommunikation zu agieren bedeutet nicht nur, ihnen zu zeigen, wie man Dinge richtig macht, sondern auch darum, ein familiäres Umfeld zu schaffen, in dem Offenheit und Aufrichtigkeit geschätzt und gefördert werden. Eltern, die ihre Gefühle und Emotionen selbst offen zum Ausdruck bringen, werden für ihre Kinder zu Vorbildern dafür, wie sie im Umgang mit anderen ehrlich und aufrichtig sein können.

Wenn Kinder sehen, dass ihre Eltern ihre Gefühle ohne Angst und mit einem Gefühl des Selbstvertrauens ausdrücken können, hilft ihnen das zu erkennen, dass es normal und gesund ist, Gefühle auszudrücken. Eltern, die eine offene Kommunikation zeigen, bauen vertrauensvolle Beziehungen zu ihren Kindern auf, die für die Förderung ihres emotionalen Wohlbefindens wichtig sind.

Mit gutem Beispiel voranzugehen bedeutet auch, dass Sie bereit sind, Ihren Kindern zuzuhören und sie zu unterstützen, wenn sie ihre

Gefühle und Erfahrungen zum Ausdruck bringen. Eltern können ihre Kommunikationsbereitschaft zeigen, indem sie ihren Kindern Aufmerksamkeit schenken und ihnen zuhören, ohne zu urteilen oder zu kritisieren. Dadurch fühlen sich Kinder verstanden und sicher, was die Entwicklung gesunder Kommunikationsfähigkeiten und emotionaler Stabilität fördert.

Der Aufbau einer offenen Kommunikation in einer Familie erfordert Zeit, Geduld und konsequente Anstrengung, aber diese Investition ist wichtig, um starke Bindungen zwischen Eltern und Kindern aufzubauen und das psychische Wohlbefinden der gesamten Familie sicherzustellen.

2. Hören Sie verständnisvoll und einfühlsam zu: Eltern sollten auf die Worte und Gefühle ihrer Kinder achten und Verständnis und Einfühlungsvermögen für ihre Erfahrungen zeigen. Es ist wichtig, nicht nur zuzuhören, sondern die Kinder auch in ihren Gefühlen und ihrem Recht darauf zu unterstützen.

Ein zentraler Aspekt bei der Etablierung einer offenen Kommunikation in der Familie ist die Fähigkeit der Eltern, ihren Kindern verständnisvoll und einfühlsam zuzuhören. Das bedeutet, dass Eltern den Worten und Gefühlsäußerungen der Kinder aktiv zuhören und tiefes Verständnis und Respekt für ihre Erfahrungen zeigen müssen. Schauen wir uns diesen Aspekt genauer an:

- Aktives Zuhören: Eltern sollten ihren Kindern aktiv zuhören und dabei sowohl auf die Worte als auch auf den emotionalen Zustand achten. Dabei werden nonverbale Hinweise wie Mimik und Gestik genutzt, um zu verstehen, wie sich das Kind fühlt.

- Verständnis und Empathie: Es ist wichtig, nicht nur zuzuhören, sondern auch Verständnis und Empathie für die Erfahrungen des Kindes zu zeigen. Eltern können ihre Bereitschaft zeigen, das Kind zu verstehen, indem sie seine Worte wiederholen oder Mitgefühl für seine Gefühle zum Ausdruck bringen.

- Unterstützung bei Gefühlen: Eltern sollten Kinder bei ihren emotionalen Erfahrungen unterstützen, auch wenn diese ungewöhnlich oder schwierig erscheinen. Dadurch fühlen sich Kinder verstanden und beschützt, was für die Entwicklung ihrer emotionalen Stabilität wichtig ist.

- Respekt vor Gefühlen: Eltern sollten die Gefühle ihrer Kinder respektieren und ihr Recht darauf anerkennen. Das bedeutet, dass sie es vermeiden sollten, die Gefühle des Kindes zu verleugnen oder herunterzuspielen, sondern es stattdessen in seinem emotionalen Erleben unterstützen sollten.

- Schaffung eines sicheren Raums: Es ist wichtig, dass Kinder das Gefühl haben, dass sie ihre Gedanken und Gefühle in einem familiären Umfeld frei äußern können, ohne Angst vor Urteil oder Kritik zu haben. Eltern sollten einen sicheren und unterstützenden Raum für die Kommunikation schaffen.

Verständnisvolles und einfühlsames Zuhören hilft dabei, herzliche und vertrauensvolle Beziehungen innerhalb der Familie aufzubauen, was zum emotionalen Wohlbefinden der Kinder und ihrer Fähigkeit beiträgt, Herausforderungen effektiv zu bewältigen.

3. Ermutigen Sie zu einer offenen Diskussion: Eltern sollten ihre Kinder dazu ermutigen, über ihre Probleme und Sorgen zu sprechen, ohne Angst davor zu haben, beurteilt oder bestraft zu werden. Dies kann durch Ermutigung und Lob für Offenheit erreicht werden.

Offenheit und vertrauensvolle Beziehungen in der Familie spielen eine Schlüsselrolle für die Aufrechterhaltung des emotionalen Wohlbefindens von Kindern. Die Ermutigung der Kinder, ihre Probleme und Sorgen offen zu besprechen, schafft die Voraussetzungen für einen gesunden Kommunikationsprozess. Schauen wir uns diesen Aspekt genauer an:

- Aufbau vertrauensvoller Beziehungen: Eltern sollten eine Atmosphäre des Vertrauens und der Offenheit schaffen, in der Kinder das Gefühl haben, ihre Gedanken und Gefühle sicher ausdrücken zu können. Dies kann erreicht werden, indem man Verständnis und Unterstützung für ihre Erfahrungen zeigt.

- Unterstützen Sie eine offene Diskussion: Eltern sollten ihre Kinder ermutigen, über ihre Probleme und Sorgen zu sprechen, ohne Angst davor zu haben, beurteilt oder bestraft zu werden. Dies schafft bei Kindern das Vertrauen, dass ihre Meinung gehört und respektiert wird.

- Unterstützung und Lob: Es ist wichtig, Kinder in ihrer Offenheit und Aufrichtigkeit zu unterstützen. Eltern können ihre Dankbarkeit für ihre Bereitschaft zum Ausdruck bringen, ihre Gedanken und Gefühle mitzuteilen, was zu einer weiteren offenen Kommunikation führt.

- Schaffen Sie einen sicheren Raum: Eltern sollten einen sicheren und unterstützenden Raum schaffen, in dem Kinder ihre Probleme und Sorgen besprechen können. Dies kann durch die Gewährleistung der Vertraulichkeit und des Schutzes vor Urteilen erreicht werden.

- Beteiligen Sie sich am Dialog: Eltern sollten sich aktiv am Dialog mit Kindern beteiligen, sich ihren Standpunkt anhören und zum besseren Verständnis Fragen stellen. Dies trägt dazu bei, eine tiefere Verbindung und ein tieferes Verständnis zwischen den Familienmitgliedern herzustellen.

Die Förderung offener Diskussionen innerhalb der Familie trägt zum Aufbau vertrauensvoller Beziehungen bei und hilft Kindern, die Herausforderungen des Lebens effektiv zu meistern.

4. Konfliktlösungsstrategien vermitteln: Helfen Sie Kindern, Fähigkeiten zur Konfliktlösung und zur Anpassung an negative Situationen zu entwickeln. Besprechen Sie mit ihnen, welche Maßnahmen sie ergreifen können, wenn sie Mobbing erleben, und wie sie Hilfe erhalten können.

Die Entwicklung von Konfliktlösungsfähigkeiten ist ein wichtiger Aspekt im Umgang mit Mobbing. Indem Eltern ihren Kindern helfen, negative Situationen zu erkennen und effektiv darauf zu reagieren, können sie ihre Fähigkeit, damit umzugehen, deutlich verbessern. Schauen wir uns diesen Prozess genauer an:

- Besprechen Sie mögliche Szenarien: Eltern können einen offenen Dialog mit Kindern darüber führen, welche Situationen auftreten könnten und wie sie darauf reagieren könnten. Es ist wichtig, je nach Situation unterschiedliche Verhaltensstrategien zu besprechen.

- Teilnahme an Rollenspielaktivitäten: Die Durchführung von Rollenspielaktivitäten kann Kindern dabei helfen, Kommunikations- und Konfliktlösungsfähigkeiten zu erlernen. Eltern können als Konfliktparteien und Kinder als Vermittler oder Löser der Situation fungieren.

- Unterstützung der emotionalen Intelligenz: Eltern können Kindern beibringen, ihre eigenen Emotionen und die Emotionen anderer zu erkennen, was ihnen hilft, ihr Verhalten in Konfliktsituationen besser zu verstehen und zu bewältigen.

- Suche nach alternativen Lösungen: Es ist wichtig, den Kindern beizubringen, zwischen verschiedenen Lösungsmöglichkeiten für ein Problem zu unterscheiden und die am besten geeignete auszuwählen. Dazu kann es gehören, Erwachsene um Hilfe zu bitten, Spott zu ignorieren oder sich an schulische Ressourcen zu wenden.

- Grenzen setzen: Eltern sollten ihren Kindern helfen, Grenzen gegenüber anderen zu setzen, und ihnen beibringen, ihre Interessen selbstbewusst und ohne Aggression zu wahren.

- Hilfe suchen: Es ist wichtig, mit Ihren Kindern zu besprechen, an wen sie sich wenden können, wenn sie gemobbt werden. Dies kann ein Lehrer, ein Schulberater, ein Psychologe oder die Eltern selbst sein.

Durch die Vermittlung von Konfliktlösungsstrategien können Eltern ihren Kindern helfen, mit Mobbing umzugehen und die Fähigkeiten zu entwickeln, die für eine erfolgreiche Interaktion in der Gesellschaft erforderlich sind.

5. Gehen Sie mit gutem Beispiel voran: Eltern sollten ihren Kindern Vorbilder sein, indem sie Respekt gegenüber anderen, Empathie und Toleranz gegenüber Unterschieden zeigen. Dies wird Kindern helfen, die Werte Respekt und Fairness zu erlernen.

Eltern spielen eine Schlüsselrolle bei der Bildung von Werten und moralischen Grundsätzen bei ihren Kindern. Der Respekt gegenüber anderen, Empathie und Toleranz gegenüber Unterschieden sind ein wesentlicher Aspekt der Elternschaft, insbesondere im Zusammenhang mit der Bekämpfung von Mobbing. Schauen wir uns an, warum das so wichtig ist:

- Wertebildung: Kinder lernen vor allem durch Beobachtung und Nachahmung. Wenn Eltern anderen gegenüber Respekt zeigen und Empathie für Menschen in schwierigen Situationen zeigen, vermitteln sie ihren Kindern wichtige Werte wie Respekt, Toleranz und Fairness.

- Stärkung der emotionalen Bindung: Eltern, die Empathie und Verständnis für die Gefühle ihrer Kinder zeigen, helfen ihnen, sich unterstützt und verstanden zu fühlen. Dadurch wird die vertrauensvolle Beziehung zwischen Eltern und Kindern gestärkt, was die Diskussion von Problemen, auch im Zusammenhang mit Mobbing, erleichtert.

- Ausbildung sozialer Kompetenzen: Durch die Beobachtung ihrer Eltern lernen Kinder, ihr Verhalten an verschiedene soziale Situationen anzupassen. Respekt vor Unterschieden und Toleranz helfen Kindern, die Vielfalt der Menschen in ihrem Umfeld besser zu verstehen und zu akzeptieren, was zu harmonischeren zwischenmenschlichen Beziehungen beiträgt.

- Mobbing-Prävention: Indem Eltern im Alltag Respekt und Empathie zeigen, schaffen sie eine solide Grundlage für die Mobbing-Prävention. Kinder, die in einer Atmosphäre gegenseitigen Verständnisses und Respekts aufwachsen, neigen dazu, im Umgang mit Gleichaltrigen die gleichen Eigenschaften an den Tag zu legen, was dazu beiträgt, ein sicheres und unterstützendes Umfeld zu schaffen.

Daher ist es ein zentraler Aspekt der Familienerziehung, Ihren Kindern in Bezug auf Respekt, Empathie und Toleranz ein Vorbild zu sein, das den Aufbau gesunder zwischenmenschlicher Beziehungen und die Prävention von Mobbing fördert.

6. Behalten Sie ein positives Selbstwertgefühl bei: Helfen Sie Ihrem Kind, ein positives Selbstwertgefühl und Selbstvertrauen zu entwickeln, indem Sie seine Stärken und Erfolge hervorheben und ihm helfen, mit seinen Schwächen umzugehen.

Die Förderung eines positiven Selbstbewusstseins bei Kindern spielt eine wichtige Rolle bei der Vorbeugung von Mobbing und der Förderung ihres emotionalen Wohlbefindens. Schauen wir uns an, welche Schritte Eltern unternehmen können, um dieses Ziel zu erreichen:

- Stärken und Leistungen betonen: Eltern sollten die Leistungen ihres Kindes aktiv anerkennen und belohnen, auch wenn sie klein erscheinen. Dadurch wird das Selbstvertrauen des Kindes gestärkt und seine Fähigkeiten bestätigt.

- Konstruktiv mit Schwächen umgehen: Anstatt Fehler und Unzulänglichkeiten aufzuzeigen, sollten Eltern ihren Kindern dabei helfen, Bewältigungsstrategien zu entwickeln. Unterstützung und Ermutigung zur Verbesserung geben Kindern das Gefühl, wertgeschätzt und kompetent zu sein.

- Bringen Sie Ihrem Kind positive Selbstreflexion bei: Ermutigen Sie Ihr Kind, Situationen positiv zu sehen und sie als Chance für Wachstum und Entwicklung zu betrachten. Dies wird dazu beitragen, Gefühle der Hilflosigkeit zu reduzieren und das Selbstvertrauen zu stärken.

- Verbringen Sie Zeit miteinander: Die wertvolle Zeit, die Sie mit Ihrem Kind verbringen, trägt dazu bei, sein Selbstwertgefühl zu stärken.

Durch geselliges Beisammensein, Spielen und gemeinsame Aktivitäten entstehen herzliche und unterstützende Beziehungen, die für das emotionale Wohlbefinden wichtig sind.

- Schaffen Sie eine Atmosphäre des Vertrauens: Eltern sollten für alle Fragen und Sorgen ihrer Kinder zur Verfügung stehen. Zu wissen, dass ihre Eltern sie auch dann unterstützen, wenn etwas schief geht, gibt Kindern mehr Selbstvertrauen und Sicherheit.

Die Förderung des positiven Selbstbewusstseins von Kindern ist ein wichtiger Aspekt der Elternschaft und spielt eine Schlüsselrolle für ihre emotionale und soziale Entwicklung. Eltern, die ihre Kinder aktiv unterstützen, helfen ihnen, Selbstvertrauen und den Wunsch zu entwickeln, im Leben erfolgreich zu sein.

7. Nutzen Sie Bildungsressourcen: Nutzen Sie verschiedene Bildungsressourcen, Bücher, Filme oder Programme, um mit Ihren Kindern über das Thema Mobbing, seine Folgen und Möglichkeiten, es zu verhindern, zu diskutieren.

Der Einsatz verschiedener Bildungsressourcen ist ein wichtiger Bestandteil des Anti-Mobbing-Prozesses und der Sensibilisierung von Kindern. Schauen wir uns an, welche Ressourcen nützlich sein könnten:

- Bücher: Es gibt viele Kinderbücher, die sich mit dem Thema Mobbing befassen und Kindern helfen, die Folgen und Möglichkeiten zu verstehen, wie man Mobbing verhindern kann. In diesen Büchern geht es oft um Geschichten von Charakteren, die Mobbing erleben und lernen, damit umzugehen. Eltern können ihren Kindern solche Bücher vorlesen und deren Inhalt besprechen.

- Filme und Zeichentrickfilme: Auch einige Filme und Zeichentrickfilme beleuchten das Problem des Mobbings. Das Ansehen dieser Filme als Familie kann ein besseres Verständnis für das Thema fördern und zu offenen Diskussionen anregen.

- Bildungsprogramme: Es gibt viele Bildungsprogramme und Ressourcen, die speziell darauf ausgelegt sind, Kindern zwischenmenschliche Fähigkeiten, emotionale Intelligenz und Mobbingprävention zu vermitteln. Diese Programme sind häufig sowohl online als auch als Unterrichtsmaterialien für Schulen verfügbar.

- Internetressourcen: Im Internet finden Sie zahlreiche Websites, die sich mit dem Problem Mobbing und seiner Prävention befassen. Diese Ressourcen bieten möglicherweise Informationen, Artikel, Videos, Tests und andere Materialien, die Kindern und Eltern helfen, dieses Problem besser zu verstehen.

- Rollenspiele und Dramatisierung: Spielen und Dramatisierung können eine wirksame Möglichkeit sein, Kindern zwischenmenschliche Fähigkeiten und Konfliktprävention beizubringen. Eltern können solche Aktivitäten als Familie organisieren oder Kinder dazu ermutigen, an speziellen Clubs und Aktivitäten in der Schule teilzunehmen.

Der Einsatz verschiedener Bildungsressourcen hilft Kindern, ihr Verständnis für Mobbing zu vertiefen, Fähigkeiten zur Konfliktprävention zu entwickeln und zu lernen, wie sie gesunde Beziehungen zu anderen aufbauen können.

8. Mit der Schule zusammenarbeiten: Eltern sollten einen offenen Dialog mit Lehrern und Schulverwaltern führen, etwaige Mobbingvorfälle besprechen und zusammenarbeiten, um sie zu lösen und zu verhindern.

Die Zusammenarbeit mit der Bildungseinrichtung ist ein zentraler Aspekt bei der Bekämpfung von Mobbing und der Schaffung eines sicheren Umfelds für Kinder. Hier sind einige Schritte, die dabei helfen können:

- Kontaktaufnahme: Eltern sollten aktiv Kontakt zu Lehrern und der Schulleitung aufnehmen und ihre Bereitschaft zur Zusammenarbeit bei der Lösung von Mobbingproblemen zum Ausdruck bringen.

- Offener Dialog: Es ist wichtig, einen offenen und vertrauensvollen Dialog mit Lehrern aufzubauen, um ihnen von Mobbing, das Kinder erleben, zu berichten und sie um Hilfe bei der Bewältigung zu bitten.

- Strategien besprechen: Eltern und Schule können gemeinsam Strategien zur Prävention und Reaktion auf Mobbing besprechen. Dazu kann die Durchführung von Bildungsveranstaltungen für Schüler, Lehrer-Workshops und die Entwicklung einer Null-Toleranz-Politik gegen Mobbing gehören.

- Überwachung der Situation: Es ist wichtig, die Situation in der Schule ständig zu überwachen und auf Anzeichen von Mobbing zu reagieren. Eltern können mit Lehrern und Administratoren zusammenarbeiten, um die Bedingungen zu überwachen und bei Bedarf Maßnahmen zu ergreifen.

- Opfer und Mobbingopfer unterstützen: Es ist nicht nur wichtig, Mobbingopfern zu helfen, sondern auch mit Mobbingopfern zusammenzuarbeiten, um ihnen zu helfen, die Konsequenzen ihres Handelns zu verstehen und konstruktive Interaktionsfähigkeiten zu entwickeln.

Durch die Zusammenarbeit mit einer Bildungseinrichtung können Eltern und Lehrer ihre Kräfte im Kampf gegen Mobbing bündeln und ein sicheres und unterstützendes Umfeld für alle Kinder schaffen.

Durch die Schaffung eines unterstützenden und offenen familiären Umfelds für die Diskussion über Mobbing fühlen sich Kinder geschützt und unterstützt, was zu ihrem psychischen Wohlbefinden und ihrer erfolgreichen Entwicklung beiträgt.

Die Stärkung des Selbstwertgefühls und des Selbstverständnisses ist ein wichtiger Aspekt, um ein Kind auf den Umgang mit Mobbing vorzubereiten. Hier sind einige Techniken und Strategien, die in diesem Prozess hilfreich sein können:

1. Unterstützung und Ermutigung : Eltern sollten das Kind aktiv unterstützen und seine Bemühungen fördern. Es ist wichtig, sich nicht nur auf Erfolge zu konzentrieren, sondern auch auf die Anstrengungen, die das Kind unternimmt, um seine Ziele zu erreichen.

Die Unterstützung und Ermutigung der Eltern spielt eine entscheidende Rolle beim Aufbau eines positiven Selbstwertgefühls und Selbstvertrauens eines Kindes. Hier sind einige Schlüsselaspekte dieser Strategie:

- Aktive Unterstützung: Eltern sollten sich aktiv für das Leben und die Leistungen des Kindes interessieren. Dazu gehört nicht nur die Anwesenheit bei Veranstaltungen und Aktivitäten, sondern auch die Unterstützung seiner Interessen und Leidenschaften.

- Anstrengung hervorheben: Es ist wichtig, die Leistungen des Kindes nicht nur zu belohnen, sondern auch seine Bemühungen anzuerkennen. Auch wenn das Ergebnis nicht ideal ist, ist es wichtig, den Aufwand und die Arbeit zu würdigen, die das Kind in seine Bemühungen gesteckt hat.

- Stärkung der Selbstdisziplin: Eltern können ihrem Kind helfen, Selbstdisziplin zu entwickeln, indem sie seine Bemühungen anerkennen und es dabei unterstützen, seine Ziele selbstständig zu erreichen.

- Positive Aufmerksamkeit: Eltern sollten ihren Stolz und ihre Freude über die Bemühungen und Erfolge des Kindes zum Ausdruck bringen. Positive Worte und Aufmerksamkeit können eine starke Motivation für weitere Bemühungen sein.

- Einen sicheren Raum schaffen: Es ist wichtig, dass das Kind das Gefühl hat, dass seine Bemühungen und Erfolge immer unterstützt und anerkannt werden. Dies wird ihm helfen, sich geschützt und selbstbewusst zu fühlen.

- Positives Verhalten vorleben: Eltern können Vorbilder für ihre Kinder sein, indem sie Selbstvertrauen, Entschlossenheit und harte Arbeit zeigen. Dies wird Ihrem Kind helfen, positive Werte zu verinnerlichen und danach zu streben, seine Ziele zu erreichen.

- Kontinuierliche Unterstützung: Es ist wichtig, das Kind nicht nur in seinen aktuellen Bemühungen zu ermutigen, sondern es auch bei der Planung für die Zukunft zu unterstützen. Eltern können ihrem Kind dabei helfen, realistische Ziele zu setzen und zu lernen, wie es diese erreichen kann.

Die Unterstützung und Ermutigung eines Kindes sind wichtige Instrumente für seine Entwicklung und die Bildung eines positiven Selbstbewusstseins. Sie helfen dem Kind, sich wertvoll und sicher in seinen eigenen Fähigkeiten zu fühlen, was die Grundlage für seine erfolgreiche Entwicklung und Selbstverwirklichung ist.

2. Positive Kommunikation : Eltern sollten auf positive Weise mit dem Kind kommunizieren und ihre Liebe und ihren Respekt zum Ausdruck bringen. Es ist wichtig, Kritik und Urteilsvermögen zu vermeiden und stattdessen dem Kind zu helfen, seine Stärken und Erfolge zu erkennen.

Eine positive Kommunikation zwischen Eltern und Kindern spielt eine Schlüsselrolle bei der Entwicklung gesunder Beziehungen und dem psychischen Wohlbefinden eines Kindes. Hier sind einige Aspekte dieser Strategie:

- Liebe und Respekt zum Ausdruck bringen: Eltern sollten ihre Liebe und ihren Respekt für das Kind aktiv zum Ausdruck bringen. Dies gibt ihm Vertrauen in seinen Wert und seine Bedeutung für die Familie.

- Kritik vermeiden: Es ist wichtig, Kritik und Urteilsvermögen bei der Kommunikation mit Ihrem Kind zu vermeiden. Stattdessen können sich Eltern auf die positiven Aspekte des Verhaltens und der Leistungen des Kindes konzentrieren.

- Stärken betonen: Eltern können ihrem Kind helfen, seine Stärken zu erkennen und zu entwickeln. Das gibt ihm Vertrauen in seine Fähigkeiten und hilft ihm, in verschiedenen Lebensbereichen erfolgreich zu sein.

- Unterstützung und Ermutigung: Eltern sollten das Kind in seinen Bemühungen und Leistungen unterstützen und ermutigen. Dies hilft ihm, Selbstvertrauen und Motivation für weitere Anstrengungen zu entwickeln.

- Offenheit und Verständnis: Eltern sollten offen und verständnisvoll sein, wenn sie mit ihrem Kind kommunizieren. Das schafft Vertrauen und fördert ein tieferes Verständnis seiner Bedürfnisse und Gefühle.

- Positive Kommunikation: Es ist wichtig, eine positive Kommunikation mit Ihrem Kind aufrechtzuerhalten, eine angenehme Atmosphäre zu schaffen und es zu ermutigen, seine Gedanken und Gefühle offen auszutauschen.

- Entwicklung emotionaler Intelligenz: Eine positive Kommunikation mit den Eltern hilft dem Kind, emotionale Intelligenz zu entwickeln, seine Gefühle und Emotionen auszudrücken und effektiv mit anderen zu kommunizieren.

Eine positive Kommunikation zwischen Eltern und Kindern fördert die Bildung starker und gesunder Beziehungen und stärkt das Selbstvertrauen und das psychische Wohlbefinden des Kindes.

3. Kompetenzentwicklung : Helfen Sie Ihrem Kind, seine Fähigkeiten und Hobbys zu entwickeln. Erfolg in einem bestimmten Bereich kann das Selbstwertgefühl eines Kindes erheblich steigern und ihm Vertrauen in seine Fähigkeiten geben.

Die Entwicklung von Fähigkeiten spielt eine wichtige Rolle beim Aufbau des Selbstwertgefühls und des Selbstvertrauens eines Kindes. Hier sind einige Aspekte dieser Strategie:

- Hobbys finden: Eltern können ihrem Kind helfen, Hobbys und Interessen zu finden, die seiner Natur und seinen Fähigkeiten entsprechen. Es kann Sport, Kunst, Musik, Wissenschaft oder irgendetwas anderes sein.

- Unterstützende Hobbys: Die Unterstützung der Eltern bei den Hobbys ihres Kindes gibt ihnen das Gefühl, wertgeschätzt und selbstbewusst zu sein. Eltern können Zeit und Ressourcen in die Entwicklung dieser Hobbys investieren.

- Kompetenztraining: Eltern können ihrem Kind dabei helfen, Fähigkeiten im Zusammenhang mit seinen Hobbys zu entwickeln. Dies kann Schulungen, Kurse, Kurse oder Selbststudium umfassen.

- Erfolgsförderung: Es ist wichtig, das Kind für seine Erfolge und Leistungen in ausgewählten Bereichen zu belohnen. Das stärkt sein Selbstwertgefühl und motiviert ihn, sich weiterzuentwickeln.

- Teilnahme an Wettbewerben: Auch die Teilnahme an Wettbewerben oder Veranstaltungen in ausgewählten Bereichen trägt zur Entwicklung der Fähigkeiten und des Selbstwertgefühls des Kindes bei. Eltern können ihn dabei unterstützen und ihm helfen, Schwierigkeiten zu überwinden.

- Positive Erfahrungen: Positive Erfahrungen bei der Kompetenzentwicklung eines Kindes schaffen die Grundlage für Selbstvertrauen und Glauben an seine Fähigkeiten. Dies hilft ihm, Herausforderungen und Hindernisse im Leben erfolgreich zu meistern.

- Vorbildliches Verhalten: Eltern können Vorbilder für ihre Kinder werden, indem sie sich aktiv für die Entwicklung ihrer eigenen Fähigkeiten und Interessen einsetzen. Dies inspiriert ihn, seine Ziele zu finden und zu erreichen.

Die Entwicklung von Fähigkeiten trägt dazu bei, bei einem Kind Selbstvertrauen und Selbstwertgefühl aufzubauen, was ihm hilft, die Herausforderungen des Lebens erfolgreich zu meistern und seine Ziele zu erreichen.

4. Positives Denken: Ermutigen Sie Ihr Kind, positiv zu denken und die guten Eigenschaften in sich selbst zu erkennen. Helfen Sie ihm, negative Gedanken und Zweifel in positive Überzeugungen umzuwandeln.

Positives Denken spielt eine wichtige Rolle bei der Entwicklung einer gesunden Psychologie eines Kindes. Hier sind einige Aspekte dieser Strategie:

- Positive Gedanken unterstützen: Eltern können das Kind ermutigen, sich auf seine Stärken, Erfolge und Fähigkeiten zu konzentrieren, anstatt sich auf seine Schwächen und Misserfolge zu konzentrieren. Dies trägt dazu bei, Selbstvertrauen und eine optimistische Vision für die Zukunft aufzubauen.

- Lehren Sie, negative Gedanken zu verarbeiten: Eltern können ihrem Kind helfen, negative Gedanken und Überzeugungen, die es in verschiedenen Situationen haben könnte, zu erkennen und zu verarbeiten. Dazu kann gehören, dass Sie Ihrem Kind Entspannungstechniken, Meditation, tiefes Atmen oder positive Selbstgespräche beibringen.

- Unterstützen Sie einen realistischen Positivismus: Es ist wichtig, sich daran zu erinnern, dass positives Denken echte Probleme oder

Schwierigkeiten nicht ignorieren sollte. Das Kind muss lernen, Probleme als Herausforderungen zu sehen, die überwunden werden können, und nicht als unüberwindbare Hindernisse.

- Dankbarkeitspraxis: Eltern können ihrem Kind helfen, den Wert der Dankbarkeit und Wertschätzung für das, was es hat, zu erlernen. Dazu können tägliche Dankbarkeitsübungen, Dankbarkeitstagebücher oder das Nachdenken über die guten Teile des Tages gehören.

- Positives Denken vorleben: Eltern können dem Kind ein Vorbild sein, indem sie eine optimistische Lebenseinstellung zeigen und positiv auf Schwierigkeiten reagieren. Dies hilft dem Kind, positive Praktiken zu erlernen und sie in seinem Leben anzuwenden.

- Achten Sie auf die Sprache: Eltern können ihrem Kind helfen, sich der Worte bewusst zu werden, mit denen es sich selbst und sein Leben beschreibt, und ihm beibringen, negative Sätze durch positive zu ersetzen. Dies trägt dazu bei, sein Denken und Verhalten zum Besseren zu verändern.

Durch die Förderung des positiven Denkens entwickelt Ihr Kind Selbstvertrauen, eine optimistische Lebenseinstellung und die Fähigkeit, mit den Herausforderungen des Lebens umzugehen.

5. Problemlösungsstrategien vermitteln: Entwickeln Sie mit Ihrem Kind Problemlösungs- und Stressbewältigungsstrategien. Helfen Sie ihm zu erkennen, dass Fehler und Misserfolge zum Leben gehören und es wichtig ist, daraus zu lernen.

Schulung in Problemlösungs- und Stressbewältigungsstrategien

- Die Probleme verstehen: Der erste Schritt besteht darin, dass das Kind die Art des Problems oder der Herausforderung versteht. Eltern können ihrem Kind helfen, ein Problem in kleinere Teile zu zerlegen und es zu analysieren.

- Suche nach Lösungsmöglichkeiten: Ist das Problem geklärt, muss das Kind lernen, verschiedene Lösungen zu finden. Es ist wichtig, ihm dabei zu helfen, nach alternativen Ansätzen zu suchen und unterschiedliche Standpunkte zu berücksichtigen.

- Optionen bewerten: Das Kind muss lernen, jede der vorgeschlagenen Lösungsoptionen sowie deren Konsequenzen zu bewerten. Eltern können ihm helfen, die Vor- und Nachteile jeder Option abzuwägen.

- Entscheidungsfindung: Nach der Analyse der Optionen muss das Kind eine Entscheidung darüber treffen, was zu tun ist. Eltern können es dabei unterstützen, wichtig ist jedoch, dass die Entscheidung vom Kind selbst getroffen wird.

- Auswertung der Ergebnisse: Sobald eine Entscheidung getroffen und umgesetzt wurde, ist es wichtig, die Ergebnisse auszuwerten. Eltern können ihrem Kind helfen zu verstehen, was es aus dieser Erfahrung lernen kann und welche Lehren es für die Zukunft mitnehmen kann.

- Stressbewältigung: Darüber hinaus können Eltern ihrem Kind verschiedene Stressbewältigungsstrategien beibringen, wie zum Beispiel tiefes Atmen, Entspannungsübungen, körperliche Aktivität oder Meditationstechniken.

Das Vermitteln von Problemlösungs- und Stressbewältigungsstrategien hilft Ihrem Kind, Fähigkeiten der Unabhängigkeit, des analytischen Denkens und der emotionalen Stabilität zu entwickeln, die für seine erfolgreiche Anpassung an das Leben wichtig sind.

6. Unterstützung beim Selbstverständnis: Eltern können ihrem Kind helfen, seine Gefühle, Gedanken und Wünsche besser zu verstehen. Ermutigen Sie Ihr Kind, seine Gefühle auszudrücken und über seine Werte und Ziele nachzudenken.

Unterstützung zur Selbstverständigung bei Kindern:

- Aktives Zuhören: Eltern sollten Interesse und Aufmerksamkeit dafür zeigen, was das Kind fühlt und denkt. Dazu gehört nicht nur das bloße Zuhören, sondern auch das Verstehen der Emotionen und Gedanken, die das Kind erlebt.

- Förderung des Ausdrucks von Emotionen: Das Kind muss darauf vertrauen können, dass seine Emotionen wichtig und akzeptabel sind. Eltern können ihn ermutigen, seine Gefühle offen auszudrücken, auch wenn sie unangenehm oder schwierig erscheinen.

- Sprechen Sie über Werte und Ziele: Eltern können ihrem Kind helfen, zu verstehen, welche Werte für es wichtig sind, und ihm helfen, seine persönlichen Ziele zu definieren. Dies wird dem Kind helfen, sich selbst und seine Beweggründe besser zu verstehen.

- Unterstützung beim Selbstverständnis: Eltern können ihrem Kind helfen, über seine Stärken und Schwächen sowie seine Interessen und Hobbys nachzudenken. Dies trägt zum Aufbau eines positiven Selbstverständnisses und Selbstvertrauens bei.

- Vorbild sein: Eltern können Vorbilder für ihre Kinder werden, indem sie ihre Gefühle und Gedanken offen und aufrichtig ausdrücken. Dadurch kann das Kind erkennen, dass es normal und wichtig ist, sich selbst zu verstehen und seine Gefühle auszudrücken.

Die Förderung des Selbstverständnisses hilft einem Kind, emotionale Intelligenz zu entwickeln und stärkt Selbstvertrauen und Selbstwertgefühl. Dies sind wichtige Fähigkeiten für eine erfolgreiche Anpassung und Entwicklung im Leben.

7. Positives Verhalten vorleben : Eltern können Vorbilder für ihre Kinder sein, indem sie ein gesundes Selbstbewusstsein, positives Denken und Selbstvertrauen zeigen.

Positives Verhalten der Eltern vorleben:

- Gesundes Selbstbewusstsein: Eltern mit einem gesunden Selbstbewusstsein können Vorbilder für ihre Kinder sein. Das bedeutet, dass sie sich selbst respektieren, ihre Stärken und Schwächen akzeptieren und nach persönlicher Weiterentwicklung streben.

- Positives Denken: Indem sie positives Denken vorleben, helfen Eltern ihren Kindern, die Welt in leuchtenden Farben zu sehen. Sie können auch in schwierigen Situationen eine optimistische Lebenseinstellung bewahren, was Kinder dazu inspiriert, dasselbe zu tun.

- Selbstvertrauen: Eltern, die Selbstvertrauen zeigen, zeigen Kindern, dass sie ihre Ziele erreichen und Hindernisse überwinden können. Dazu kann gehören, selbstbewusst vor Menschen zu sprechen, Entscheidungen zu treffen und entschlossene Maßnahmen zu ergreifen.

- Emotionale Stabilität: Eltern, die in der Lage sind, mit ihren Emotionen effektiv umzugehen, helfen ihren Kindern, emotionale Stabilität zu entwickeln. Sie können ein Beispiel dafür sein, wie man Stress kontrolliert und ruhig und konstruktiv auf verschiedene Situationen reagiert.

- Empathie und Verständnis: Eltern, die Empathie und Verständnis gegenüber anderen zeigen, bringen ihren Kindern Empathie und Mitgefühl bei. Sie können ein Beispiel dafür sein, wie man gesunde und verständnisvolle Beziehungen zu anderen aufbaut.

Das positive Verhalten der Eltern spielt eine Schlüsselrolle bei der Gestaltung der persönlichen Entwicklung und des geistigen Wohlbefindens von Kindern. Wenn Eltern ein gesundes Selbstbewusstsein, positives Denken und Selbstvertrauen an den Tag legen, inspiriert dies Kinder dazu, ihrem Beispiel zu folgen und ihre eigenen Führungsqualitäten und emotionale Stabilität zu entwickeln.

8. Suchen Sie professionelle Hilfe : Bei Bedarf können Eltern Psychologen oder Berater um Hilfe bitten, um dem Kind bei der Entwicklung seines Selbstwertgefühls und Selbstverständnisses zu helfen.

So finden Sie professionelle Hilfe für Ihr Kind:

- Kennen Sie die Symptome: Eltern sollten auf das Verhalten und den emotionalen Zustand ihres Kindes achten. Zu den Symptomen eines geringen Selbstwertgefühls und Problemen mit dem Selbstverständnis können Pessimismus, Gefühle der Hilflosigkeit, Vermeidung sozialer Kontakte und andere gehören.

- Einen sicheren Raum schaffen: Eltern sollten dem Kind Unterstützung und Verständnis entgegenbringen, aber manchmal können Probleme so komplex sein, dass sie professionelle Hilfe benötigen.

- Suche nach einer qualifizierten Fachkraft: Eltern können sich an einen auf Kinderpsychologie spezialisierten Psychologen, Psychotherapeuten oder Berater wenden. Es ist wichtig, eine Fachkraft zu wählen, die Erfahrung in der Arbeit mit Kindern hat und auf die Bedürfnisse des einzelnen Kindes eingeht.

- Zusammenarbeiten: Fachkräfte können dem Kind durch therapeutische Techniken und praktische Übungen dabei helfen,

Selbstwertgefühl, Selbstverständnis und Fähigkeiten zur Emotionsbewältigung zu entwickeln. Eltern können sich aktiv an diesem Prozess beteiligen, indem sie das Kind unterstützen und ermutigen.

- Unterstützung der Eltern: Es ist wichtig, dass auch Eltern Unterstützung und Beratung durch eine Fachperson erhalten. Dadurch können sie ihr Kind besser verstehen und in seiner Entwicklung unterstützen.

- Regelmäßigkeit der Sitzungen: Eltern sollten sich hinsichtlich der Häufigkeit und Dauer der Sitzungen an die Empfehlungen des Spezialisten halten. Regelmäßige Treffen helfen dabei, die Fortschritte des Kindes zu überwachen und die Arbeitsmethoden bei Bedarf anzupassen.

- Offenheit und Vertrauen: Eltern sollten eine offene und vertrauensvolle Atmosphäre pflegen, damit sich das Kind wohl fühlt, seine Gedanken und Gefühle sowohl mit ihnen als auch mit dem Psychologen zu besprechen.

Die Suche nach professioneller Hilfe für ein Kind mit geringem Selbstwertgefühl und Selbstverständnisproblemen kann ein wichtiger Schritt zu seinem psychischen Wohlbefinden und seiner erfolgreichen Entwicklung sein.

Die Stärkung des Selbstwertgefühls und des Selbstverständnisses eines Kindes ist ein wichtiger Schritt beim Aufbau einer Schutzbarriere gegen Mobbing und andere negative Einflüsse. Eine Schlüsselrolle spielt dabei die Unterstützung der Eltern, die dem Kind hilft, Selbstvertrauen und eine positive Einstellung sich selbst gegenüber zu entwickeln.

Die Bedeutung des Erlernens von Empathie und Respekt für andere besteht darin, die Fähigkeit zu entwickeln, die Gefühle, Bedürfnisse und Erfahrungen anderer zu verstehen und wertzuschätzen, was zur Bildung harmonischer zwischenmenschlicher Beziehungen, zur Reduzierung von Konflikten und Gewalt sowie zu einem gesteigerten Selbstwertgefühl und Führungsqualitäten beiträgt Fähigkeiten.

Wie wichtig es ist, Empathie und Respekt für andere zu lehren:

- Grundlagen der Empathie: Empathie ist die Fähigkeit, die Gefühle anderer Menschen zu verstehen und zu spüren, indem man sich in ihre Lage versetzt. Das Erlernen von Empathie beginnt damit, sich der eigenen Gefühle und Erfahrungen bewusst zu werden und geht dann zu der Fähigkeit über, die Gefühle anderer zu sehen und zu verstehen.

Empathie ist die Fähigkeit, die Emotionen, Gefühle und Erfahrungen anderer Menschen wahrzunehmen und zu teilen. Dabei geht es nicht nur darum, die Gefühle anderer Menschen zu verstehen, sondern auch um die Fähigkeit, sich in ihre Lage zu versetzen und zu fühlen, was sie fühlen. Die Grundlagen der Empathie beginnen damit, sich der eigenen Gefühle und Erfahrungen bewusst zu werden. Wenn eine Person ihre Emotionen versteht und beschreiben kann, ist sie offener für die emotionalen Zustände anderer.

Das Bewusstsein und der Umgang mit Ihren Emotionen ist ein Schlüsselaspekt beim Erlernen von Empathie. Wer seine Emotionen effektiv erkennen und regulieren kann, hat in der Regel ein besseres Verständnis für die Emotionen anderer. Darüber hinaus hilft Ihnen die Fähigkeit, Ihre Emotionen und Gefühle auszudrücken, engere und tiefere Verbindungen zu anderen Menschen aufzubauen.

Zur Empathie gehört neben der Wahrnehmung der eigenen Emotionen auch die Fähigkeit, die Gefühle anderer Menschen zu sehen und zu verstehen. Dies erfordert sorgfältige Präsenz und die Bereitschaft, aufmerksam zuzuhören und nicht nur Worte, sondern auch nonverbale Hinweise und emotionale Indikatoren wahrzunehmen.

Empathie zu lehren beginnt in der Familie und in der Schule. Eltern und Lehrer können empathisches Verhalten vorleben und Kindern beibringen, die Gefühle anderer zu verstehen und zu respektieren. Dazu können Diskussionen über Gefühle, Rollenspiele, das Lesen von Büchern oder das Ansehen von Filmen gehören, in denen Kinder unterschiedliche emotionale Erfahrungen kennenlernen können.

Die Entwicklung von Empathie erfordert jedoch Zeit und Übung. Dies ist ein Prozess, der ein Leben lang andauern kann. Die regelmäßige Teilnahme an sozialen Situationen, in denen es notwendig ist, die Gefühle anderer zu verstehen und zu respektieren, trägt dazu bei, die Empathiefähigkeiten zu vertiefen und zu verbessern.

- Entwicklung sozialer Fähigkeiten: Empathie hilft bei der Entwicklung sozialer Fähigkeiten wie Zuhören, Kommunizieren und friedliches Lösen von Konflikten. Diese Fähigkeiten sind der Schlüssel zu erfolgreichen zwischenmenschlichen Beziehungen in der Schule, am Arbeitsplatz und in der Gesellschaft im Allgemeinen.

Die Entwicklung sozialer Kompetenzen ist untrennbar mit der Fähigkeit zur Empathie verbunden. Empathie hilft uns, die Emotionen anderer Menschen zu verstehen und zu spüren, was die Grundlage für erfolgreiche Kommunikation und Interaktion ist.

Die Fähigkeit, anderen zuzuhören, ist ein zentraler Aspekt der Empathie. Wenn wir auf die Gedanken und Gefühle anderer Menschen achten, schaffen wir die Grundlage für gegenseitiges Verständnis und Zusammenarbeit. Die Fähigkeit zuzuhören hilft nicht nur, einen Menschen besser zu verstehen, sondern ihm auch Respekt und Fürsorge entgegenzubringen.

Empathie hilft auch, Konflikte friedlich zu lösen. Wenn wir eine Situation aus der Sicht anderer Menschen betrachten und ihre Gefühle verstehen können, können wir Kompromisslösungen finden und widersprüchliches Verhalten vermeiden. Anstatt auf unserem Standpunkt zu beharren, werden wir offen für den Dialog und die Suche nach für beide Seiten akzeptablen Lösungen.

Diese durch Empathie entwickelten sozialen Fähigkeiten sind die Grundpfeiler erfolgreicher zwischenmenschlicher Beziehungen, nicht nur in Schule und Beruf, sondern in der gesamten Gesellschaft. Sie tragen zur Bildung von Freundschaften, zur Zusammenarbeit im Team und zur Schaffung eines harmonischen sozialen Umfelds bei.

- Konflikte und Gewalt reduzieren: Die Vermittlung von Empathie hilft Kindern, die Gefühle und Bedürfnisse anderer zu verstehen, was zu einer Reduzierung von Konflikten und Gewalt führt. Wenn Kinder die Welt mit den Augen anderer sehen können, neigen sie dazu, anderen gegenüber toleranter und respektvoller zu sein.

Die Vermittlung von Empathie spielt eine Schlüsselrolle bei der Reduzierung von Konflikten und Gewalt unter Kindern. Wenn Kinder die Fähigkeit entwickeln, die Gefühle und Bedürfnisse anderer Menschen zu verstehen, werden sie offener für tolerante und respektvolle Kommunikation.

Wenn Kinder die Emotionen anderer verstehen, können sie die Konsequenzen ihrer Handlungen für andere besser einschätzen. Sie werden aufmerksamer gegenüber den Gefühlen anderer Menschen und können vorhersehen, welche Auswirkungen ihre Worte und Taten auf sie haben könnten. Dies hilft, Situationen zu vermeiden, die zu Konflikten oder Gewalt führen könnten.

Darüber hinaus trägt die Entwicklung von Empathie bei Kindern dazu bei, tiefere und vertrauensvollere Beziehungen zu Gleichaltrigen aufzubauen. Wenn Kinder in der Lage sind, Empathie und Verständnis gegenüber anderen auszudrücken, schafft dies die Grundlage für ein unterstützendes und freundliches Umfeld in ihrem Umfeld. In einer solchen Atmosphäre fühlen sich Kinder wohler und sicherer, was dazu beiträgt, Konflikte und Gewalt zu reduzieren.

So hilft die Vermittlung von Empathie Kindern nicht nur, andere Menschen besser zu verstehen, sondern schafft auch Bedingungen für harmonische und friedliche Beziehungen in ihrer Gesellschaft.

- Respekt vor Vielfalt: Empathie und Respekt für andere fördern auch die Akzeptanz von Vielfalt und kulturellen Unterschieden. Kinder, denen Empathie beigebracht wird, lernen, Unterschiede in Meinungen, Überzeugungen und kulturellen Traditionen zu schätzen und zu respektieren.

Der Respekt vor Vielfalt und kulturellen Unterschieden spielt eine wichtige Rolle bei der Schaffung einer toleranten und harmonischen Gesellschaft. Wenn Kindern Empathie beigebracht wird, sind sie in der Lage, andere mit Respekt und Verständnis zu behandeln, auch wenn ihre Ansichten und kulturellen Hintergründe unterschiedlich sind.

Vielfalt in Meinungen, Überzeugungen und kulturellen Hintergründen ist ein integraler Bestandteil unserer Gesellschaft. Der Respekt vor dieser Vielfalt hilft Kindern zu verstehen, dass jeder Mensch einzigartig ist und das Recht auf seinen Glauben und Lebensstil hat. Durch die Vermittlung von Empathie lernen Kinder, die Welt mit den Augen anderer zu sehen, was zu einem größeren Verständnis und Respekt für ihre Vielfalt führt.

Darüber hinaus trägt der Respekt vor Vielfalt dazu bei, Diskriminierung und negative Einstellungen gegenüber Menschen aus anderen Kulturen oder sozialen Gruppen zu verhindern. Kinder, denen Empathie vermittelt wird, sind in der Lage, das kulturelle Erbe anderer Menschen wertzuschätzen und nach Zusammenarbeit und gegenseitigem Verständnis zu streben.

Empathie und Respekt vor Vielfalt tragen somit nicht nur zur Bildung einer toleranten Gesellschaft bei, sondern schaffen auch die Grundlage für harmonische und friedliche Beziehungen zwischen Menschen unterschiedlicher Kulturen und Weltanschauungen.

- Erhöhtes Selbstwertgefühl: Wenn Kinder andere Menschen verstehen und respektieren, fühlen sie sich wichtig und wertvoll für die Gesellschaft. Dies trägt dazu bei, ihr Selbstwertgefühl und ihr Selbstvertrauen zu stärken.

Verständnis und Respekt für andere Menschen spielen eine Schlüsselrolle beim Aufbau des Selbstwertgefühls von Kindern. Wenn Kinder sehen, dass ihre Gefühle und Meinungen von anderen respektiert werden, beginnen sie, ihren Wert und ihre Bedeutung für die Gesellschaft zu erkennen. Dies trägt dazu bei, ein gesundes Selbstwertgefühl und Selbstvertrauen aufzubauen.

Wenn Kinder das Gefühl haben, dass ihre Gefühle und Bedürfnisse von anderen respektiert und akzeptiert werden, beginnen sie, sich selbst als wertvolle Mitglieder der Gesellschaft zu sehen. Dies hilft ihnen, eine positive Einstellung zu sich selbst und Vertrauen in ihre Fähigkeiten zu entwickeln.

Es ist auch wichtig zu beachten, dass der Respekt gegenüber anderen Menschen Kindern hilft, Empathie zu entwickeln. Wenn es in der Lage ist, sich in die Lage anderer zu versetzen und deren Gefühle zu verstehen, entsteht eine gegenseitige Interaktion, die dem Kind das Gefühl gibt, Teil einer Gemeinschaft zu sein, in der es respektiert und geschätzt wird.

Daher spielen Verständnis und Respekt für andere Menschen eine wichtige Rolle bei der Entwicklung eines gesunden Selbstwertgefühls und Selbstvertrauens bei Kindern und helfen ihnen, sich wichtig und wertvoll für die Gesellschaft zu fühlen.

- Entwicklung von Führungskompetenzen: Führung basiert auf der Fähigkeit, andere Menschen zu inspirieren und zu motivieren, was wiederum Empathie und Respekt für ihre Bedürfnisse und Gefühle erfordert. Kinder, denen diese Fähigkeiten beigebracht werden, können in Zukunft zu effektiven Führungskräften werden.

Die Entwicklung von Führungsqualitäten bei Kindern ist ein

wichtiger Aspekt ihrer Bildung und Erziehung. Führung beschränkt sich nicht nur auf das Anweisen oder Befehlen, sondern umfasst auch die Fähigkeit, andere Menschen zu inspirieren, zu motivieren und zu beeinflussen. Dies ist eine wichtige Fähigkeit, die Kinder schon in jungen Jahren entwickeln können.

Die Basis für erfolgreiche Führung sind Empathie und Respekt gegenüber anderen Menschen. Ein Führer, der die Gefühle und Bedürfnisse seiner Untergebenen versteht, kann besser mit ihnen interagieren und sie dazu inspirieren, gemeinsame Ziele zu erreichen. Empathie hilft einer Führungskraft, Vertrauen aufzubauen und positive Beziehungen innerhalb des Teams aufrechtzuerhalten.

Der Respekt vor den Gefühlen und Bedürfnissen anderer trägt auch zur Entwicklung von Kommunikationsfähigkeiten bei, einschließlich der Fähigkeit, zuzuhören und die Meinungen anderer zu berücksichtigen. Ein Leiter, der seinen Kollegen zuhört und die Meinungen berücksichtigt, schafft eine Atmosphäre gegenseitigen Respekts und Verständnisses, die zum erfolgreichen Funktionieren des Teams beiträgt.

Kinder, denen Empathie und Respekt für andere beigebracht werden, können die Bedürfnisse ihrer Mitmenschen besser verstehen und ihnen in verschiedenen Situationen helfen. Dadurch werden sie nicht nur zu effektiven Führungskräften, sondern auch zu guten Teamplayern, die in der Lage sind, in einer Gruppe zu arbeiten und gemeinsame Ziele zu erreichen.

Daher beginnt die Entwicklung von Führungskompetenzen bei Kindern damit, dass sie sich ihrer Empathie und ihres Respekts für andere bewusst werden, was ihnen hilft, in der Zukunft erfolgreiche und einflussreiche Führungskräfte zu werden.

Die Vermittlung von Empathie und Respekt für andere spielt eine Schlüsselrolle beim Aufbau sozialer Fähigkeiten, der Entwicklung zwischenmenschlicher Beziehungen und der Schaffung einer harmonischen Gesellschaft. Diese Fähigkeiten müssen in Bildungsprogramme integriert und im familiären Umfeld gefördert werden, um positive Ergebnisse in der Persönlichkeitsentwicklung des Kindes zu erzielen.

Kapitel 6.
Strategien zur Mobbingprävention.

Um Mobbing zu verhindern und einem Kind dabei zu helfen, Grenzen zu setzen und seine Rechte zu schützen, ist ein umfassender Ansatz erforderlich, der sowohl die Vermittlung spezifischer Strategien für das Kind als auch die Unterstützung durch Erwachsene umfasst. Hier sind einige wichtige Schritte:

1. Bringen Sie Ihrem Kind Strategien zum Setzen von Grenzen

bei:

- Bringen Sie Ihrem Kind bei, seine Grenzen zu erkennen: Helfen Sie ihm zu verstehen, was für es akzeptabel ist und was nicht. Dazu gehört, dass Sie lernen, unerwünschtes Verhalten anderer zu erkennen und sich Ihrer emotionalen und physischen Grenzen bewusst zu sein.

Das Erlernen von Strategien zur Grenzsetzung Ihres Kindes ist ein wichtiger Teil seiner Entwicklung und hilft ihm, sich seiner Vorlieben, Gefühle und angenehmen Grenzen im Umgang mit anderen bewusst zu werden. Indem sie einem Kind helfen zu verstehen, was es akzeptieren und was es ablehnen sollte, helfen Eltern und Lehrer ihm, Selbstwertgefühl und Selbstvertrauen zu entwickeln.

Es ist wichtig, Ihrem Kind zu vermitteln, dass Grenzen etwas Natürliches und für sein Wohlbefinden notwendig sind. Lernen beginnt mit dem Verstehen der eigenen Emotionen und Empfindungen. Das Kind muss in der Lage sein, seine Gefühle zu erkennen und zu verstehen, was ihm Unbehagen bereitet. Dazu kann das Besprechen verschiedener Situationen gehören, in denen sich das Kind unwohl oder unsicher fühlt.

Als nächstes müssen Sie Ihrem Kind beibringen, unerwünschtes Verhalten anderer Menschen zu erkennen. Dabei kann es sich um aufdringliche Handlungen, Verletzungen seiner Freiräume oder Beleidigungen handeln. Das Kind muss verstehen, dass es das Recht auf seine Grenzen und das Recht hat, diese zu schützen.

Es ist auch wichtig, dass Sie Ihre emotionalen und physischen Grenzen kennen. Das Kind muss wissen, dass es sich weigern kann, mit denen zu kommunizieren, die bei ihm negative Emotionen hervorrufen, und dass es das Recht hat, seine Vorlieben hinsichtlich seines Raums und seiner persönlichen Grenzen auszudrücken.

Letztendlich hilft das Unterrichten von Grenzsetzungsstrategien Ihrem Kind dabei, Selbstverteidigungsfähigkeiten, Selbstachtung und Selbstvertrauen zu entwickeln. Dies gibt ihm die Möglichkeit, gesunde Beziehungen zu anderen aufzubauen und in Zukunft erfolgreich mit ihnen zu interagieren.

- Bringen Sie Ihrem Kind bei, durchsetzungsfähig zu sein: Bringen Sie ihm bei, seine Gefühle und Bedürfnisse klar und selbstbewusst auszudrücken, ohne die Rechte und Gefühle anderer Menschen zu verletzen.

Einem Kind beizubringen, durchsetzungsfähig zu sein, ist ein Prozess, der für seine Entwicklung und sein Selbstvertrauen wichtig ist. Diese Fähigkeit hilft ihm, seine Gedanken, Gefühle und Bedürfnisse auf eine Weise auszudrücken, die die Rechte und Gefühle anderer nicht verletzt. Schauen wir uns dieses Thema genauer an.

Der erste Schritt beim Erlernen von Durchsetzungsvermögen besteht darin, Ihrem Kind zu helfen, sich seiner eigenen Gefühle und Bedürfnisse bewusst zu werden. Das Kind muss verstehen, dass seine Gefühle wichtig sind und dass es das Recht hat, sie auszudrücken. Dazu gehört auch, dass man feststellen kann, wie man sich in einer bestimmten Situation fühlt und was man in diesem Moment will oder braucht.

Dann muss das Kind lernen, seine Gedanken und Gefühle klar und selbstbewusst auszudrücken. Dazu kann die Verwendung von „Ich-Botschaften" gehören, die seine Gefühle und Bedürfnisse beschreiben, ohne vorwurfsvoll oder aggressiv zu sein. Anstatt zum Beispiel zu sagen: „Du ignorierst mich immer", könnte ein Kind sagen: „Es tut mir weh, wenn du mir nicht zuhörst."

Es ist auch wichtig, Ihrem Kind beizubringen, die Gefühle und Rechte anderer Menschen zu respektieren. Dazu gehört die Fähigkeit, zuzuhören und den Standpunkt anderer zu verstehen, auch wenn er damit nicht einverstanden ist. Das Kind muss verstehen, dass Durchsetzungsvermögen nicht bedeutet, die Gefühle anderer zu ignorieren, sondern vielmehr die Fähigkeit, ein Gleichgewicht zwischen seinen Bedürfnissen und denen anderer zu finden.

Der Einsatz von Durchsetzungsfähigkeiten hilft einem Kind, Selbstvertrauen und Respekt gegenüber anderen zu entwickeln. Diese Fähigkeit ermöglicht es ihm, erfolgreich mit der Welt um ihn herum zu interagieren, Konflikte friedlich zu lösen und gesunde Beziehungen aufzubauen. Letztlich trägt das Erlernen von Durchsetzungsvermögen dazu bei, dass ein Kind emotional reifer und erfolgreicher in der Kommunikation mit anderen wird.

- Entwickeln Sie das Selbstvertrauen Ihres Kindes: Fördern Sie seine Leistungen, heben Sie seine Stärken hervor und helfen Sie ihm, seine Schwächen zu überwinden. Je mehr ein Kind an sich selbst glaubt, desto leichter fällt es ihm, Grenzen zu setzen und sich zu schützen.

Die Entwicklung des Selbstvertrauens eines Kindes ist eine der wichtigsten Aufgaben für Eltern. Zu verstehen, wie das geht, kann tiefgreifende Konsequenzen für seine Zukunft haben.

Erstens ist es wichtig, sich auf die Leistungen des Kindes zu konzentrieren, auch auf die kleinsten. Wenn er merkt, dass seine Bemühungen geschätzt werden, stärkt das sein Selbstvertrauen. Unterstützung ist nicht nur in erfolgreichen Momenten wichtig, sondern auch in Zeiten des Scheiterns. Indem sie einem Kind helfen, Enttäuschungen zu erleben und daraus zu lernen, helfen Eltern ihm zu verstehen, dass Misserfolge zum Leben gehören und nicht über seinen Wert entscheiden.

Zweitens ist es wichtig, dem Kind zu helfen, seine Stärken zu erkennen und zu entwickeln. Dies kann jeder Aspekt ihrer Persönlichkeit oder ihrer Fähigkeiten sein, sei es kreatives Denken, sportliche Fähigkeiten oder Freundlichkeit. Wenn ein Kind sieht, dass es etwas Besonderes hat, das es einzigartig macht, stärkt das sein Selbstvertrauen.

Es ist auch wichtig, dem Kind zu helfen, seine Schwächen und

Unzulänglichkeiten zu überwinden. Anstatt ihn für seine Fehler zu verurteilen, sollten Eltern ihn unterstützen und ihm helfen, Wege zu finden, sie zu korrigieren oder zu akzeptieren. Dadurch kann sich das Kind auch in Momenten des Scheiterns wertgeschätzt und wichtig fühlen.

Insgesamt ist Selbstvertrauen ein Geschenk, das Eltern ihrem Kind machen können. Unterstützung, Ermutigung und Liebe sind Schlüsselkomponenten dieses Prozesses. Wenn ein Kind an sich selbst glaubt, kann es Grenzen setzen und sich in allen Situationen schützen, was es im Leben erfolgreicher und glücklicher macht.

2. Schulung in Strategien zur Durchsetzung Ihrer Rechte:

- Entwickeln Sie das Selbstvertrauen Ihres Kindes: Bringen Sie ihm bei, für sich und seine Rechte einzutreten. Dazu können eine starke Stimme, ein selbstbewusster Blick und Überzeugungsbekundungen gehören.

Die Entwicklung des Selbstvertrauens eines Kindes spielt eine Schlüsselrolle für seine Fähigkeit, sich selbst und seine Rechte zu schützen.

Es ist wichtig, Ihrem Kind beizubringen, für sich selbst einzustehen, insbesondere wenn es mit unangenehmen Situationen konfrontiert ist oder das Gefühl hat, dass seine Rechte verletzt werden. Dazu gehört eine starke Stimme, ein selbstbewusster Blick und das Sprechen mit Überzeugung. Eltern können ihrem Kind helfen, seine Gedanken und Gefühle klar und selbstbewusst auszudrücken, indem sie ihm beibringen, seinen Standpunkt richtig zu vertreten.

Es ist auch wichtig, Ihrem Kind den Unterschied zwischen Situationen beizubringen, in denen es zu seiner eigenen Verteidigung Stellung beziehen muss und in denen es besser ist, nachzugeben oder Hilfe zu suchen. Eltern können mit ihrem Kind verschiedene Szenarien und Rollenspiele besprechen, um ihm dabei zu helfen, potenziell gefährliche Situationen zu erkennen und angemessen zu reagieren.

Darüber hinaus ist es wichtig, dem Kind Respekt vor sich selbst und seinen Rechten beizubringen. Wenn ein Kind seinen Wert versteht und seine Grenzen respektiert, fällt es ihm leichter, sie zu schützen. Eltern können ihrem Kind helfen, eine positive Einstellung zu entwickeln, indem sie es in seinen Bemühungen unterstützen und ihm helfen, Schwierigkeiten zu überwinden.

Schließlich ist es wichtig, dem Kind klar zu machen, dass es ein Recht auf Schutz und Unterstützung hat und dass es bei Bedarf Hilfe suchen sollte. Dies wird ihm helfen, sich in verschiedenen Situationen sicherer und ruhiger zu fühlen.

- Übungsszenarien: Improvisieren Sie mit Ihrem Kind verschiedene Situationen, in denen es Mobbing erleben könnte, und helfen Sie ihm, verschiedene Möglichkeiten zu finden und auszuprobieren, um darauf zu reagieren.

Das Üben von Szenarien ist eine effektive Möglichkeit, Ihrem Kind dabei zu helfen, sich auf mögliche Mobbing-Situationen vorzubereiten und zu lernen, angemessen darauf zu reagieren. Eltern können mit ihrem Kind Rollenspiele durchführen, in denen sie verschiedene Szenarien wie Demütigungen, Mobbing oder direkte Angriffe von Gleichaltrigen simulieren. Während dieser Spiele kann das Kind verschiedene Möglichkeiten ausprobieren, auf Aggressionen zu reagieren, zum Beispiel seine Rechte selbstbewusst zu verteidigen, den Täter zu ignorieren oder einen Lehrer oder Eltern um Hilfe zu bitten.

Es ist wichtig, dass die Eltern das Kind unterstützen und diese Situationen nach dem Spielen mit ihm besprechen und besprechen, was hilfreich war und was hätte anders gemacht werden können. Dies wird Ihrem Kind helfen, seine Reaktionen besser zu verstehen und die wirksamsten Abwehrstrategien zu finden.

Darüber hinaus können Eltern mit ihrem Kind verschiedene Situationen besprechen, die im wirklichen Leben auftreten können, und ihnen helfen, einen Aktionsplan für den Fall von Mobbing auszuarbeiten. Dazu können Aspekte gehören wie das Vermeiden von Konflikten, das Bitten um Hilfe und die Suche nach Unterstützung von Freunden oder Erwachsenen.

Das Üben von Szenarien hilft einem Kind nicht nur, sich auf mögliche Mobbing-Situationen vorzubereiten, sondern entwickelt auch Selbstvertrauen und die Fähigkeit, effektiv auf Stresssituationen zu reagieren.

- Unterstützen Sie das Kind: Es ist wichtig, dass das Kind weiß, dass seine Eltern und andere Erwachsene es unterstützen und bereit sind, bei Bedarf zu helfen.

Die Unterstützung von Eltern und anderen Erwachsenen ist der Schlüssel zur Bekämpfung von Mobbing und hilft Kindern, Grenzen zu setzen und sich selbst zu schützen. Erstens müssen Kinder wissen, dass sie sich bei Mobbing an ihre Eltern oder andere Erwachsene wenden können, um Hilfe und Unterstützung zu erhalten. Es ist wichtig, dass sich das Kind in jeder Situation angehört und unterstützt fühlt und darauf vertrauen kann, dass Erwachsene sein Problem ernst nehmen und ihm bei der Lösungsfindung helfen.

Zur elterlichen Unterstützung gehört auch, dass Sie sich aktiv am Leben Ihres Kindes beteiligen und mit ihm über die Erlebnisse des Tages sprechen. Eltern sollten auf Veränderungen im Verhalten und in der Stimmung ihres Kindes achten, die darauf hindeuten könnten, dass es unter Mobbing leidet. Offenheit und vertrauensvolle Beziehungen in der Familie tragen dazu bei, dass sich das Kind wohl fühlt, seine Probleme zu besprechen und Unterstützung zu suchen.

Darüber hinaus können Eltern ihrem Kind helfen, Selbstverteidigungs- und Durchsetzungsfähigkeiten zu entwickeln, damit es angemessen auf Mobbing-Situationen reagieren kann. Dazu kann gehören, dass Sie Ihrem Kind beibringen, Grenzen zu setzen, seine Gefühle und Bedürfnisse klar und selbstbewusst auszudrücken, und ihm beibringen, sich Unterstützung von Erwachsenen zu holen, wenn es sich bedroht fühlt.

Daher spielt die Unterstützung durch Eltern und andere Erwachsene eine wichtige Rolle, um Kinder vor Mobbing zu schützen und ihnen bei der Entwicklung von Selbstverteidigungsfähigkeiten und der Anpassung an schwierige Situationen zu helfen.

3. Förderung der Zusammenarbeit mit der Institution:

- Stellen Sie eine offene Kommunikation mit Lehrern und der Schulleitung her: Eltern sollten sich der Situation ihres Kindes in der Schule bewusst sein und bereit sein, bei Problemen mit der Schule zusammenzuarbeiten.

Die Zusammenarbeit zwischen Eltern und einer Bildungseinrichtung wie einer Schule spielt eine wichtige Rolle bei der Schaffung eines positiven Bildungsumfelds für Kinder. Eine offene Kommunikation zwischen Eltern und Lehrkräften sowie der Schulleitung ist ein zentraler Aspekt einer erfolgreichen Zusammenarbeit.

Zunächst müssen Eltern darüber informiert werden, was in der Schule passiert und wie das Umfeld für ihre Kinder ist. Dazu gehören regelmäßige Updates über den Lernprozess, aktuelle Ereignisse und mögliche Probleme, auf die Studierende stoßen können. Diese offene Kommunikation hilft Eltern, sich in das Schulleben eingebunden zu fühlen und aktiv am Bildungsprozess ihrer Kinder teilzunehmen.

Wenn Probleme oder Schwierigkeiten auftreten, ist es wichtig, dass Eltern und Bildungseinrichtung zusammenarbeiten, um diese zu lösen. Dabei kann es darum gehen, das Problem zu besprechen, die Ursachen zu identifizieren und gemeinsam Lösungen zu finden. Eltern können wertvolle Ideen und Vorschläge einbringen, und die Einrichtung kann Ressourcen und Unterstützung bei der Umsetzung bereitstellen.

Darüber hinaus trägt eine offene Kommunikation dazu bei, eine Atmosphäre des Vertrauens und des gegenseitigen Respekts zwischen Eltern und Bildungseinrichtung zu schaffen. Dies schafft die Grundlage für eine effektive Zusammenarbeit und die erfolgreiche Erreichung gemeinsamer Bildungsziele.

Daher spielt die Etablierung einer offenen Kommunikation zwischen Eltern und Bildungseinrichtung eine wichtige Rolle bei der Gewährleistung einer qualitativ hochwertigen Bildung und des Wohlergehens der Kinder. Es fördert den Aufbau von Partnerschaften und die Schaffung von Bedingungen für das erfolgreiche Lernen und die Entwicklung jedes einzelnen Schülers.

- Fördern Sie ein sicheres Schulumfeld: Unterstützen Sie aktiv Programme und Initiativen, um Mobbing in der Schule zu verhindern und ein unterstützendes und freundliches Umfeld für alle Schüler zu schaffen.

Die Schaffung einer sicheren Schulumgebung ist einer der Schlüsselaspekte für eine positive Bildungsatmosphäre. Eltern können aktiv zu diesem Prozess beitragen, indem sie verschiedene Programme und Initiativen unterstützen, die darauf abzielen, Mobbing vorzubeugen und ein freundliches Umfeld für alle Schüler zu schaffen.

Erstens können Eltern schulische Anti-Mobbing-Programme unterstützen, wie z. B. Training der emotionalen Intelligenz, Friendly School-Kurse, Programme zur sozialen Anpassung usw. Die Teilnahme der Eltern an solchen Veranstaltungen unterstützt nicht nur die Schulgemeinschaft, sondern zeigt den Kindern auch, wie wichtig es ist, Negativität zu bekämpfen Phänomene in der Gesellschaft.

Darüber hinaus können sich Eltern für zusätzliche Ressourcen und Dienstleistungen in der Schule einsetzen, um Kinder bei der Bewältigung von Mobbingproblemen zu unterstützen. Dies kann die Organisation zusätzlicher Konsultationen mit Psychologen oder Sozialarbeitern, die Gründung von Selbsthilfegruppen für Kinder sowie die Durchführung von Runden Tischen und Diskussionen unter Beteiligung von Eltern, Lehrern und Schulleitung umfassen.

Es ist auch wichtig, aktiv mit Lehrern und der Schulverwaltung zu interagieren und Ihre Bedenken und Vorschläge zur Verbesserung der Sicherheit und des Wohlbefindens von Kindern zu äußern. Eltern können bei Eltern-Lehrer-Treffen Diskussionen über Sicherheitsthemen anstoßen und ihre Ideen und Lösungsansätze zur Verbesserung der Situation in der Schule einbringen.

Daher spielen Eltern eine wichtige Rolle bei der Schaffung eines sicheren Schulumfelds, indem sie verschiedene Programme und Initiativen unterstützen und aktiv mit Lehrern und der Schulverwaltung interagieren. Ihre Teilnahme trägt zur Bildung einer positiven Bildungserfahrung für alle Schüler bei und hilft, die Probleme von Mobbing und anderen negativen Phänomenen zu überwinden.

4. Förderung eines offenen Dialogs:

- Halten Sie die Kommunikation mit Ihrem Kind aufrecht: Es ist wichtig, dass es das Gefühl hat, dass es alle Probleme oder Bedenken im Zusammenhang mit Mobbing oder anderen schwierigen Situationen frei mit Ihnen besprechen kann.

Ein offener Dialog mit Ihrem Kind ist ein wichtiger Aspekt bei der Vorbeugung und Überwindung von Mobbing. Kinder sollten wissen, dass sie alle Probleme, Sorgen oder unangenehmen Situationen, denen sie in der Schule oder außerhalb der Schule begegnen, frei mit ihren Eltern besprechen können.

Eltern können eine Atmosphäre der Offenheit und des Vertrauens schaffen, in der sich das Kind wohl fühlt, seine Gedanken und Gefühle auszudrücken. Es ist wichtig, aufmerksam zuzuhören, ohne zu urteilen, zu kritisieren oder negativ zu reagieren. Das Kind sollte wissen, dass seine

Eltern es in jeder Situation immer unterstützen und helfen werden.

Eltern können mit ihrem Kind aktiv Gespräche darüber initiieren, wie sein Schulalltag verläuft, welche Freunde es hat und welche Ereignisse im Unterricht passieren. Es ist wichtig, offene Fragen zu stellen, die es Ihrem Kind ermöglichen, seine Gedanken und Gefühle frei auszudrücken.

Eltern können auch mit Lehrern und anderen Eltern in Kontakt bleiben, um auf dem Laufenden zu bleiben, was in der Schule vor sich geht und welche Probleme bei ihren Kindern auftreten können. Dadurch können Eltern schnell auf unangenehme Situationen reagieren und ihr Kind unterstützen.

Es ist wichtig, sich daran zu erinnern, dass der offene Dialog ein wechselseitiger Prozess ist und Eltern nicht nur bereit sein müssen, dem Kind zuzuhören, sondern ihm auch Unterstützung, Rat und Hilfe bei der Lösung auftretender Probleme anzubieten. Nur so kann eine vertrauensvolle Beziehung entstehen, die dem Kind hilft, sich in allen Situationen beschützt und unterstützt zu fühlen.

- Ermutigen Sie Ihr Kind, über seine Erfahrungen zu sprechen: Helfen Sie ihm, seine Gefühle und Gedanken zum Thema Mobbing auszudrücken und unterstützen Sie es bei der Problemlösung.

Es ist wichtig, Ihr Kind zu ermutigen, über seine Erfahrungen zu sprechen, um Vertrauen aufzubauen und ihm bei der Bewältigung von Mobbingproblemen zu helfen.

Erstens sollten Eltern Interesse am Leben ihres Kindes zeigen und es in allen Situationen tatkräftig unterstützen. Dies kann durch regelmäßige Gespräche gezeigt werden, in denen das Kind über seinen Tag, Erlebnisse in der Schule oder Zeit mit Freunden sprechen kann. Es ist wichtig, dass das Kind weiß, dass seine Meinungen und Gefühle für seine Eltern wichtig sind.

Wenn ein Kind dann mit einer Mobbing-Situation konfrontiert wird, sollten Eltern Verständnis und Empathie für seine Erfahrungen zeigen. Es ist wichtig, ihm zuzuhören, ihn zu unterstützen und mögliche Lösungen für das Problem zu besprechen. Das Kind sollte das Gefühl haben, dass es seine Gefühle und Gedanken frei äußern kann, ohne Angst vor Urteil oder Kritik zu haben.

Eltern können ihrem Kind auch helfen, seine Gefühle und Gedanken auszudrücken, indem sie es zum Kommunizieren und Schreiben ermutigen. Dies kann durch Tagebuchführung, Zeichnen oder andere kreative Methoden geschehen. Die Hauptsache ist, dass das Kind das Gefühl hat, dass seine Gedanken und Gefühle wichtig sind und ausgedrückt werden können.

Es ist wichtig zu bedenken, dass Eltern bereit sein müssen, das Kind nicht nur emotional, sondern auch praktisch zu unterstützen. Wenn die Situation ernst wird, sollten Eltern Hilfe bei Lehrern, Schulleitungen oder anderen Fachkräften suchen, die auf die Unterstützung von Kindern bei

Mobbing spezialisiert sind.

Zusammen können diese Strategien einem Kind helfen, zu lernen, Grenzen zu setzen, seine Rechte geltend zu machen und effektiv und selbstbewusst mit Mobbingsituationen umzugehen.

Die Entwicklung sozialer Anpassungs- und Kommunikationsfähigkeiten spielt eine Schlüsselrolle im Leben eines Menschen, angefangen in der frühen Kindheit bis hin zum gesamten Leben. Diese Fähigkeiten ermöglichen es einer Person, erfolgreich mit anderen zu interagieren, Beziehungen aufzubauen, Konflikte zu lösen und ihre Ziele zu erreichen. Betrachten wir die Hauptaspekte der Entwicklung dieser Fähigkeiten:

1. Empathie und Verständnis für die Gefühle anderer: Die Fähigkeit, die Emotionen und Gefühle anderer zu verstehen, ist die Grundlage erfolgreicher Kommunikation. Die Entwicklung von Empathie beginnt in der Kindheit und erfordert die Bemühungen von Eltern und Lehrern. Den Kindern sollen Emotionen beigebracht werden, sie besprechen und lernen, sich in die Lage anderer Menschen zu versetzen.

Empathie oder die Fähigkeit, die Gefühle anderer Menschen zu verstehen und zu teilen, spielt eine Schlüsselrolle in der Kommunikation und zwischenmenschlichen Beziehungen. Es ermöglicht uns, die Welt mit den Augen anderer Menschen wahrzunehmen und effektiv mit ihnen zu interagieren. Die Entwicklung von Empathie beginnt in der frühen Kindheit und setzt sich ein Leben lang fort.

Es ist wichtig, dass Kinder lernen, Emotionen sowohl bei sich selbst als auch bei anderen zu erkennen. Eltern und Lehrer können Kindern dabei helfen, indem sie verschiedene Situationen und die dadurch hervorgerufenen Emotionen besprechen. Sie können zum Beispiel mit Ihrem Kind besprechen, wie es sich fühlt, wenn ihm sein Spielzeug von einem anderen Kind weggenommen wird, und wie andere Kinder sich in ähnlichen Situationen fühlen könnten.

Ein weiterer wichtiger Aspekt bei der Entwicklung von Empathie ist die Fähigkeit, sich in die Lage anderer Menschen zu versetzen. Kinder können Situationen aus verschiedenen Perspektiven erkunden, indem sie sich selbst als andere Menschen vorstellen. Sie könnten zum Beispiel darüber nachdenken, wie sie sich fühlen würden, wenn ihnen ihr Spielzeug weggenommen würde, oder wie sich ein anderes Kind fühlen würde, wenn ihnen das Spielzeug weggenommen würde.

Empathie zu entwickeln erfordert Übung und ständige Aufmerksamkeit. Es ist wichtig, einen offenen Dialog mit Kindern zu führen, sie zu ermutigen, ihre Gefühle und Gedanken auszudrücken und bereit zu sein, ihnen in schwierigen Situationen zuzuhören und sie zu unterstützen. Die Interaktion mit verschiedenen Menschen und die Kommunikation in unterschiedlichen sozialen Situationen tragen auch dazu bei, Empathie zu entwickeln, da Kinder lernen, die Vielfalt menschlicher Emotionen und Reaktionen zu verstehen.

2. Zuhör- und Respektfähigkeiten: Die Fähigkeit, zuzuhören und die Meinungen anderer zu respektieren, ist für eine effektive Interaktion notwendig. Kindern muss beigebracht werden, aktiv zuzuhören, Fragen zu stellen und ihre Meinung zu äußern, ohne die Rechte und Gefühle anderer zu verletzen.

Zuhören und Respekt spielen eine Schlüsselrolle im erfolgreichen Umgang mit anderen. Dies ist besonders wichtig für Kinder, da es ihnen nicht nur hilft, andere besser zu verstehen, sondern auch gute Beziehungen zu anderen aufzubauen.

Die Fähigkeit, jemandem, mit dem man spricht, aktiv zuzuhören, bedeutet nicht nur, physisch anwesend zu sein und zuzuhören, was er sagt, sondern auch aufmerksam auf seine Gedanken und Gefühle zu achten. Eltern und Lehrer können Kindern dabei helfen, diese Fähigkeit zu entwickeln, indem sie ihnen beibringen, nicht nur aufmerksam zuzuhören, sondern auch Fragen zu stellen, um das Gesagte besser zu verstehen und Interesse am Gespräch zu zeigen.

Zum Respekt vor der Meinung anderer gehört es, deren Recht auf ihre Meinung anzuerkennen und diese Meinung zu respektieren, auch wenn diese nicht mit der eigenen übereinstimmt. Kindern sollte beigebracht werden, dass jeder das Recht auf eine eigene Meinung hat und dass es wichtig ist, diese Meinung anzuhören und zu respektieren, auch wenn sie uns seltsam oder unverständlich erscheint.

Es ist auch wichtig, Kindern beizubringen, ihre Gedanken und Meinungen auszudrücken, ohne die Rechte und Gefühle anderer zu verletzen. Dazu gehört die Fähigkeit, sich klar und konstruktiv auszudrücken sowie die Bereitschaft zum Dialog und zur offenen Diskussion unterschiedlicher Standpunkte.

Das Üben dieser Fähigkeiten beginnt in der frühen Kindheit und erfordert ständige Unterstützung und Anleitung durch Erwachsene. Je mehr Kinder lernen, anderen zuzuhören und sie zu respektieren, desto besser können sie mit Konflikten umgehen und gute Beziehungen zu anderen aufbauen.

3. Entwicklung der Kommunikationsfähigkeiten: Dazu gehört die Fähigkeit, Ihre Gedanken und Gefühle verständlich auszudrücken, geeignete Worte zu wählen und Ihre Gedanken klar und konkret zu formulieren. Dies hilft, Missverständnisse und Konflikte in der Kommunikation zu vermeiden.

Die Entwicklung von Kommunikationsfähigkeiten spielt in allen Lebensbereichen eines Menschen bereits in jungen Jahren eine wichtige Rolle. Diese Fähigkeiten helfen uns, effektiv mit anderen zu kommunizieren, unsere Gedanken und Gefühle auszudrücken, Probleme zu lösen und Ziele zu erreichen.

Die Fähigkeit, Ihre Gedanken und Gefühle in verständlicher Form auszudrücken, ist die Grundlage erfolgreicher Kommunikation. Dazu gehört es, die richtigen Worte zu wählen, Ihre Gedanken klar und konkret zu artikulieren und Ihre Sprache und Ihren Kommunikationsstil an Ihr Publikum anzupassen.

Kommunikationsfähigkeiten helfen, Missverständnisse und Konflikte in der Kommunikation zu vermeiden. Wenn wir uns klar und deutlich ausdrücken, verringern wir die Wahrscheinlichkeit, dass unsere Worte falsch interpretiert und unsere Absichten klargestellt werden. Darüber hinaus hilft Ihnen die Fähigkeit, effektiv zu kommunizieren, tiefere und produktivere Beziehungen zu anderen Menschen aufzubauen.

Die Entwicklung von Kommunikationsfähigkeiten erfordert Übung und Feedback. Erwachsene können Kindern dabei helfen, indem sie sie ermutigen, sich zu äußern, Fragen zu stellen und einen Dialog zu führen. Rollenspiele, Diskussionen über Bücher und Filme und die Teilnahme an Bildungsaktivitäten können großartige Möglichkeiten sein, Kommunikationsfähigkeiten zu trainieren.

Es ist auch wichtig, die individuellen Eigenschaften jedes Kindes zu berücksichtigen und die Entwicklung seiner Kommunikationsfähigkeiten unter Berücksichtigung seiner Bedürfnisse und Fähigkeiten anzugehen. Je früher Kinder beginnen, diese Fähigkeiten zu entwickeln, desto besser werden sie zukünftige Kommunikationsherausforderungen bewältigen können.

4. Konfliktmanagement: Die Fähigkeit, Konflikte friedlich und konstruktiv zu lösen, ist ein wichtiger Aspekt gesellschaftlicher Anpassung. Den Kindern sollten Konfliktlösungsstrategien beigebracht werden, z. B. die Suche nach Kompromissen, die Akzeptanz anderer Standpunkte und die Suche nach Lösungen, die alle Parteien zufriedenstellen.

Konfliktmanagement spielt eine Schlüsselrolle für die Entwicklung sozialer Kompetenzen von Kindern und für gesunde Beziehungen zu anderen. Durch diesen Prozess lernen Kinder, Meinungsverschiedenheiten friedlich und effektiv beizulegen, was für ihre erfolgreiche Integration in die Gesellschaft wichtig ist.

Den Kindern sollten Konfliktlösungsstrategien vermittelt werden, damit sie angespannte Situationen effektiv bewältigen und einvernehmliche Lösungen finden können. Eine der Schlüsselstrategien ist die Suche nach einem Kompromiss, bei dem beide Seiten bereit sind, Zugeständnisse zu machen, um eine Einigung zu erzielen. Dies vermittelt Kindern die Flexibilität des Denkens und das Verständnis dafür, dass es nicht immer möglich ist, sein Ziel vollständig zu erreichen, sondern dass es wichtig ist, einen Interessenausgleich zu finden.

Es ist auch wichtig, Kindern die Fähigkeit zu vermitteln, andere Standpunkte zu akzeptieren und die Positionen anderer Menschen zu verstehen. Dies trägt dazu bei, ihr Einfühlungsvermögen und ihr

Verständnis für die Meinungsvielfalt in der Gesellschaft zu entwickeln. Die Fähigkeit, der Position des Gesprächspartners aktiv und respektvoll zuzuhören, hilft, gegenseitiges Verständnis aufzubauen und Konflikte zu reduzieren.

Es ist auch wichtig, den Kindern beizubringen, nach Lösungen zu suchen, die alle Seiten zufriedenstellen. Dies erfordert kreatives Denken und die Bereitschaft, nach alternativen Wegen zur Zielerreichung zu suchen. Gleichzeitig ist es wichtig, den Kindern beizubringen, nicht nur ihre eigenen Interessen zu berücksichtigen, sondern auch die Bedürfnisse und Wünsche anderer Menschen zu berücksichtigen.

Das Erlernen des Umgangs mit Konflikten erfordert Geduld und Verständnis seitens der Erwachsenen. Es ist wichtig, Kinder in ihren Bemühungen zu unterstützen und ihnen dabei zu helfen, Fähigkeiten zur Problemlösung zu entwickeln, die ihnen in der Zukunft zugute kommen.

5. Selbstvertrauen entwickeln: Selbstvertrauen spielt eine Schlüsselrolle für eine erfolgreiche Kommunikation. Kinder müssen in ihren Bemühungen ermutigt und unterstützt werden und dabei unterstützt werden, Fähigkeiten zur Selbstpräsentation und zur Anpassung an verschiedene Situationen zu entwickeln.

Die Entwicklung des Selbstvertrauens von Kindern ist ein wichtiger Aspekt ihrer sozialen und psychologischen Vorbereitung auf das Leben. Selbstbewusste Kinder kommunizieren leichter mit anderen, zeigen Führungsqualitäten und meistern die Herausforderungen des Lebens erfolgreicher.

Eine der wichtigsten Methoden zur Entwicklung von Selbstvertrauen besteht darin, Kinder in ihren Bemühungen zu ermutigen und zu unterstützen. Eltern und Erzieher müssen die Bemühungen der Kinder unabhängig von ihrer Leistung anerkennen und wertschätzen und ihnen helfen, die für den Erfolg wichtigen Fähigkeiten zu entwickeln. Unterstützung in Form von Lob, Respekt und Vertrauen trägt dazu bei, Vertrauen in die eigenen Fähigkeiten und Möglichkeiten aufzubauen.

Es ist auch wichtig, Kindern dabei zu helfen, Fähigkeiten zur Selbstdarstellung und zur Anpassung an verschiedene Situationen zu entwickeln. Dazu gehört das Lernen, Gedanken und Gefühle effektiv auszudrücken, mit neuen Menschen in Kontakt zu treten und mit Veränderungen in der Umgebung umzugehen. Das Üben von Kommunikationsfähigkeiten und die Teilnahme an verschiedenen gesellschaftlichen Veranstaltungen hilft Kindern, sich in verschiedenen Situationen sicherer und wohler zu fühlen.

Schließlich ist es wichtig, sich daran zu erinnern, dass sich Selbstvertrauen schrittweise entwickelt und Zeit und Geduld erfordert. Eltern und Lehrer sollten den Kindern geduldig und unterstützend dabei helfen, Schwierigkeiten zu überwinden und nach Selbstverbesserung zu streben. Positives Feedback und Motivation tragen dazu bei, dass das

Vertrauen des Kindes in sich selbst und seine Fähigkeiten stetig wächst.

6. Teilnahme an sozialen Gruppen und Aktivitäten: Die Teilnahme an sozialen Gruppen, Teamprojekten und gesellschaftlichen Veranstaltungen trägt zur Entwicklung von Fähigkeiten in Teamarbeit, Zusammenarbeit und Kommunikation mit verschiedenen Menschen bei.

Die Teilnahme an sozialen Gruppen und Aktivitäten spielt eine wichtige Rolle für die Entwicklung sozialer Kompetenzen bei Kindern und Jugendlichen. Dies bietet ihnen die Möglichkeit, den Umgang mit verschiedenen Menschen zu erlernen und Teamarbeit, Kooperations- und Kommunikationsfähigkeiten zu entwickeln.

Erstens hilft die Teilnahme an sozialen Gruppen und Teamprojekten Kindern und Jugendlichen, die Arbeit im Team zu erlernen. Sie lernen, mit anderen umzugehen, Konflikte zu lösen, Beziehungen aufzubauen und gemeinsame Ziele zu erreichen. Dies sind wichtige Fähigkeiten, die ihnen in allen Lebensbereichen von Nutzen sein werden, von der Schule bis zur beruflichen Laufbahn.

Darüber hinaus trägt die Teilnahme an gesellschaftlichen Veranstaltungen zur Entwicklung der Kommunikationsfähigkeiten bei. Kinder lernen, ihre Gedanken und Gefühle auszudrücken, anderen zuzuhören, Fragen zu stellen und ihre Meinung zu äußern. Sie lernen auch, sich an unterschiedliche Situationen und Zielgruppen anzupassen, was ihnen hilft, selbstbewusster und anpassungsfähiger zu kommunizieren.

Die Teilnahme an sozialen Gruppen trägt auch dazu bei, Empathie und Verständnis für andere Menschen zu entwickeln. Durch die Interaktion mit unterschiedlichen Menschen lernen Kinder und Jugendliche, sich in die Lage anderer zu versetzen und deren Emotionen und Gefühle zu verstehen. Dies hilft ihnen, tiefere und bessere Beziehungen zu anderen aufzubauen.

Daher ist die Teilnahme an sozialen Gruppen und Aktivitäten nicht nur eine Möglichkeit, Zeit zu verbringen, sondern auch ein wichtiges Instrument zur Entwicklung sozialer Kompetenzen, von denen Kinder und Jugendliche ein Leben lang profitieren.

Die Entwicklung dieser Fähigkeiten beginnt in der Familie und im Kindergarten, setzt sich in der Schule und an der Universität fort und erfolgt dann lebenslang durch Erfahrung und Selbstbildung. Eine besondere Rolle bei der Ausbildung dieser Fähigkeiten spielen Bildungsprogramme, Trainings und Veranstaltungen zur Entwicklung sozialer Kompetenz.

Der Einsatz von Spielen und Vorbildern ist eine wirksame Methode, um Kindern und Jugendlichen Konfliktlösungskompetenzen zu vermitteln. Durch diesen Ansatz können Kinder lernen, Probleme zu lösen, miteinander zu interagieren und Kommunikationsfähigkeiten zu entwickeln, während sie in einer sicheren und kontrollierten Umgebung spielen. Schauen wir uns genauer an, wie das funktioniert:

- Konfliktsimulationen erstellen: Durch Spiele und Vorbilder können

Kinder verschiedene Rollen schlüpfen und unterschiedliche Konfliktszenarien erleben. Dadurch können sie die Motivationen und Perspektiven anderer Menschen besser verstehen, was zur Entwicklung von Empathie und Verständnis beiträgt.

Spiele und Vorbilder bieten Kindern die Möglichkeit, verschiedene Rollen und Szenarien zu erleben, in denen sie möglicherweise auf Konflikte stoßen. Dadurch können sie die Gefühle und Motive anderer Menschen sowie die Konsequenzen ihres Handelns verstehen. Beim Spielen können Kinder mit verschiedenen Konfliktlösungsstrategien experimentieren und die Ergebnisse ihres Handelns beobachten.

Einer der Schlüsselaspekte dieser Methode ist der sichere Spielraum, der es Kindern ermöglicht, sich auszudrücken, ohne Angst vor Urteilen oder negativen Konsequenzen haben zu müssen. Dies hilft Kindern, Selbstwertgefühl und Selbstvertrauen zu entwickeln, da sie erkennen, dass ihre Gedanken und Gefühle wichtig sind und respektiert werden.

Nach dem Ende des Spiels hilft die Diskussion und Analyse der stattgefundenen Ereignisse den Kindern, die Lektionen zu lernen und sie im wirklichen Leben anzuwenden. Diese Phase spielt eine wichtige Rolle im Lernprozess, da sie den Kindern hilft, ihre Erfahrungen in die Praxis umzusetzen und soziale Interaktionsfähigkeiten in realen Situationen zu entwickeln.

Daher ist die Simulation von Konfliktsituationen durch Spiele und Vorbilder eine wirksame Methode zur Entwicklung sozialer Kompetenzen bei Kindern, da sie ihre emotionale und intellektuelle Entwicklung fördert und ihnen hilft, Probleme und Konflikte im Leben effektiv zu lösen.

- Entscheidungspraxis: Beim Spielen werden Kinder vor Entscheidungen gestellt und gezwungen, Entscheidungen zu treffen. Dies hilft ihnen, Fähigkeiten zu entwickeln, Situationen zu analysieren, Alternativen zu bewerten und fundierte Entscheidungen zu treffen.

Beim Spielen stehen Kinder oft vor der Notwendigkeit, Entscheidungen zu treffen. Dieser Prozess ist nicht nur unterhaltsam, sondern hat auch lehrreiches Potenzial. Erstens bieten Spiele den Kindern die Möglichkeit, auf verschiedene Situationen zu stoßen, in denen sie zwischen verschiedenen Handlungsoptionen wählen müssen. Solche Situationen können mit Konfliktlösung, Problemlösung oder der Wahl einer Strategie oder Taktik im Spiel verbunden sein.

Um Entscheidungen in Spielen zu treffen, müssen Kinder in der Lage sein, eine Situation zu analysieren, mögliche Alternativen zu bewerten und die möglichen Konsequenzen ihres Handelns vorherzusehen. Beispielsweise müssen Kinder bei Strategiespielen nicht nur die aktuelle Position, sondern auch die möglichen Bewegungen des Gegners berücksichtigen, um die beste Wahl zu treffen. Dadurch entwickeln sie ihr kritisches Denken und ihre Fähigkeit, die Konsequenzen ihrer Entscheidungen vorherzusehen.

Darüber hinaus schaffen Spiele oft Situationen, in denen Entscheidungen unter Bedingungen begrenzter Zeit oder Ressourcen getroffen werden müssen. Dadurch lernen Kinder, unter Stress und Druck fundierte Entscheidungen zu treffen.

Das Spielformat fördert zudem die aktive Beteiligung der Kinder am Entscheidungsprozess. Anders als bei pädagogischen Aufgaben, bei denen Entscheidungen oft individuell getroffen werden, können Kinder bei Spielen gemeinsam Optionen besprechen und in der Gruppe eine Einigung erzielen. Dies trägt zur Entwicklung von Team- und Kooperationsfähigkeiten bei.

Daher hat die Praxis der Entscheidungsfindung durch Spiele viele pädagogische Vorteile und hilft Kindern dabei, analytische Fähigkeiten, kritisches Denken, die Fähigkeit, Konsequenzen vorherzusagen und in Teams zu arbeiten, zu entwickeln.

- Entwicklung der Kommunikationsfähigkeiten: Spiele und Vorbilder regen die Kommunikation zwischen den Teilnehmern an, was ihnen hilft, ihre Kommunikationsfähigkeiten zu verbessern, die Standpunkte anderer zu berücksichtigen und sich klarer und selbstbewusster auszudrücken.

Spiele und Vorbilder sind hervorragende Werkzeuge zur Entwicklung der Kommunikationsfähigkeiten von Kindern. Während des Spiels interagieren die Kinder aktiv miteinander, kommunizieren, äußern ihre Gedanken und Ideen. Sie lernen, einander zuzuhören, die Standpunkte anderer zu berücksichtigen und Gemeinsamkeiten zu finden.

Einer der Schlüsselaspekte bei der Entwicklung von Kommunikationsfähigkeiten in Spielen ist die Notwendigkeit, Ihre Aktionen und Strategien zu erklären. Kinder werden gezwungen, ihre Gedanken zu äußern und über ihre Pläne zu sprechen, was eine klare und präzise Darstellung erfordert. Dies trägt dazu bei, sichere und effektive Kommunikationsfähigkeiten zu entwickeln.

Rollenspiele sind besonders nützlich, um Empathiefähigkeit und Verständnis für andere Menschen zu entwickeln. Beim Spielen schlüpfen die Kinder in die Rollen verschiedener Charaktere und erleben deren Emotionen, Motive und Perspektiven. Dadurch können sie die Gefühle und Gedanken anderer Menschen besser verstehen, was ein wichtiger Aspekt erfolgreicher Kommunikation ist.

Darüber hinaus helfen Spiele den Kindern, aktives Zuhören zu entwickeln. Sie lernen, ihren Gesprächspartnern aufmerksam zuzuhören, Fragen zu stellen und Interesse an deren Meinungen zu zeigen. Dies ist wichtig, um in der Kommunikation eine Atmosphäre des gegenseitigen Verständnisses und des Respekts zu schaffen.

Daher spielen Spiele und Vorbilder eine wichtige Rolle bei der Entwicklung der Kommunikationsfähigkeiten von Kindern und helfen ihnen, selbstbewusster, einfühlsamer und kompetenter in der

Kommunikation mit anderen zu werden.

- Erfahrungsbasiertes Lernen: Durch Spiele können Kinder und Jugendliche mit verschiedenen Konfliktlösungsstrategien experimentieren und die Ergebnisse ihres Handelns sehen. Diese praktischen Lernerfahrungen sind oft effektiver als die bloße Diskussion theoretischer Konzepte.

Spiele spielen im Lernprozess von Kindern und Jugendlichen eine wichtige Rolle, insbesondere wenn es um die Entwicklung von Konfliktlösungskompetenzen geht. Einer der Hauptaspekte, die Spiele zu einer effektiven Lernmethode machen, besteht darin, dass sie es Kindern und Jugendlichen ermöglichen, durch Erfahrung zu lernen.

Im Spiel können Kinder und Jugendliche mit verschiedenen Konfliktlösungsstrategien experimentieren und die Ergebnisse ihres Handelns direkt sehen. Beispielsweise können sie in Rollenspielen verschiedene Ansätze zur Lösung von Konfliktsituationen ausprobieren und beobachten, welche Konsequenzen zu einer bestimmten Lösung führen.

Diese praktischen Lernerfahrungen sind oft effektiver als die bloße Diskussion theoretischer Konzepte. Wenn Kinder die Möglichkeit haben, das Gelernte direkt in realen Situationen anzuwenden, merken sie sich den Stoff besser und gewinnen ein tieferes Verständnis für seine Bedeutung.

Darüber hinaus schaffen Spiele eine angenehme und sichere Umgebung, in der Kinder experimentieren und Fehler machen können, ohne negative Konsequenzen befürchten zu müssen. Dadurch können sie Vertrauen in sich selbst und ihre Fähigkeiten entwickeln und aus ihren Fehlern lernen.

Daher ist der Einsatz von Spielen zur Vermittlung von Konfliktlösungsfähigkeiten eine wirksame Methode, die es Kindern und Jugendlichen ermöglicht, durch Erfahrung zu lernen und die praktischen Fähigkeiten zu entwickeln, die für eine erfolgreiche soziale Anpassung erforderlich sind.

- Interesse und Motivation aufrechterhalten: Spiele und Vorbilder machen Kindern in der Regel mehr Spaß und sind interessanter, sodass sie sich eher aktiv beteiligen und Lernmaterialien annehmen.

Spiele und Vorbilder spielen eine Schlüsselrolle, um das Interesse und die Motivation von Kindern zum Lernen aufrechtzuerhalten. Diese Unterrichtsmethode bietet Kindern nicht nur eine einzigartige Möglichkeit, durch Erfahrung zu lernen, sondern schafft auch ein anregendes und spannendes Umfeld, das zur aktiven Teilnahme anregt.

Im Gegensatz zu herkömmlichen Lehrmethoden, die langweilig und eintönig wirken können, machen Spiele und Vorbilder für Kinder in der Regel mehr Spaß und sind interessanter. Durch das Spielen können Kinder verschiedene Rollen übernehmen, neue Szenarien erkunden und mit der Welt um sie herum interagieren, wodurch das Lernen lebendiger und spannender wird.

Darüber hinaus ermöglichen Spiele den Kindern, aktiv zu sein und Entscheidungen zu treffen, was ihre Teilnahme und Aktivität am Lernprozess anregt. Wenn Kinder das Gefühl haben, dass sie die Kontrolle über das Geschehen haben und die Möglichkeit haben, den Ausgang des Spiels zu beeinflussen, steigt ihre Lernmotivation deutlich.

Es ist auch wichtig zu beachten, dass Spiele dazu beitragen, Kreativität, Vorstellungskraft und kritisches Denken bei Kindern zu entwickeln. Während des Spiels sind sie gezwungen, neue Ideen zu entwickeln, ungewöhnliche Lösungen zu finden und die Ergebnisse ihrer Handlungen zu analysieren, was zu ihrer intellektuellen Entwicklung beiträgt.

So macht der Einsatz von Spielen und Vorbildern im Unterricht nicht nur den Lernprozess unterhaltsamer und interessanter, sondern unterstützt auch wirksam die Lernmotivation der Kinder und trägt zu ihrer ganzheitlichen Entwicklung bei.

Die Vermittlung von Konfliktlösungskompetenzen durch Spiele und Vorbilder ermöglicht es Kindern und Jugendlichen, die für eine erfolgreiche Anpassung an die Gesellschaft notwendigen sozialen Kompetenzen effektiv zu entwickeln.

Kapitel 7.
Wie man einem Kind hilft, das Opfer von Mobbing geworden ist.

Um effektiv mit Ihrem Kind über Mobbing zu kommunizieren und die Fakten zu ermitteln, sind Geduld, Aufmerksamkeit und Unterstützung erforderlich. Hier sind einige Schritte, die Sie unternehmen können:

1. Schaffen Sie eine offene und vertrauensvolle Atmosphäre : Geben Sie Ihrem Kind Zeit und Raum, seine Gedanken und Gefühle ohne Angst oder Einengung auszudrücken. Betonen Sie, dass Sie bereit sind, zuzuhören und zu helfen.

Der Aufbau einer offenen und vertrauensvollen Atmosphäre mit Ihrem Kind spielt eine entscheidende Rolle bei der Kommunikation über Probleme, einschließlich Mobbing. So können Sie diesen Aspekt ergänzen:

- Einen sicheren Raum schaffen: Es ist wichtig, dem Kind zu versichern, dass alle seine Gedanken, Gefühle und Ängste ohne Einschränkung oder Wertung akzeptiert werden. Das Kind muss das Gefühl haben, dass seine Probleme wichtig sind und dass es seine Gefühle sicher ausdrücken kann.

- Den Ausdruck von Gefühlen unterstützen: Eltern und Erwachsene sollten bereit sein, dem Kind zuzuhören und seine Gefühle ohne Kritik anzunehmen. Dadurch fühlt sich das Kind verstanden und unterstützt.

- Aktives Zuhören: Es ist wichtig, dem Kind nicht nur zuzuhören, sondern auch aktive Aufmerksamkeit zu zeigen. Dazu gehören Blickkontakt, Mimik und Gestik, die zeigen, dass Sie an dem, was er zu sagen hat, interessiert sind.

- Offene Dialoge: Bieten Sie Ihrem Kind die Möglichkeit, zu einer für es passenden Zeit und an einem geeigneten Ort zu sprechen. Das kann ein Einzelgespräch bei einer Tasse Tee oder ein Spaziergang an der frischen Luft sein, bei dem er sich wohler fühlt.

- Wichtigkeit bestätigen: Betonen Sie, dass seine Meinungen und Gefühle wichtig sind. Das Kind muss wissen, dass seine Stimme gehört und respektiert wird, auch wenn die Meinungen unterschiedlich sind.

- Hilfsbereitschaft: Stellen Sie sicher, dass Ihr Kind versteht, dass Sie in jeder Situation bereit sind, ihm zu helfen. Dazu gehört nicht nur Zuhören, sondern auch konstruktive Unterstützung anzubieten und das Problem gemeinsam zu bearbeiten.

- Betonen Sie die Vertraulichkeit: Erklären Sie Ihrem Kind, dass seine Gespräche mit Ihnen vertraulich bleiben, es sei denn, seine Sicherheit oder Gesundheit ist gefährdet.

- Zeit und Geduld: Bedenken Sie, dass der Aufbau von Vertrauen Zeit und Geduld erfordert. Es kann einige Zeit dauern, bis Ihr Kind sich wohl dabei fühlt, seine Gedanken und Gefühle auszudrücken.

2. Seien Sie einfühlsam: Zeigen Sie Verständnis und Mitgefühl für das Kind. Versuchen Sie, sich in seine Lage zu versetzen und seine Gefühle und Erfahrungen zu verstehen.

Empathie gegenüber einem Kind zeigt nicht nur Verständnis für seine Gefühle, sondern schafft auch eine tiefe Verbindung und Vertrauen. Empathie ermöglicht es uns, die Welt mit den Augen einer anderen Person zu sehen und zu spüren, was sie fühlt. Hier sind einige wichtige Aspekte dieses Themas:

- Aktiv zuhören: Empathie beginnt damit, im Moment präsent zu sein und aufmerksam zuzuhören. Konzentrieren Sie sich auf Ihr Kind, drücken Sie Ihren Respekt aus und bestätigen Sie seine Gefühle.

- Gefühle verstehen: Versuchen Sie, sich in die Lage des Kindes zu versetzen und zu verstehen, wie es sich fühlt. Das bedeutet nicht, dass Sie seinem Standpunkt zustimmen müssen, aber Sie können verstehen, warum er so empfindet.

- Zeigen Sie Ihre Unterstützung: Zeigen Sie Ihrem Kind, dass Sie bei ihm sind und dass seine Gefühle Ihnen wichtig sind. Das können aufmunternde Worte, eine Umarmung oder einfach nur Ihre Anwesenheit sein.

- Unterstützen Sie es angemessen: Die Unterstützung für das Kind sollte seinem Alter und seiner Situation angemessen sein. Sie sollten seine Gefühle nicht übertreiben oder unterschätzen, sondern sie vielmehr bestätigen und ihm helfen, sie zu verstehen.

- Seien Sie geduldig: Empathie braucht Zeit und Geduld. Beeilen Sie sich nicht mit Ratschlägen oder Lösungen, sondern geben Sie Ihrem Kind die Möglichkeit, seine Gefühle auszudrücken und zu verwirklichen.

- Empathie üben: Empathie ist eine Fähigkeit, die entwickelt werden kann. Üben Sie es in Ihrem täglichen Leben und versuchen Sie, andere Menschen, einschließlich Ihres Kindes, zu verstehen und zu unterstützen.

Indem wir dem Kind gegenüber einfühlsam sind, schaffen wir ein gesundes und unterstützendes Umfeld, in dem es sich verstanden und geliebt fühlen kann.

3. Stellen Sie offene Fragen: Versuchen Sie, Fragen zu stellen, die zu offenen Antworten ermutigen, wie zum Beispiel: „Welche Situationen stören Sie?" oder „Wer ist an diesem Problem beteiligt?"

Indem wir offene Fragen stellen, geben wir dem Kind die Möglichkeit, seine Gedanken, Gefühle und Sorgen frei auszudrücken. Hier sind einige wichtige Punkte dieses Ansatzes:

- Offenheit fördern: Offene Fragen sollen das Kind dazu ermutigen, über seine Erfahrungen und Probleme zu sprechen, ohne Angst davor zu haben, beurteilt oder missverstanden zu werden. Dies trägt dazu bei, eine Atmosphäre der Offenheit und des Vertrauens zu schaffen.

- Vertiefung des Verständnisses: Fragen, die mit „Wie", „Warum", „Was" und „Wer" beginnen, helfen Kindern, über ihre Gefühle und die Gründe für ihr Verhalten nachzudenken. Sie fördern ein tiefes Verständnis der Situation und helfen, die Ursache des Problems zu identifizieren.

- Klärung von Informationen: Offene Fragen können dabei helfen, Informationen über das Geschehen zu klären und Einzelheiten der Situation zu ermitteln. Dies ermöglicht es Eltern oder Lehrern, den Kontext des Problems besser zu verstehen und die effektivsten Möglichkeiten zu finden, zu helfen.

- Empathie aufbauen: Indem wir Fragen stellen, die es dem Kind ermöglichen, seine Gefühle und Erfahrungen preiszugeben, zeigen wir unser Einfühlungsvermögen und unsere Unterstützung. Dadurch fühlt sich das Kind verstanden und beschützt.

- Reflexion unterstützen: Die Beantwortung offener Fragen kann die Reflexion und Selbstanalyse des Kindes anregen. Er beginnt, sich seiner Gedanken und Gefühle bewusst zu werden, was zu seinem persönlichen Wachstum und seiner Entwicklung beiträgt.

- Stärkung der Kommunikation: Die Interaktion mit Ihrem Kind durch offene Fragen stärkt die Kommunikationsfähigkeiten und hilft ihm, seine Gedanken klarer und angemessener auszudrücken.

Zusammenfassend lässt sich sagen, dass der Einsatz offener Fragen in der Kommunikation mit einem Kind dazu beiträgt, eine vertrauensvolle Atmosphäre, ein tiefes Verständnis seiner Erfahrungen und die Entwicklung von Empathie bei Erwachsenen zu schaffen.

4. Hören Sie aufmerksam zu: Konzentrieren Sie sich auf das, was Ihr Kind sagt, und zeigen Sie Respekt für seinen Standpunkt. Vermeiden Sie Unterbrechungen und Urteile.

Aufmerksames und respektvolles Zuhören ist der Schlüssel zu einer effektiven Kommunikation mit Ihrem Kind. Hier sind einige wichtige Aspekte dieser Strategie:

- Aktive Präsenz: Indem Sie ganz präsent und auf Ihr Kind eingestellt sind, zeigen Sie ihm Ihre Aufmerksamkeit und Ihr Interesse. Dadurch entsteht eine Atmosphäre des Vertrauens und des Verständnisses.

- Vollständiges Eintauchen in das Gespräch: Konzentrieren Sie sich auf die Worte und Ausdrücke Ihres Kindes, um seinen Standpunkt und seine Gefühle vollständig zu verstehen. Vermeiden Sie Ablenkungen und geistige Abwesenheit.

- Respekt vor dem Standpunkt: Erkennen Sie das Recht des Kindes auf seine eigenen Meinungen und Gefühle an, auch wenn diese von Ihren abweichen. Dies gibt ihm das Gefühl, gehört und respektiert zu werden.

- Vermeiden Sie Unterbrechungen und Urteile: Geben Sie Ihrem Kind die Möglichkeit, seine Gedanken zu Ende zu bringen, ohne es zu unterbrechen oder seine Urteile zu äußern. Dadurch kann er sich wohl fühlen und seine Gedanken frei äußern.

- Unterstützen Sie den emotionalen Ausdruck: Ermöglichen Sie Ihrem Kind, seine Gefühle auszudrücken, ohne Angst vor einem Urteil zu haben. Seien Sie tolerant gegenüber seinen Gefühlen und zeigen Sie, dass Sie bereit sind, ihn in jeder Situation zu unterstützen.

- Klärende Fragen stellen: Um Ihr Verständnis der Situation zu vertiefen, können Sie klärende Fragen stellen, die dazu beitragen, Punkte zu klären, die Schwierigkeiten verursachen, und die Tiefe der Gefühle des Kindes zu offenbaren.

Letztendlich schafft aufmerksames und respektvolles Zuhören ein positives Umfeld für offene Kommunikation, in dem sich das Kind unterstützt und verstanden fühlt.

5. Bestätigen Sie die Gefühle Ihres Kindes: Unterstützen Sie Ihr Kind, indem Sie seine Gefühle und Sorgen bestätigen. Sagen Sie zum Beispiel: „Ich verstehe, dass das für Sie schwierig sein könnte" oder „Das ist wirklich unfair."

Die Bestätigung der Gefühle eines Kindes spielt eine wichtige Rolle beim Aufbau einer emotionalen Verbindung und der Unterstützung seines emotionalen Wohlbefindens. So geht's:

- Verständnis und Empathie: Zeigen Sie Ihrem Kind, dass Sie seine Emotionen und Gefühle verstehen. Dies gibt ihm das Gefühl, akzeptiert und unterstützt zu werden. Sie könnten zum Beispiel sagen: „Ich verstehe, dass Sie Angst haben" oder „Ich denke, das ist eine sehr schwierige Situation für Sie."

- Ängste und Sorgen anerkennen: Wenn Sie Ihre Unterstützung für die Ängste und Sorgen Ihres Kindes zum Ausdruck bringen, fühlt es sich geschützt und verstanden. Du könntest zum Beispiel sagen: „Ich verstehe, dass dir das Angst macht" oder „Ich verstehe, warum du dir Sorgen machst."

- Unterstützung durch Anerkennung von Unrecht: Manchmal fühlt sich ein Kind beleidigt oder ungerecht behandelt. Es ist wichtig, diese Gefühle anzuerkennen und zu bestätigen. Du könntest zum Beispiel sagen: „Es tut mir so leid, dass dir das passiert ist" oder „Ich verstehe, dass das nicht fair erscheint."

- Verwendung geeigneter Wörter und Ausdrücke: Es ist wichtig, Wörter zu wählen, die den emotionalen Zustand des Kindes widerspiegeln und seine Gefühle unterstützen. Sie können zum Beispiel die Worte „Ich verstehe", „Ich verstehe", „Ich verstehe, wie schwierig es für Sie ist" usw. verwenden.

- Aufbau einer emotionalen Verbindung: Die Bestätigung der Gefühle Ihres Kindes trägt dazu bei, eine emotionale Verbindung zwischen Ihnen aufzubauen, die dazu beiträgt, Vertrauen aufzubauen und ihm ein sicheres Gefühl zu geben.

Zusammenfassend lässt sich sagen, dass die Bestätigung der Gefühle eines Kindes ein wichtiges Kommunikationsinstrument ist, das ihm hilft, sich unterstützt, verstanden und beschützt zu fühlen.

6. Sammeln Sie Beweise: Wenn Ihr Kind über bestimmte Situationen spricht, bitten Sie es, diese detailliert zu beschreiben. Stellen Sie Fragen zu Zeit, Ort, Teilnehmern und Art des Vorfalls.

Das Sammeln von Beweisen ist wichtig, um die Mobbing-Situation zu verstehen und geeignete Maßnahmen zu ergreifen. So geht's:

- Fragen Sie nach Einzelheiten: Bitten Sie Ihr Kind, die Situation detailliert zu beschreiben. Finden Sie heraus, wann und wo es passiert ist, wer an dem Vorfall beteiligt war und welche konkreten Aktionen stattgefunden haben.

- Klärende Fragen: Stellen Sie klärende Fragen, um ein vollständiges Bild davon zu bekommen, was passiert ist. Fragen Sie nach den Gefühlen und Reaktionen Ihres Kindes auf die Situation und wie es sich darauf ausgewirkt hat.

- Sammeln Sie Beweise: Finden Sie nach Möglichkeit heraus, ob es andere Personen gibt, die den Vorfall gesehen haben könnten. Sprechen Sie mit Lehrern, Schulpersonal oder anderen Eltern, um zusätzliche Beweise zu erhalten.

- Dokumentinformationen: Erfassen Sie alle empfangenen Daten, einschließlich Daten, Orte, Namen der Teilnehmer und Beschreibungen von Veranstaltungen. Dadurch erhalten Sie einen klaren Überblick über das Geschehen und können bei Bedarf zuverlässige Daten bereitstellen.

- Suchen Sie Hilfe: Wenn Sie Mobbing vermuten, suchen Sie Hilfe bei Lehrern, Psychologen oder Spezialisten für Kinderbetreuung. Sie können bei der Lösung des Problems beratend und unterstützend zur Seite stehen.

Durch das Sammeln von Beweisen können Sie die Art des Vorfalls genauer bestimmen, seine Ursachen identifizieren und wirksame Maßnahmen ergreifen, um weitere Manifestationen von Mobbing zu verhindern.

7. Fördern Sie Offenheit: Stellen Sie sicher, dass Ihr Kind weiß, dass es sich bei Problemen an Sie wenden kann und dass ihm keine negativen Konsequenzen drohen, wenn es Mobbing offenlegt.

Die Förderung der Offenheit bei Kindern ist der Schlüssel zur Erkennung von Mobbing und zur Vermeidung negativer Folgen. Hier sind einige Techniken, die dabei helfen können, eine solche Atmosphäre zu schaffen:

- Vertrauen aufbauen: Pflegen Sie eine vertrauensvolle Beziehung zu Ihrem Kind, damit es sich bei Problemen wohl fühlt, zu Ihnen zu kommen. Identifizieren Sie seine individuellen Interessen und Bedürfnisse, zeigen Sie Interesse an seinem Leben und zeigen Sie Unterstützung.

- Unterstützung und Verständnis: Unterstützen Sie Ihr Kind in allen Situationen und zeigen Sie Verständnis für seine Gefühle und Emotionen. Versichern Sie ihm, dass Sie immer bereit sind, zuzuhören und ihm zu helfen, wenn Probleme auftreten.

- Positive Einstellung zur Kommunikation: Schaffen Sie eine Atmosphäre, in der die Kommunikation mit Ihnen als etwas Natürliches und Angenehmes wahrgenommen wird. Ermutigen Sie Ihr Kind, seine Gedanken und Gefühle auszudrücken, ohne Angst vor einem Urteil zu haben.

- Unterstützung beim Sprechen: Wenn Ihr Kind mit Informationen über Mobbing oder andere Probleme zu Ihnen kommt, bedanken Sie sich für seine Offenheit und unterstützen Sie seine Entscheidung, Hilfe zu suchen. Erklären Sie, dass Sie stolz auf seinen Mut sind und dass Sie alles tun, um ihm zu helfen.

- Vertraulichkeitsversprechen: Stellen Sie sicher, dass Ihr Kind weiß, dass seine Kommunikation vertraulich bleibt, sofern keine Sicherheitsmaßnahmen erforderlich sind. Erklären Sie, dass Sie die Verantwortung haben, zu handeln, wenn ernsthafte Gefahren für seine oder ihre Sicherheit oder die Sicherheit anderer festgestellt werden.

Die Förderung von Offenheit trägt dazu bei, eine Atmosphäre des Vertrauens und des Verständnisses zu schaffen, die wichtig ist, um Mobbing zu erkennen und seine negativen Folgen zu verhindern.

8. Besprechen Sie mögliche Maßnahmen: Sprechen Sie mit Ihrem Kind darüber, welche Schritte zur Lösung des Problems unternommen werden können. Besprechen Sie Optionen, einschließlich der Kontaktaufnahme mit Ihrem Lehrer, Schulberater oder der Verwaltung.

Wenn Sie mögliche Maßnahmen mit Ihrem Kind besprechen, kann

dies dazu beitragen, dass es sich im Falle von Mobbing sicherer und bewusster fühlt, wie es sich verhalten soll. Hier sind einige Schritte, die Sie unternehmen können:

- Unterstützung und Verständnis: Beginnen Sie das Gespräch, indem Sie Verständnis und Unterstützung zum Ausdruck bringen. Sagen Sie Ihrem Kind, dass Sie verstehen, dass die Situation für es schwierig sein könnte und dass Sie bereit sind zu helfen.

- Identifizieren des Problems: Sprechen Sie mit Ihrem Kind darüber, was gerade passiert, und versuchen Sie herauszufinden, welche konkreten Ereignisse oder Handlungen zu dem Problem geführt haben.

- Besprechen Sie mögliche Lösungen: Ermutigen Sie Ihr Kind, verschiedene Optionen in Betracht zu ziehen. Besprechen Sie, welche Schritte ihm helfen können, das Problem zu lösen und das Mobbing zu stoppen.

- Unterstützung bei der Suche nach Hilfe: Sprechen Sie darüber, an wen Sie sich wenden können, wenn Sie Hilfe benötigen. Besprechen Sie die Kontaktaufnahme mit Ihrem Lehrer, Schulberater oder der Verwaltung, damit diese Maßnahmen ergreifen können, um Mobbing zu verhindern.

- Konsequenzen besprechen: Sprechen Sie darüber, welche Konsequenzen verschiedene Handlungen haben könnten. Besprechen Sie die Vor- und Nachteile der Bitte um Hilfe und andere Möglichkeiten zur Lösung des Problems.

- Aktionsplanung: Helfen Sie Ihrem Kind, einen Aktionsplan auf der Grundlage der besprochenen Optionen zu erstellen. Besprechen Sie, wie er diesen Plan umsetzen wird und wie Sie ihm dabei helfen können.

Das Besprechen möglicher Maßnahmen wird dem Kind helfen, seine Optionen zu verstehen und den besten Weg zu finden, das Mobbingproblem zu lösen.

9. Bieten Sie Unterstützung und Schutz: Stellen Sie sicher, dass Ihr Kind weiß, dass Sie auf seiner Seite sind und bereit sind, ihm in jeder Situation zu helfen.

Die Bereitstellung von Unterstützung und Schutz für Ihr Kind, wenn es gemobbt wird, ist der Schlüssel dazu, dass es damit klarkommt und sich geschützt fühlt. Hier sind einige Möglichkeiten, diese Unterstützung bereitzustellen:

- Eine offene und vertrauensvolle Atmosphäre schaffen: Es ist wichtig, dass das Kind weiß, dass es sich bei Problemen an Sie wenden kann und Sie bereit sind, ihm zu helfen. Schaffen Sie eine vertrauensvolle Atmosphäre, in der er seine Gedanken und Gefühle gerne zum Ausdruck bringen kann.

- Gefühle bestätigen: Unterstützen Sie Ihr Kind, indem Sie seine Gefühle und Sorgen bestätigen. Zeigen Sie Verständnis für seine Gefühle und versichern Sie ihm, dass er das Recht hat, so zu fühlen, wie er es tut.

- Zuhören und verstehen: Hören Sie dem Kind aufmerksam zu und respektieren Sie seinen Standpunkt. Konzentrieren Sie sich auf das, was er sagt, und vermeiden Sie es, zu urteilen oder zu unterbrechen.

- Unterstützung und Schutz: Stellen Sie sicher, dass Ihr Kind weiß, dass Sie an seiner Seite sind und bereit sind, ihm in jeder Situation zu helfen. Erklären Sie ihm, dass er nicht allein ist und dass er Unterstützung von Ihnen, anderen Erwachsenen und Freunden erhält.

- Ermutigen Sie Ihr Kind, Hilfe zu suchen: Unterstützen Sie Ihr Kind dabei, um Hilfe zu bitten, wenn es das Gefühl hat, dass es alleine nicht zurechtkommt. Erklären Sie, dass das Bitten um Hilfe kein Zeichen von Schwäche ist, sondern vielmehr Mut und Selbstfürsorge zeigt.

Wenn Sie Ihrem Kind Unterstützung und Schutz bieten, wenn es gemobbt wird, fühlt es sich selbstbewusster und ist auf den Umgang mit dem Problem vorbereitet.

10. Handeln Sie: Sobald Sie Mobbing festgestellt haben, arbeiten Sie mit den entsprechenden Personen in der Schule oder Organisation zusammen, um Maßnahmen zu ergreifen, um das Verhalten zu stoppen und die Sicherheit des Kindes zu gewährleisten.

Sobald Mobbing festgestellt wurde, ist es wichtig, proaktive Maßnahmen zu ergreifen, um die Sicherheit des Kindes zu gewährleisten und weitere Gewalt zu verhindern. Hier sind einige wichtige Schritte, die Sie unternehmen können:

- Kontaktieren Sie die entsprechenden Personen in der Schule oder Organisation: Kontaktieren Sie den Lehrer, den Schulberater, den Schulleiter oder anderes pädagogisches Personal, das Maßnahmen ergreifen kann, um das Mobbing zu stoppen. Stellen Sie ihnen alle verfügbaren Informationen über das Geschehen zur Verfügung, einschließlich Daten, Orte und an den Vorfällen beteiligte Personen.

- Besprechen Sie konkrete Maßnahmen: Sprechen Sie mit dem pädagogischen Personal über konkrete Maßnahmen, die sie ergreifen können, um das Kind zu schützen und weiteren Missbrauch zu verhindern. Dazu kann gehören, die Situation zu beobachten, Gespräche mit den Beteiligten zu führen und vorbeugende Maßnahmen einzuleiten, um zukünftiges Mobbing zu verhindern.

- Kindesunterhalt: Bieten Sie dem Kind die notwendige Unterstützung und den Schutz in der Schule oder Organisation. Besprechen Sie mit ihm, welche Maßnahmen zu seiner Sicherheit ergriffen wurden, und stellen Sie sicher, dass er Sie kontaktieren kann, wenn Probleme auftreten.

- Überwachung und Bewertung: Beobachten Sie die Situation und stellen Sie sicher, dass die ergriffenen Maßnahmen wirksam sind und zu einer Verbesserung der Situation führen. Besprechen Sie bei Bedarf die nächsten Schritte mit dem akademischen Personal oder holen Sie sich professionelle Hilfe.

Es ist wichtig, sich daran zu erinnern, dass die Lösung des

Mobbingproblems eine gemeinsame Anstrengung von Eltern, Pädagogen und der Öffentlichkeit erfordert. Die Unterstützung und der Schutz des Kindes sollten für alle Beteiligten Priorität haben.

Die Unterstützung Ihres Kindes bei der Bewältigung emotionaler Schwierigkeiten ist ein wichtiger Aspekt der Erziehung und Sorge um sein Wohlergehen. Hier sind einige wichtige Schritte, die bei diesem Prozess hilfreich sein können:

1. **Nehmen Sie sich Zeit für die Kommunikation:** Schaffen Sie eine offene und unterstützende Umgebung, in der Ihr Kind das Gefühl hat, dass seine Gefühle wichtig und akzeptiert sind. Verbringen Sie Zeit miteinander, hören Sie ihm zu, stellen Sie offene Fragen und zeigen Sie Interesse an seinen Erfahrungen.

Das emotionale Wohlbefinden eines Kindes zu verstehen und zu unterstützen sind grundlegende Aspekte seiner Entwicklung und Gesundheit. Eine wichtige Möglichkeit, ihm bei der Bewältigung emotionaler Schwierigkeiten zu helfen, besteht darin, sich Zeit für die Kommunikation mit ihm zu nehmen. Das bedeutet, eine besondere Umgebung zu schaffen, in der sich das Kind wohl und beschützt fühlt und in der es weiß, dass seine Gefühle und Emotionen wichtig sind und akzeptiert werden.

Es ist wichtig, dass Sie Ihrem Kind die Zeit nehmen, alleine mit ihm zu kommunizieren, ohne äußere Einflüsse und Reizstoffe. Dies kann ein Spaziergang, Spielzeit, geselliges Beisammensein am Esstisch oder vor dem Schlafengehen sein. Die Hauptsache ist, dass Sie ihm jetzt wirklich zuhören, Interesse an seinen Meinungen und Erfahrungen zeigen, Fragen stellen und Schlussfolgerungen ziehen. Es ist auch wichtig, Ihrem Kind nicht nur zuzuhören, sondern auch zu zeigen, dass Sie seine Gefühle und Emotionen verstehen. Dies kann durch Empathie, den Ausdruck von Mitgefühl und Unterstützung erreicht werden, auch wenn Sie nicht immer mit dem, was er sagt, einverstanden sind.

Unterstützung bedeutet auch, eine sichere Umgebung zu schaffen, in der sich das Kind beschützt und wichtig fühlen kann. Es ist wichtig, Ihrem Kind zu zeigen, dass es sich bei allen Problemen und Sorgen an Sie wenden kann und dass Sie ihm stets zur Seite stehen und ihm helfen. Dazu kann gehören, dass er sich seinen Hobbys und Interessen widmet, seine Erfolge und Misserfolge aktiv bespricht und ihm bei der Lösung seiner Probleme hilft.

2. **Unterstützen Sie den Ausdruck** von Emotionen: Bringen Sie Ihrem Kind bei, seine Emotionen zu erkennen und auszudrücken. Unterstützen Sie ihn dabei, seine Gefühle auszudrücken, auch wenn sie negativ oder unangenehm erscheinen. Helfen Sie ihm, gesunde Wege zu finden, Gefühle auszudrücken, beispielsweise durch Zeichnen, Schreiben oder Sprechen.

Die Unterstützung des emotionalen Ausdrucks Ihres Kindes ist ein wichtiger Aspekt, um ihm bei der Bewältigung emotionaler Schwierigkeiten zu helfen. Emotionen sind ein natürlicher Teil der menschlichen Erfahrung und das Erlernen, sie zu erkennen und auszudrücken, spielt eine wichtige Rolle für das geistige Wohlbefinden.

Es ist wichtig, Ihrem Kind beizubringen, sich seiner Emotionen bewusst zu sein und zu verstehen, dass diese vielfältig und normal sein können. Dies hilft ihm, sich selbst und seine Reaktionen auf verschiedene Situationen besser zu verstehen. Zur Unterstützung des Ausdrucks von Emotionen gehört auch das Akzeptieren seiner Gefühle, auch wenn diese unangenehm oder negativ erscheinen. Es ist wichtig, sich daran zu erinnern, dass Emotionen nicht immer leicht zu kontrollieren sind und das Kind das Gefühl haben muss, dass seine Emotionen ohne Urteil akzeptiert werden.

Es ist auch sehr wichtig, Ihrem Kind zu helfen, gesunde Wege zu finden, seine Gefühle auszudrücken. Dazu können verschiedene kreative Methoden wie Zeichnen, Schreiben, Spielen mit Spielzeug oder auch einfach nur Sprechen gehören. Diese Methoden ermöglichen es dem Kind, seine Gefühle ohne Angst oder Urteil auszudrücken, was die Wahrnehmung und Verarbeitung fördert. Indem wir Ihrem Kind helfen, gesunde Wege zu finden, Emotionen auszudrücken, helfen wir ihm außerdem, adaptive Strategien zur Emotionsregulation zu entwickeln, die im Alltag und bis ins Erwachsenenalter hilfreich sein können.

3. **Bewältigungsstrategien vermitteln:** Entwickeln Sie mit Ihrem Kind Strategien zur Bewältigung schwieriger Emotionen. Dazu kann tiefes Atmen, Meditation oder die Verwendung positiver Affirmationen gehören. Helfen Sie ihm zu erkennen, dass er die Kontrolle über seine Reaktionen auf Emotionen hat.

Ihrem Kind Strategien für den Umgang mit schwierigen Emotionen beizubringen, ist ein wichtiger Schritt in seiner emotionalen Entwicklung. Wenn ein Kind mit starken Gefühlen konfrontiert wird, muss es wissen, wie es damit umgehen kann, um sich nicht hilflos oder überfordert zu fühlen.

Der erste Schritt bei der Vermittlung von Bewältigungsstrategien besteht darin, Ihrem Kind zu helfen, seine Emotionen und physiologischen Reaktionen darauf zu erkennen. Dazu kann gehören, ihm beizubringen, die körperlichen Symptome von Stress zu erkennen, wie z. B. schnelles Atmen oder einen schnellen Herzschlag, und ihm dabei zu helfen, die Emotionen zu erkennen, die er empfindet, wie z. B. Wut, Angst oder Traurigkeit.

Anschließend können Sie an verschiedenen Bewältigungsstrategien arbeiten, um Ihrem Kind bei der Bewältigung dieser Emotionen zu helfen. Tiefes Atmen ist eine der häufigsten und effektivsten Strategien. Es hilft, Stress und Anspannung im Körper abzubauen, was zu einem ruhigeren Geisteszustand führt. Helfen Sie Ihrem Kind zu verstehen, wie man richtig atmet – langsam, tief und gleichmäßig.

Andere Strategien umfassen das Praktizieren von Meditation oder die Verwendung positiver Affirmationen. Meditation hilft einem Kind, sich auf seine Atmung zu konzentrieren und seine Gedanken zu beruhigen, was dazu beitragen kann, den Geist und die Emotionen zu beruhigen. Positive Affirmationen können dazu beitragen, negative Gedanken in positivere umzuwandeln und so Ihr Selbstwertgefühl und Selbstvertrauen zu stärken.

Es ist wichtig, sich daran zu erinnern, dass jedes Kind einzigartig ist und dass die Arbeit an Bewältigungsstrategien individuell erfolgen muss. Einige Strategien können für bestimmte Kinder effektiver sein. Daher ist es wichtig, verschiedene Methoden auszuprobieren und diejenigen zu finden, die für ein bestimmtes Kind am besten funktionieren. Es ist auch wichtig, Ihrem Kind beizubringen, zu erkennen, dass es die Kontrolle über seine Reaktionen auf Emotionen hat und dass es selbst entscheiden kann, wie es auf seine Gefühle reagiert.

4. **Fördern Sie die Selbsthilfe:** Helfen Sie Ihrem Kind, Selbsthilfe- und Selbstregulierungsfähigkeiten zu entwickeln. Dazu gehört die Fähigkeit, die eigenen Bedürfnisse zu erkennen, um Hilfe zu bitten und Entscheidungen zu treffen, die das eigene Wohlbefinden fördern.

Die Förderung der Selbsthilfe eines Kindes spielt eine wichtige Rolle in seiner emotionalen und sozialen Entwicklung. Durch die Entwicklung von Fähigkeiten zur Selbsthilfe und Selbstregulierung kann ein Kind nicht nur Schwierigkeiten besser bewältigen, sondern auch unabhängiger und selbstbewusster werden.

Ein wichtiger Aspekt der Selbsthilfeförderung besteht darin, dem Kind dabei zu helfen, die Fähigkeit zu entwickeln, seine Bedürfnisse zu erkennen. Dazu gehört, dass Sie Ihrem Kind beibringen, seine Gefühle, Bedürfnisse und Wünsche zu erkennen. Wenn sich ein Kind seiner Bedürfnisse bewusst ist, kann es besser verstehen, was es für sein Wohlbefinden braucht.

Ein weiterer wichtiger Aspekt besteht darin, Ihrem Kind beizubringen, um Hilfe zu bitten. Dazu gehört die Fähigkeit eines Kindes, mit anderen zu kommunizieren, seine Bedürfnisse auszudrücken und bei Bedarf um Hilfe zu bitten. Dabei kann das Erlernen effektiver Kommunikationsfähigkeiten und der Aufbau von Selbstvertrauen hilfreich sein.

Es ist auch wichtig, Ihrem Kind dabei zu helfen, Entscheidungsfähigkeiten zu entwickeln, die sein Wohlbefinden fördern. Dazu kann gehören, dem Kind beizubringen, Situationen zu analysieren, Alternativen zu bewerten und die am besten geeignete Vorgehensweise zu wählen. Die Unterstützung bei der Entwicklung dieser Fähigkeiten trägt dazu bei, dass sich Ihr Kind in verschiedenen Lebenssituationen sicherer und unabhängiger fühlt.

Insgesamt ist die Förderung der Selbsthilfe eines Kindes ein Prozess, der Geduld, Unterstützung und Verständnis von Erwachsenen erfordert. Die Förderung der Entwicklung dieser Fähigkeiten hilft Ihrem Kind, die Herausforderungen des Lebens besser zu meistern und sich zu einer unabhängigen Person zu entwickeln.

5. **Bieten Sie professionelle Unterstützung an:** Wenn die emotionalen Schwierigkeiten Ihres Kindes schwerwiegend werden oder länger anhalten, suchen Sie Hilfe bei einem Psychologen, Kinderarzt oder anderen Fachleuten, die Ihnen die nötige Unterstützung und Ressourcen bieten können.

Wenn ein Kind schwere oder langfristige emotionale Probleme hat, ist möglicherweise die Hilfe von Spezialisten wie Psychologen, Kinderärzten oder anderen Fachleuten für psychische Gesundheit erforderlich. Diese Fachkräfte verfügen über das Wissen und die Erfahrung, um Ihrem Kind die Unterstützung und Unterstützung zu bieten, die es bei der Bewältigung seiner emotionalen Schwierigkeiten benötigt.

Ein Psychologe kann einem Kind helfen, seine Emotionen zu verstehen, die Ursachen von Schwierigkeiten zu identifizieren und Strategien und Fähigkeiten zu entwickeln, um diese zu überwinden. Er kann Therapiesitzungen durchführen, in denen das Kind seine Gefühle zum Ausdruck bringen, Probleme besprechen und Wege zu ihrer Lösung finden kann.

Ein Kinderarzt kann auch eine wichtige Rolle bei der Unterstützung eines Kindes mit emotionalen Schwierigkeiten spielen, insbesondere wenn diese Schwierigkeiten mit körperlichen Problemen oder Krankheiten zusammenhängen. Er kann dabei helfen, festzustellen, ob es einen medizinischen Grund für den Zustand des Kindes gibt, und eine geeignete Behandlung oder Empfehlungen verschreiben.

Darüber hinaus gibt es weitere Fachkräfte, die das Kind unterstützen können, etwa Sozialarbeiter, Spieltherapeuten sowie Ehe- und Familienberater. Es ist wichtig, die richtige Fachkraft zu finden, die Erfahrung in der Arbeit mit Kindern hat und eine individuelle Betreuung bieten kann, die den Bedürfnissen des Kindes und seiner Familie entspricht.

Die Suche nach professioneller Hilfe hilft Ihrem Kind nicht nur, emotionale Schwierigkeiten zu überwinden, sondern gibt ihm auch die Möglichkeit, unter der Anleitung eines erfahrenen Fachmanns Selbsthilfe- und Selbstregulationsfähigkeiten zu entwickeln.

6. Seien Sie einfühlsam und geduldig: Denken Sie daran, dass jedes Kind einzigartig ist und seine eigenen emotionalen Kämpfe durchmacht. Seien Sie einfühlsam, geduldig und unterstützend, wenn Sie Ihrem Kind helfen, Herausforderungen zu meistern und emotionale Belastbarkeit zu entwickeln.

Einfühlsamer und geduldiger Umgang mit den emotionalen

Schwierigkeiten Ihres Kindes ist ein wichtiger Aspekt, um es bei der Bewältigung emotionaler Probleme zu unterstützen. Jedes Kind ist einzigartig und jedes hat seine eigene individuelle Geschichte, Erfahrungen und Emotionen. Daher ist es wichtig, jeden Fall mit Verständnis und Einfühlungsvermögen anzugehen.

Wenn wir einem Kind gegenüber Empathie zeigen, bekräftigen wir die Bedeutung seiner Gefühle und Emotionen. Dadurch fühlt er sich wichtig und verstanden, was sein Selbstwertgefühl und sein Selbstvertrauen stärkt. Die bedingungslose Unterstützung durch Erwachsene kann einem Kind in schwierigen Momenten Halt geben und ihm helfen, ein Gefühl von Sicherheit und Geborgenheit zu entwickeln.

Eine geduldige Haltung spielt auch eine wichtige Rolle bei der Bewältigung emotionaler Schwierigkeiten eines Kindes. Die emotionale und psychologische Genesung eines Kindes ist ein Prozess, der Zeit und Mühe erfordert. Daher ist es wichtig, geduldig zu sein und keine sofortigen Ergebnisse zu erwarten. Stattdessen müssen Sie Ihrem Kind Unterstützung und Zeit geben, seine Gefühle zu verstehen, sie auszudrücken und Wege zu finden, mit ihnen umzugehen.

Die Unterstützung durch Erwachsene, die Einfühlungsvermögen und Geduld zeigen, schafft ein unterstützendes Umfeld, in dem sich Kinder sicher und unterstützt fühlen. Dies ist ein wichtiger Faktor für seine emotionale Entwicklung und die Ausbildung emotionaler Stabilitätsfähigkeiten.

Es sollte beachtet werden, dass die Unterstützung eines Kindes bei der Bewältigung emotionaler Schwierigkeiten langfristig sein kann und ständige Aufmerksamkeit und Fürsorge von Erwachsenen erfordert.

Wenn Eltern mit einem Mobbingproblem konfrontiert sind, ist es wichtig, konstruktive Interaktionen mit Lehrern und Schulpersonal aufzubauen, um das Problem anzugehen. Hier sind einige Schritte, die bei diesem Prozess hilfreich sein können:

1. **Starten Sie ein Gespräch:** Beginnen Sie ein Gespräch mit Lehrern oder der Schulleitung über das Mobbingproblem Ihres Kindes. Seien Sie offen und ehrlich über Ihre Bedenken und Erfahrungen.

Sie kommen zu einem Treffen mit Lehrern oder der Schulleitung, um das Problem des Mobbings zu besprechen. Ihr Ziel ist es, einen offenen Dialog über die Situation zu beginnen und Wege zur Lösung des Problems zu finden. Es ist wichtig, sich im Vorfeld auf das Gespräch vorzubereiten, um auf die emotionalen Aspekte des Gesprächs vorbereitet zu sein und konstruktive Lösungen anzubieten.

Wenn Sie ein Gespräch beginnen, stellen Sie sicher, dass Sie genügend Zeit und Raum zum Besprechen haben. Bringen Sie Ihre Bedenken und Sorgen über das Verhalten Ihres Kindes zum Ausdruck. Teilen Sie konkrete Beispiele von Vorfällen mit, die Ihr Kind erlebt hat, um zu verstehen, wie Lehrer oder Administratoren helfen können.

Seien Sie einfühlsam und verständnisvoll und drücken Sie gleichzeitig Ihre Hoffnung aus, dass Sie gemeinsam eine Lösung für dieses Problem finden können. Bieten Sie Ihre Unterstützung und Kooperation an, um Möglichkeiten zu finden, Mobbing vorzubeugen und Ihr Kind zu schützen.

Wenn Sie das Gespräch abgeschlossen haben, klären Sie die nächsten Schritte und vereinbaren Sie einen Aktionsplan. Vereinbaren Sie die Rolle jedes Teilnehmers – Eltern, Lehrer und Schulleitung –, um im besten Interesse Ihres Kindes zusammenzuarbeiten.

2. **Beweise weitergeben:** Nennen Sie konkrete Beispiele für Mobbing-Situationen, die Ihr Kind erlebt hat. Dazu können Daten, Orte und Beschreibungen von Vorfällen gehören.

Um das Problem zu verstehen und anzugehen, ist es natürlich wichtig, Beweise dafür vorzulegen, dass Ihr Kind gemobbt wird. Hier sind einige Beispiele für Mobbing-Situationen mit zusätzlichen Beschreibungen:

1. Vorfall während einer Unterrichtspause:

- Datum: 15. März 2024.

- Standort: Flur zwischen den Räumen 204 und 205.

- Beschreibung: Ein Kind berichtete, dass es in einer Pause zwischen den Unterrichtsstunden von drei Klassenkameraden gemobbt wurde. Sie hielten ihn im Flur an und machten sich über sein Aussehen und seine Fähigkeiten lustig. Sie nahmen ihm auch seinen Rucksack ab und ignorierten seine Aufforderung, ihn zurückzugeben.

2. Vorfall während eines Sportunterrichts:

- Datum: 21. März 2024.

- Standort: Schulturnhalle.

- Beschreibung: Ein Kind behauptet, während eines Sportunterrichts sei es von mehreren Klassenkameraden systematisch gemobbt worden, indem sie seinen Volleyball herumgeworfen und ihn wegen seines geringen Spielniveaus beleidigt hätten. Er behauptet auch, dass der Sportlehrer nicht eingegriffen habe, als er um Hilfe gebeten habe.

3. Vorfall in der Mittagspause:

- Datum: 5. April 2024.

- Ort: Schulkantine.

- Beschreibung: Das Kind sagte, dass in der Mittagspause mehrere Kinder aus einer Parallelklasse auf ihn zukamen und begannen, sich über seinen Lebensstil und seine Interessen lustig zu machen. Sie rissen ihm auch sein Sandwich aus den Händen und warfen es in den Müll.

Diese konkreten Beispiele mit Daten, Orten und Beschreibungen von Vorfällen können Lehrern und Schulbeamten helfen, die Situation besser zu verstehen und geeignete Maßnahmen zum Schutz Ihres Kindes zu ergreifen.

3. Hören Sie sich **die Ansichten der Schule an** : Hören Sie sich die Sichtweise der Schule auf die Situation an. Bitten Sie Lehrer und Administratoren, ihre Beobachtungen und Aktionspläne mitzuteilen.

Wenn Sie ein Gespräch mit Lehrern und Schulverwaltern über das Mobbingproblem Ihres Kindes beginnen, ist es wichtig, sich dessen Standpunkt zur Situation anzuhören. Wenn Sie die Position der Schule verstehen, können Sie sich einen umfassenden Überblick über das Geschehen verschaffen und gemeinsam wirksame Aktionspläne entwickeln.

Es ist wichtig, im Gespräch mit Lehrern und Schulleitungen offen und geduldig zu sein. Sie können das Gespräch beginnen, indem Sie betonen, dass Sie das Mobbingproblem Ihres Kindes besprechen möchten, und sich seine Sicht auf die Situation anhören. Stellen Sie offene Fragen, um zu verstehen, wie die Schule das Problem sieht, welche Maßnahmen sie bereits ergriffen hat und welche Pläne sie für die Zukunft hat.

Lehrer und Administratoren können ihre Beobachtungen zum Verhalten Ihres Kindes in der Schule, zur Interaktion mit anderen Schülern und zur Reaktion auf Mobbingvorfälle mitteilen. Sie können auch über Maßnahmen sprechen, die sie bereits ergriffen haben, um das Problem anzugehen, und über Pläne für die Zukunft, einschließlich Maßnahmen zur Verhinderung von Mobbing und zur Unterstützung Ihres Kindes.

Wenn Sie sich die Perspektive der Schule anhören, können Sie die Situation besser verstehen und gemeinsam an einer Lösung arbeiten. Dies ermöglicht Ihnen auch einen konstruktiven Dialog und die Erstellung eines Aktionsplans, der für alle Beteiligten funktioniert.

4. **Gemeinsam Lösungen finden:** Bieten Sie an, mit dem Schulpersonal zusammenzuarbeiten, um Lösungen gegen Mobbing zu finden. Besprechen Sie mögliche Strategien und Maßnahmen, die ergriffen werden können.

Wenn Sie eine Zusammenarbeit mit dem Schulpersonal vorschlagen, um Lösungen zur Bekämpfung von Mobbing zu finden, ist es wichtig, den Schwerpunkt auf die Zusammenarbeit und die Diskussion möglicher Strategien und Maßnahmen zu legen.

Indem Sie eine Zusammenarbeit anbieten, zeigen Sie Ihre Bereitschaft, mit Lehrern und Schulleitungen zusammenzuarbeiten, um das Problem des Mobbings anzugehen. Sie können Ihre Bereitschaft zum Ausdruck bringen, sich aktiv an der Diskussion zu beteiligen, indem Sie Ihre eigenen Ideen einbringen und die Ideen anderer unterstützen.

Bei der Erörterung möglicher Strategien und Maßnahmen ist es wichtig, die Ansichten und Erfahrungen des Schulpersonals zu berücksichtigen. Sie können verschiedene Ansätze zur Bekämpfung von Mobbing vorschlagen, z. B. die Durchführung von Bildungsprogrammen, die Organisation von Gruppendiskussionen oder die Entwicklung einer Null-Toleranz-Richtlinie gegen Mobbing.

Es ist auch wichtig, die individuellen Bedürfnisse Ihres Kindes und anderer Kinder, die möglicherweise gemobbt werden, zu berücksichtigen. Sie können mit Lehrern und Administratoren zusammenarbeiten, um mögliche Unterstützungs- und Interessenvertretungsstrategien zu besprechen, die für alle Kinder in der Schule funktionieren.

Die Zusammenarbeit bei der Suche nach Lösungen zur Bekämpfung von Mobbing bündelt die Bemühungen aller Beteiligten und schafft effektivere und nachhaltigere Ansätze zur Prävention und Lösung des Problems.

5. **Überwachen Sie den Fortschritt:** Es ist wichtig zu überwachen, wie die Schule auf das Mobbing-Problem reagiert und welche Schritte unternommen werden, um es zu lösen. Sorgen Sie für eine offene Kommunikation und besprechen Sie alle Fortschritte oder Schwierigkeiten.

Die Überwachung der Fortschritte bei der Bewältigung des Mobbingproblems in der Schule ist ein wichtiger Schritt zur Unterstützung des Kindes und zur Schaffung eines sicheren Bildungsumfelds. Als Eltern sollten Sie sich darüber im Klaren sein, wie die Schule auf Mobbingvorfälle reagiert und welche konkreten Schritte unternommen werden, um dagegen vorzugehen.

Es ist wichtig, eine offene Kommunikation mit dem Schulpersonal aufrechtzuerhalten und regelmäßig alle Fortschritte oder Schwierigkeiten bei der Mobbingbekämpfung zu besprechen. Dazu kann die Erörterung von Maßnahmen zur Verhinderung von Mobbing, der Ergebnisse durchgeführter Interventionen oder Programme sowie der Austausch von Informationen über bestimmte Fälle und deren Lösung gehören.

Sie können sich an Lehrer, Schulberater oder die Verwaltung wenden, um sich über den Stand der Ermittlungen zu Mobbingvorfällen und die ergriffenen Maßnahmen zu informieren, um Ihr Kind und andere Kinder in Zukunft vor ähnlichen Situationen zu schützen.

Durch die Aufrechterhaltung einer offenen Kommunikation und die Überwachung des Fortschritts sind Sie Teil des Prozesses zur Bekämpfung von Mobbing und zeigen Ihr Engagement für die Bereitstellung eines sicheren und unterstützenden Umfelds für alle Kinder in der Schule.

6. **Kontaktieren Sie die Verwaltung:** Wenn Sie mit der Reaktion der Lehrer oder anderer Schulmitarbeiter nicht zufrieden sind, wenden Sie sich an die Verwaltung. Fordern Sie ein Treffen mit dem Schulleiter oder anderen leitenden Beamten an, um die Situation zu besprechen.

Wenn Sie das Gefühl haben, dass die Reaktion von Lehrern oder anderem Schulpersonal auf eine Mobbing-Situation unzureichend oder unbefriedigend ist, ist es wichtig, sich an die Schulleitung zu wenden. Dazu kann die Bitte um ein Treffen mit dem Schulleiter oder anderen leitenden Beamten gehören, um die Situation detaillierter zu besprechen.

Seien Sie bereit, bei der Kontaktaufnahme mit der Verwaltung Unterlagen oder konkrete Beispiele für Mobbing-Situationen vorzulegen, die Ihr Kind erlebt hat. Dazu können Daten, Orte und Beschreibungen von Vorfällen sowie zusätzliche Beweise oder Aussagen anderer Eltern oder Kinder gehören.

Während des Treffens mit der Verwaltung können Sie Ihre Bedenken und Forderungen hinsichtlich der Lösung des Mobbingproblems äußern. Besprechen Sie mit ihnen mögliche Strategien und Maßnahmen, die ergriffen werden können, um Mobbing zu stoppen und die Sicherheit Ihres Kindes und anderer Kinder in der Schule zu gewährleisten.

Die Kontaktaufnahme mit der Verwaltung ist ein wichtiger Schritt im Kampf gegen Mobbing und zum Schutz der Rechte Ihres Kindes auf ein sicheres Bildungsumfeld. Seien Sie durchsetzungsfähig und durchsetzungsfähig in Ihrem Handeln, um eine angemessene Reaktion der Schulleitung sicherzustellen.

7. Wenden Sie sich an externe Ressourcen: Wenn das Problem des Mobbings in der Schule nicht angesprochen wird, sollten Sie darüber nachdenken, externe Organisationen oder Fachleute wie Psychologen oder Mobbingberater zu kontaktieren.

Wenn das Problem des Mobbings in der Schule weiterhin ungelöst bleibt, ist es wichtig, darüber nachzudenken, sich an externe Ressourcen oder Fachleute zu wenden, die in der Situation helfen können. Externe Organisationen, beispielsweise gemeinnützige Organisationen, die sich für die Unterstützung von Kindern und Familien einsetzen, können Ratschläge und Anleitungen zum Umgang mit Mobbing geben.

Psychologen und Mobbingberater können ebenfalls hilfreiche Ressourcen sein. Sie verfügen über Fachwissen zu Verhaltensproblemen bei Kindern und Jugendlichen und können sowohl Eltern als auch Kind maßgeschneiderte Unterstützung und Beratung anbieten.

Durch die Inanspruchnahme externer Ressourcen können Eltern zusätzliche Informationen über Anti-Mobbing-Strategien sowie Unterstützung bei der Entwicklung eines Aktionsplans zur Bewältigung des Problems erhalten. In einigen Fällen können diese Ressourcen bei Bedarf auch bei der Kontaktaufnahme und Weiterleitung an andere Fachkräfte oder Organisationen hilfreich sein.

Es ist wichtig, sich daran zu erinnern, dass Eltern im Kampf gegen Mobbing nicht allein gelassen werden sollten. Die Kontaktaufnahme mit externen Ressourcen kann ein wichtiger Schritt sein, um dem Kind Unterstützung und Schutz zu bieten und wirksame Bewältigungsstrategien zu finden.

8. Unterstützen Sie Ihr Kind: Es ist auch wichtig, Ihrem Kind Unterstützung und Schutz im Umgang mit Mobbing zu bieten. Besprechen Sie Strategien zum Umgang mit Mobbing und stellen Sie sicher, dass er weiß, dass Sie auf seiner Seite sind.

Wenn Ihr Kind mit Mobbing zu kämpfen hat, ist es wichtig, ihm Unterstützung und Schutz zu bieten. Zunächst können Sie mit ihm darüber sprechen, wie er sich fühlt, welche Situationen er durchlebt und welche Reaktionen er sehen möchte. Hören Sie aufmerksam zu, zeigen Sie Empathie und versichern Sie ihm, dass Sie immer auf seiner Seite sind.

Als nächstes ist es wichtig, mit Ihrem Kind Strategien zur Bewältigung von Mobbing zu besprechen. Sie können ihm verschiedene Möglichkeiten nennen, auf Mobbing zu reagieren, z. B. einen Lehrer oder einen anderen Erwachsenen um Hilfe zu bitten, die Situation zu ignorieren oder bei der Kommunikation mit dem Tyrannen einen selbstbewussten Ton zu verwenden.

Denken Sie daran, ein offenes und unterstützendes familiäres Umfeld aufrechtzuerhalten, in dem Ihr Kind das Gefühl hat, dass seine Gefühle wichtig und akzeptiert sind. Verbringen Sie Zeit miteinander, hören Sie ihm zu, stellen Sie offene Fragen und zeigen Sie Interesse an seinen Erfahrungen.

Bleiben Sie außerdem mit Lehrern und der Schulverwaltung in Kontakt. Beginnen Sie ein Gespräch über das Mobbing Ihres Kindes und gehen Sie offen und ehrlich auf Ihre Sorgen und Erfahrungen ein. Wenn das Problem weiterhin ungelöst bleibt, zögern Sie nicht, die Schulleitung oder andere leitende Beamte zu kontaktieren, um die Situation zu besprechen.

Und denken Sie daran, dass jedes Kind einzigartig ist und seine eigenen emotionalen Kämpfe durchmacht. Seien Sie einfühlsam, geduldig und unterstützend, wenn Sie Ihrem Kind helfen, Herausforderungen zu meistern und emotionale Belastbarkeit zu entwickeln.

❖·❖·❖·❖·❖·❖·❖·❖·❖·❖·❖·❖·❖·❖·❖

Kapitel 8.
Mythen über Mobbing.

Weit verbreitete Mythen über Mobbing können zu Missverständnissen und falschen Vorstellungen über das Thema führen. Hier sind einige der wichtigsten Mythen:

1. Mobbing ist nur ein Streich für Kinder: Dieser Mythos legt nahe, dass Mobbing ein normaler Teil der Kindheitserfahrung ist und dass Kinder einfach darüber hinwegkommen müssen. Tatsächlich handelt es sich bei Mobbing um eine schwere Straftat, die für das Opfer langfristige und negative Folgen haben kann.

Der Mythos, dass Mobbing nur ein Kinderstreich sei, ist eines der häufigsten und gefährlichsten Missverständnisse, das zu Missverständnissen und Missverständnissen bei der Lösung dieses Problems führen kann. Hier ist ein detaillierterer Blick auf diesen Mythos:

- Leugnung der Ernsthaftigkeit des Problems: Dieser Mythos

unterschätzt grundsätzlich die Ernsthaftigkeit der Situation. Mobbing sollte nicht als normaler Teil der Kindheitserfahrung betrachtet werden, sondern vielmehr als eine Form psychischer oder physischer Misshandlung, die das Opfer ernsthaft beeinträchtigen kann.

- Negative Auswirkungen auf das Opfer: Mobbing kann zu psychischen Problemen wie Depressionen, Angstzuständen, geringem Selbstwertgefühl, posttraumatischer Belastungsstörung sowie zu körperlichen Problemen wie Verletzungen und Krankheiten wie Kopfschmerzen und Magenbeschwerden führen. Diese Folgen können das Leben des Opfers nachhaltig prägen und sich auf sein emotionales Wohlbefinden, seine sozialen Beziehungen und seinen Erfolg in der Schule oder im Beruf auswirken.

- Schaffung einer negativen Kultur: Die Akzeptanz der Vorstellung, dass Mobbing einfach zur normalen Kindheitserfahrung gehört, kann dazu beitragen, eine Kultur der Toleranz gegenüber Gewalt zu schaffen. Dies kann dazu führen, dass Kinder das Verhalten für akzeptabel halten und es in manchen Fällen sogar fördern, wodurch ein schädliches Umfeld für Wachstum und Entwicklung entsteht.

- Kontraproduktive Problemlösung: Wenn Mobbing nur als kindischer Streich angesehen wird, kann dies dazu führen, dass Erwachsene nicht die notwendigen Schritte unternehmen, um das Verhalten zu stoppen und den Opfern Unterstützung zu leisten. Dies behindert die Entwicklung wirksamer Anti-Mobbing-Strategien und die Schaffung eines sicheren und unterstützenden Umfelds.

Insgesamt unterstreicht dieser Mythos über Mobbing die Notwendigkeit, die Gesellschaft über die Ernsthaftigkeit dieses Problems aufzuklären und zu informieren, und dass Mobbing nicht als etwas Normales oder Akzeptables behandelt werden sollte. Die Zerschlagung dieses Mythos und das Erkennen der Schwere von Mobbing sind wichtige Schritte, um Maßnahmen zur Prävention und Bekämpfung zu ergreifen.

Lassen Sie uns die Diskussion fortsetzen, indem wir uns mit den Auswirkungen befassen, die Mobbing auf das Opfer hat:

- Psychische Folgen: Für das Opfer von Mobbing können die psychischen Folgen äußerst schwerwiegend und langanhaltend sein. Das durch Mobbing verursachte emotionale Trauma kann zur Entwicklung von Depressionen, Angstzuständen, einer posttraumatischen Belastungsstörung (PTSD) und anderen psychischen Problemen führen. Kinder und Jugendliche, die gemobbt werden, leiden häufig unter Angst, Hilflosigkeit und einem Gefühl der Isolation, was ihr Selbstwertgefühl und ihr allgemeines emotionales Wohlbefinden beeinträchtigen kann.

- Körperliche Folgen: Einige Formen von Mobbing können zu körperlichen Verletzungen und Krankheiten führen. Beispielsweise kann körperliche Gewalt oder die Androhung körperlicher Gewalt zu Verletzungen führen, verbale Angriffe können Stress verursachen, der wiederum zu körperlichen Symptomen wie Kopfschmerzen, Schlaflosigkeit, Verdauungsproblemen und sogar Herzproblemen führen kann.

- Soziale Isolation und Entfremdung: Mobbing kann zur sozialen Isolation und Entfremdung des Opfers von Gleichaltrigen und sogar von Familienmitgliedern führen. Opfer fühlen sich oft sozial unsicher und meiden soziale Kontakte aus Angst vor Spott oder Gewalt. Dies kann in der Zukunft zu ernsthaften Problemen bei der Anpassung und dem Aufbau gesunder zwischenmenschlicher Beziehungen führen.

- Akademische und berufliche Probleme: Mobbing kann den akademischen oder beruflichen Erfolg des Opfers beeinträchtigen. Der durch Mobbing verursachte ständige Stress und die Ablenkung können zu verminderten schulischen Leistungen, schlechter Lernleistung und sogar Fehlzeiten führen. Bei erwachsenen Mobbingopfern können sich auch Probleme im beruflichen Bereich ergeben, da Mobbing am Arbeitsplatz Auswirkungen auf die berufliche Entwicklung und das Wohlbefinden haben kann.

Angesichts dieser Folgen liegt die Notwendigkeit auf der Hand, Mobbing zu bekämpfen und den Opfern Unterstützung und Schutz zu bieten.

2. Das Opfer wird aufgrund seines Verhaltens oder Aussehens gemobbt : Dieser Mythos gibt dem Opfer die Schuld, dass es aufgrund seines Verhaltens oder Aussehens gemobbt wird. In Wirklichkeit basiert Mobbing auf Macht und dem Wunsch, eine andere Person zu kontrollieren oder zu zerstören, und nicht auf dem Verhalten oder Aussehen des Opfers.

Mobbing, das auf dem Mythos basiert, dass sich das Opfer durch sein Verhalten oder Aussehen zu ihm hingezogen fühlt, ist eine gefährliche und irrige Annahme, die dem Opfer die Schuld für das Mobbing zuweist, anstatt die Verantwortung für die negativen Handlungen des Mobbers selbst zu übernehmen.

- Missverständnis der Ursachen von Mobbing: Dieser Mythos besagt fälschlicherweise, dass Mobbing aufgrund des Verhaltens oder Aussehens des Opfers erfolgt. Tatsächlich basiert Mobbing meist auf dem Wunsch des Angreifers, die Kontrolle über eine andere Person zu übernehmen oder sie zu zerstören und so seine Macht und Dominanz zu demonstrieren.

- Wichtige Faktoren ignorieren: Dieser Mythos reduziert die Rolle, die Faktoren wie die Zurückhaltung des Tyrannen, Unterschiede zu akzeptieren, ein geringes Selbstwertgefühl oder Probleme im eigenen Leben des Tyrannen spielen . Es ignoriert auch mögliche Gründe für Mobbing, wie etwa den Wunsch, Aufmerksamkeit zu erregen, den Wunsch, andere zu manipulieren oder seine Stärke vor anderen zur Schau zu stellen.

- Negative Auswirkungen auf das Opfer: Die wiederholte Bestätigung dieses Mythos kann beim Mobbingopfer zu verstärkten

Schuld- und Schamgefühlen führen, was sein Leiden nur verschlimmert und sein Selbstvertrauen verringert.

- Ablenkung von echten Problemen: Wenn man dem Opfer die Schuld an Mobbing gibt, lenkt es die Aufmerksamkeit von der Notwendigkeit ab, Mobbing selbst zu bekämpfen und ein sicheres Umfeld für alle Teilnehmer der Gesellschaft zu schaffen.

Daher ist es wichtig, diesen Mythos zu bekämpfen, indem man die Öffentlichkeit über die wahren Ursachen und Folgen von Mobbing aufklärt und eine Kultur des Respekts, der Toleranz und der Unterstützung fördert.

3. Ignorieren Sie das Mobbing einfach und es wird aufhören: Dieser Mythos besagt, dass das Ignorieren von Mobbing dazu führen wird, dass es verschwindet. Allerdings kann das Ignorieren von Mobbing die Situation verschlimmern, da Mobbing auf dem Wunsch beruht, Aufmerksamkeit und Kontrolle über andere zu erlangen.

Der Mythos, dass Mobbing durch einfaches Ignorieren verschwinden würde, ist eine unbegründete und sogar gefährliche Behauptung. Deshalb:

- Erhöhte Aggression: Mobbing, das auf dem Wunsch beruht, Aufmerksamkeit und Kontrolle über andere zu erlangen, kann verstärkt werden, wenn es ignoriert wird. Wenn der Tyrann nicht auf aggressives Verhalten reagiert, kann dies dazu führen, dass er aggressiver und durchsetzungsfähiger wird, um seine Ziele zu erreichen.

- Machtbehauptung: Das Ignorieren von Mobbing kann vom Angreifer als Zeichen der Schwäche und Hilflosigkeit des Opfers empfunden werden. Dies kann das Vertrauen des Angreifers in die eigene Macht stärken und ihn dazu ermutigen, aggressives Verhalten fortzusetzen.

- Dauer des Mobbings: Wenn Mobbing aufgrund von Vernachlässigung nicht aufhört, kann es andauern und schlimmer werden, was negative Folgen für das Opfer hat. Dies kann zu psychischem Verfall, sozialer Isolation und sogar körperlichen Schäden führen.

- Schaffung einer sicheren Umgebung: Das Ignorieren von Mobbing schafft keine sichere und unterstützende Umgebung, in der sich jeder sicher und respektiert fühlt. Die Bekämpfung von Mobbing erfordert aktives Eingreifen, Unterstützung und Aufklärung.

Daher ist es wichtig, Mobbing nicht zu vernachlässigen, sondern Maßnahmen zu ergreifen, um es zu stoppen. Hierzu gehört auch die Suche nach Hilfe bei Erwachsenen, die Schaffung eines unterstützenden Umfelds und die Schulung der Gesellschaft, einander mit Achtsamkeit und Respekt zu behandeln.

4. Mobbing ist nur körperliche Gewalt: Dieser Mythos besagt, dass Mobbing sich immer durch körperliche Gewalt äußert. Tatsächlich kann Mobbing verbal, emotional, sozial, Cybermobbing und viele andere

Formen von Mobbing sein.

Der Mythos, dass Mobbing auf körperliche Gewalt beschränkt sei, ist eine irreführende und schlecht informierte Aussage. Tatsächlich kann Mobbing verschiedene Formen annehmen, die sowohl sichtbar als auch verborgen sein können. Hier eine ausführlichere Erklärung:

- Verbales Mobbing: Hierbei handelt es sich um eine Form des Mobbings, bei der das Opfer verbal beschimpft, bedroht oder verspottet wird. Diese Art von Mobbing kann direkt oder indirekt erfolgen, führt jedoch immer zu ernsthaften Schäden für das psychische Wohlbefinden des Opfers.

- Emotionales Mobbing: Diese Art von Mobbing zielt darauf ab, beim Opfer durch Demütigung, Drohungen oder Manipulation negative Emotionen hervorzurufen. Es kann sich durch Ignorieren, Isolation oder das Verbreiten von Gerüchten äußern und beim Opfer zu Gefühlen der Hilflosigkeit und des Schmerzes führen.

- Soziales Mobbing: Hierbei handelt es sich um eine Form des Mobbings, bei der das Opfer aus sozialen Gruppen ausgeschlossen oder isoliert wird, sein Status oder Ruf geschwächt wird und Gruppendruck erzeugt wird, um es zu manipulieren und zu kontrollieren.

- Cybermobbing: Diese Art von Mobbing findet im digitalen Raum über das Internet und soziale Medien statt. Dabei kann es sich um das Versenden von Drohungen, Beleidigungen, die Verbreitung falscher Informationen oder negativer Kommentare handeln, die verheerende Auswirkungen auf die psychische Gesundheit des Opfers haben können.

Mobbing umfasst daher ein viel größeres Verhaltensspektrum als nur körperliche Gewalt und umfasst verschiedene Formen der Aggression, die für das Opfer gleichermaßen zerstörerisch sein können. Um Mobbing wirksam bekämpfen zu können, muss man sich aller seiner Formen bewusst sein und geeignete Maßnahmen ergreifen, um Mobbing zu stoppen und zu verhindern.

5. Mobbing gehört einfach zum Erwachsenwerden und Teenagerleben dazu: Dieser Mythos besagt, dass Mobbing ein natürliches Phänomen ist, das Kinder und Jugendliche auf ihrem Weg ins Erwachsensein erleben. Tatsächlich ist Mobbing kein unvermeidlicher Teil des Erwachsenwerdens und sollte als schwerwiegende Störung betrachtet werden, die ein Eingreifen erfordert.

Der Mythos, dass Mobbing einfach zum Erwachsenwerden und zur Jugend gehöre, unterschätzt die Schwere des Phänomens und seine möglichen negativen Folgen. Hier finden Sie eine ausführlichere Erläuterung zu diesem Thema:

- Mobbing als schwerwiegende Störung: Die Aufrechterhaltung der Überzeugung, dass Mobbing ein normaler Teil des Erwachsenwerdens ist, verschleiert die Schwere des Verhaltens. Tatsächlich ist Mobbing eine

Form von Aggression und Gewalt, die nicht nur das körperliche, sondern auch das psychische Wohlbefinden des Opfers beeinträchtigt.

- Mögliche Folgen für das Opfer: Mobbing kann langfristige und schwerwiegende Folgen für das Opfer haben, darunter psychische Probleme wie Depressionen, Angstzustände, posttraumatische Belastungsstörungen sowie soziale Isolation, vermindertes Selbstwertgefühl und Probleme mit sozialen Netzwerken Anpassung.

- Verantwortung für das Eingreifen: Die Vorstellung, dass Mobbing ein unvermeidlicher Teil des Erwachsenwerdens ist, verschiebt die Verantwortung dafür, es zu stoppen, vom Opfer auf andere. Eine wirksame Bekämpfung von Mobbing erfordert jedoch ein aktives Eingreifen der Gesellschaft, der Schulen, der Eltern und anderer Interessengruppen.

- Schaffung einer Kultur des Respekts und der Toleranz: Die Akzeptanz von Mobbing als integraler Bestandteil der Jugend untergräbt die Bemühungen, in Bildungseinrichtungen und in der Gesellschaft insgesamt eine Kultur des Respekts, der Toleranz und der Sicherheit zu schaffen.

Daher ist es wichtig zu erkennen, dass Mobbing kein unvermeidlicher Teil des Erwachsenwerdens ist, sondern eine schwerwiegende Störung, die sofortiges Eingreifen und Anstrengungen erfordert, um es zu stoppen und zu verhindern. Es ist notwendig, aktiv daran zu arbeiten, sichere und unterstützende Umgebungen zu schaffen, die die Bedürfnisse aller Teilnehmer der Gesellschaft berücksichtigen.

6. Mobbing ist nur ein Problem für das Opfer: Dieser Mythos legt nahe, dass Mobbing nur das Opfer und nicht das gesamte soziale Umfeld betrifft. Tatsächlich kann Mobbing weitreichende Folgen für jeden in der Gesellschaft haben, auch für Unbeteiligte und sogar für die Mobber selbst .

Der Mythos, dass Mobbing nur für das Opfer ein Problem darstellt, existiert in der Gesellschaft und führt zu einer Unterschätzung der gesamten Bandbreite negativer Folgen dieses Phänomens. Hier ist eine ausführliche Erläuterung dieser Aussage:

- Konsequenzen für Zeugen: Menschen, die Mobbing beobachten, können auch psychische Traumata erleiden. Sie fühlen sich oft hilflos, ängstlich oder schuldig, weil sie nicht eingreifen können oder zögern. Dies kann zu Stress, Ängsten und anderen emotionalen Problemen führen.

- Auswirkungen auf andere: Mobbing hat negative Auswirkungen auf das soziale Umfeld und schafft eine Atmosphäre der Angst, Unsicherheit und Ungerechtigkeit. Dies kann zum Zerfall sozialer Bindungen, zum Verlust des Vertrauens in andere Menschen und zu einer allgemeinen Verschlechterung des moralischen Klimas führen.

- Konsequenzen für die Angreifer selbst : Basierend auf dem Mythos, dass Mobbing nur das Opfer betrifft, werden die Auswirkungen dieses Verhaltens auf den Angreifer selbst oft vergessen . Mobbing kann negative Persönlichkeitsmerkmale wie Aggression, Gewalt und Respektlosigkeit gegenüber anderen verstärken, was in der Folge zu sozialer Isolation, Kommunikationsproblemen und anderen negativen Folgen führen kann.

- Auswirkungen auf den Bildungsprozess: Mobbing wirkt sich auf das Bildungsumfeld aus und behindert das Lernen und die Entwicklung aller am Bildungsprozess Beteiligten. Opfer von Mobbing leiden unter Konzentrationsschwierigkeiten, Schwierigkeiten beim Verstehen von Stoffen und Lernmotivation, während Unbeteiligte möglicherweise auch unter Stress leiden, der sich letztendlich auf die schulischen Leistungen und den gesamten Bildungsprozess auswirkt.

Somit hat Mobbing nicht nur individuelle Auswirkungen auf das Opfer, sondern hat auch weitreichende soziale, psychologische und erzieherische Folgen für alle Beteiligten in der Gesellschaft. Das Bestreben, ein sicheres und unterstützendes Umfeld zu schaffen, muss ein besseres Verständnis aller Aspekte von Mobbing beinhalten.

7. Mobbing ist einfach ein normaler Teil des Schullebens: Manche Leute glauben vielleicht, dass Mobbing nur ein Teil der Schulkultur ist und alle Kinder es erleben. Dies ist jedoch ein Mythos, da Mobbing nicht normal ist und nicht toleriert werden sollte.

Der Mythos, dass Mobbing nur für das Opfer ein Problem darstellt, existiert in der Gesellschaft und führt zu einer Unterschätzung der gesamten Bandbreite negativer Folgen dieses Phänomens. Hier ist eine ausführliche Erläuterung dieser Aussage:

- Konsequenzen für Zeugen: Menschen, die Mobbing beobachten, können auch psychische Traumata erleiden. Sie fühlen sich oft hilflos, ängstlich oder schuldig, weil sie nicht eingreifen können oder zögern. Dies kann zu Stress, Ängsten und anderen emotionalen Problemen führen.

- Auswirkungen auf andere: Mobbing hat negative Auswirkungen auf das soziale Umfeld und schafft eine Atmosphäre der Angst, Unsicherheit und Ungerechtigkeit. Dies kann zum Zerfall sozialer Bindungen, zum Verlust des Vertrauens in andere Menschen und zu einer allgemeinen Verschlechterung des moralischen Klimas führen.

- Konsequenzen für die Angreifer selbst : Basierend auf dem Mythos, dass Mobbing nur das Opfer betrifft, werden die Auswirkungen dieses Verhaltens auf den Angreifer selbst oft vergessen . Mobbing kann negative Persönlichkeitsmerkmale wie Aggression, Gewalt und Respektlosigkeit gegenüber anderen verstärken, was in der Folge zu sozialer Isolation, Kommunikationsproblemen und anderen negativen Folgen führen kann.

- Auswirkungen auf den Bildungsprozess: Mobbing wirkt sich auf das Bildungsumfeld aus und behindert das Lernen und die Entwicklung aller am Bildungsprozess Beteiligten. Opfer von Mobbing leiden unter

Konzentrationsschwierigkeiten, Schwierigkeiten beim Verstehen von Stoffen und Lernmotivation, während Unbeteiligte möglicherweise auch unter Stress leiden, der sich letztendlich auf die schulischen Leistungen und den gesamten Bildungsprozess auswirkt.

Somit hat Mobbing nicht nur individuelle Auswirkungen auf das Opfer, sondern hat auch weitreichende soziale, psychologische und erzieherische Folgen für alle Beteiligten in der Gesellschaft. Das Bestreben, ein sicheres und unterstützendes Umfeld zu schaffen, muss ein besseres Verständnis aller Aspekte von Mobbing beinhalten.

8. Das Mobbingopfer trägt die Schuld an der Situation: Manche Menschen glauben möglicherweise, dass das Mobbingopfer aufgrund seines Verhaltens oder Aussehens für die Situation verantwortlich ist. Dies ist jedoch ein Missverständnis, da niemand es verdient, gemobbt oder verletzt zu werden.

Die Behauptung, dass das Opfer von Mobbing für das Geschehen verantwortlich sei, ist einer der weitverbreiteten Mythen über Mobbing. Hierbei handelt es sich um ein Missverständnis, das häufig dazu führt, dass missbräuchliches Verhalten des Täters gerechtfertigt oder vertuscht wird. Schauen wir uns dieses Problem genauer an:

- Schuldzuweisungen des Opfers: Opfer von Mobbing werden häufig beschuldigt, aufgrund ihres Verhaltens, ihres Aussehens oder einer anderen Eigenschaft selbst für das Geschehen verantwortlich zu sein. Dies ist jedoch eine falsche Annahme, da keine Handlung oder Eigenschaft des Opfers Gewalt oder Mobbing rechtfertigt.

- Verantwortung des Tyrannen: Die Hauptverantwortung für Mobbing liegt beim Tyrannen, der gegenüber dem Opfer Gewalt, Demütigungen oder andere Formen der Aggression ausübt. Dem Opfer die Schuld für die Taten des Täters zu geben, entzieht ihm den Schutz und verstärkt das Gefühl von Hilflosigkeit und Schuldgefühlen.

- Psychologische Aspekte: Mobbing kann schwerwiegende psychologische Auswirkungen auf das Opfer haben, darunter Depressionen, Angstzustände, posttraumatische Belastungsstörungen und sogar Selbstmordgedanken. Dem Opfer die Schuld zu geben, vergrößert nur sein Leiden und vertieft sein psychologisches Trauma.

- Akzeptanz und Unterstützung: Anstatt dem Opfer die Schuld zu geben, sollte die Gesellschaft das Problem des Mobbings anerkennen und den Opfern Unterstützung bieten. Dazu können Aufklärung über Mobbing, die Schaffung sicherer Räume und Programme zur Unterstützung der psychischen Gesundheit für diejenigen gehören, die von dem Problem betroffen sind.

Daher ist es wichtig, sich darüber im Klaren zu sein, dass kein Mobbing-Opfer es verdient, zu leiden, und dass die Verantwortung für die Gewalt immer beim Mobber liegt. Dem Opfer die Schuld zu geben, verschlimmert das Problem nur und verhindert, dass es die Unterstützung und den Schutz erhält, die es braucht.

9 . Mobbing ist nur ein Scherz oder ein Spiel: Manche Menschen spielen die Schwere des Mobbings herunter, indem sie es nur als einen freundlichen Witz oder ein Spiel ansehen. Tatsächlich hat Mobbing negative Folgen und kann der geistigen und körperlichen Gesundheit des Opfers ernsthaften Schaden zufügen.

Die Aussage, dass Mobbing nur ein Scherz oder ein Spiel sei, ist einer der weit verbreiteten Mythen über dieses Phänomen. Dieses Missverständnis verdeutlicht eine leichtfertige Herangehensweise an ein ernstes Problem, die schwerwiegende Folgen für das Opfer haben kann. Schauen wir uns dieses Problem genauer an:

- Schwere des Mobbings: Mobbing ist eine Form von Aggression und Gewalt, die schwerwiegende Folgen für das Opfer haben kann. Dabei handelt es sich nicht nur um Witze oder Spielchen, sondern um einen Angriff auf die Persönlichkeit und das Selbstwertgefühl einer Person.

- Psychische Auswirkungen: Opfer von Mobbing können unter Depressionen, Angstzuständen, posttraumatischem Stresssyndrom und anderen psychischen Problemen leiden. Für sie ist Mobbing nicht nur ein Spiel, sondern eine Quelle schweren psychischen Leidens.

- Körperliche Folgen: Einige Formen von Mobbing, wie zum Beispiel körperliche oder verbale Gewalt, können die Gesundheit des Opfers ernsthaft schädigen. Dies ist kein Spiel, sondern eine echte Verletzung des körperlichen Wohlbefindens.

- Schaffung eines negativen Umfelds: Mobbing schafft ein schädliches und toxisches Umfeld, das sich über Einzelfälle hinaus ausbreiten und die gesamte soziale Atmosphäre beeinträchtigen kann.

- Interventionsbedarf: Mobbing als bloßen Scherz oder Spiel zu akzeptieren ist inakzeptabel und erfordert ein aktives Eingreifen von Bildungseinrichtungen, der Gemeinschaft und der Gesellschaft insgesamt.

Insgesamt ist es wichtig zu erkennen, dass Mobbing viel schwerwiegender ist als nur Witze oder Spielchen. Es handelt sich um eine Form von Gewalt und Aggression, die eine ernsthafte Behandlung und Intervention erfordert, um sie zu verhindern und zu stoppen.

10. Mobbing ist ein unvermeidlicher Teil der Kindheit: Manche Menschen glauben vielleicht, dass Mobbing ein unvermeidlicher Teil des Erwachsenwerdens ist und dass Kinder einfach daraus „herauswachsen" sollten. Dies ist jedoch eine falsche Aussage, da Mobbing kein normaler oder unvermeidlicher Aspekt der Kindheit ist. Es kann und muss verhindert und angegangen werden, um ein sicheres und unterstützendes Umfeld für alle Kinder zu gewährleisten.

Die Vorstellung, dass Mobbing ein unvermeidlicher Teil der

Kindheit sei, ist ein weit verbreiteter Mythos, der dem Verständnis und der Lösung des Problems abträglich ist. Lass uns genauer hinschauen:

- Inakzeptanz von Mobbing: Es ist wichtig zu verstehen, dass Mobbing niemals als normaler oder unvermeidlicher Aspekt der Kindheit betrachtet werden sollte. Mobbing ist eine Form von Gewalt und Aggression, die gegen die Grundsätze der Sicherheit und des Respekts für jeden Menschen verstößt.

- Folgen für die Opfer: Mobbing kann schwerwiegende Folgen für das geistige und emotionale Wohlbefinden von Kindern haben und zu Depressionen, Angstzuständen und anderen psychischen Problemen führen. Es kann tiefe Wunden hinterlassen, die das Leben des Opfers über Jahre hinweg beeinträchtigen können.

- Die Rolle von Pädagogen und Gesellschaft: Anstatt Mobbing als unvermeidliches Phänomen zu betrachten, müssen Erwachsene und die Gesellschaft als Ganzes aktive Maßnahmen ergreifen, um dieses negative Verhalten zu verhindern und einzudämmen. Bildungseinrichtungen, Eltern, Pädagogen und die Gesellschaft im Allgemeinen müssen zusammenarbeiten, um ein sicheres und unterstützendes Umfeld für Kinder zu schaffen.

- Proaktive Maßnahmen: Zur wirksamen Bekämpfung von Mobbing gehört es, den Kindern die Fähigkeiten emotionaler Intelligenz, Konfliktlösung und respektvoller Kommunikation beizubringen. Es ist auch wichtig, Unterstützungssysteme und -mechanismen zu entwickeln, um auf Mobbingvorfälle zu reagieren.

- Prävention und Reaktion: Es ist wichtig, Präventionsarbeit zu leisten und sowohl Opfern als auch potenziellen Mobbingopfern Aufklärung und Unterstützung zu bieten. Auch die schnelle und effektive Reaktion auf Mobbing-Vorfälle ist ein zentraler Aspekt bei der Bekämpfung dieses Problems.

Insgesamt ist Mobbing kein unvermeidlicher Aspekt der Kindheit und sollte als schwerwiegende Störung betrachtet werden, die sofortiges Eingreifen und geeignete Maßnahmen zur Vorbeugung und Bekämpfung erfordert. Die Schaffung eines sicheren und unterstützenden Umfelds für alle Kinder sollte für Bildungseinrichtungen und die Gesellschaft insgesamt Priorität haben.

Mythen über Mobbing können es sehr schwierig machen, das Problem zu verstehen und zu lösen. Die Verbreitung falscher Überzeugungen über Mobbing kann dazu führen, dass dessen Schwere und Auswirkungen auf die Opfer unterschätzt werden und wirksame Maßnahmen zu seiner Überwindung behindert werden. Daher ist es wichtig, die Öffentlichkeit über die wahre Natur von Mobbing und seine Folgen aufzuklären.

Ein verbreiteter Mythos ist die Vorstellung, dass Mobbing einfach

Teil der Kindheits- oder Teenagererfahrung sei und dass Kinder einfach daraus „herauswachsen" sollten. Dies ist jedoch ein Missverständnis, da Mobbing kein unvermeidlicher Aspekt der Kindheit ist und als schwerwiegende Störung betrachtet werden sollte, die sofortiges Eingreifen erfordert.

Ein weiterer verbreiteter Mythos besagt, dass Mobbing nur das Opfer und nicht die gesamte Gemeinschaft betrifft. In Wirklichkeit hat Mobbing jedoch weitreichende Folgen für alle in der Gesellschaft, auch für Unbeteiligte und sogar für die Mobber selbst.

Es gibt auch den Mythos, dass Mobbing nur ein Scherz oder ein Spiel sei, was die Ernsthaftigkeit des Problems abschwächt. Tatsächlich hat Mobbing negative Folgen und kann sowohl der geistigen als auch der körperlichen Gesundheit des Opfers ernsthaften Schaden zufügen.

Die Verbreitung dieser Mythen kann wirksame Bemühungen zur Bekämpfung von Mobbing behindern. Daher ist es wichtig, die Öffentlichkeit über die wahre Natur dieses Problems und seine schwerwiegenden Folgen aufzuklären. Das Bewusstsein für diese Missverständnisse hilft, Mobbing in der Gesellschaft besser zu verstehen und zu bekämpfen sowie wirksame Maßnahmen zur Vorbeugung und Bekämpfung dieses Problems zu ergreifen.

❖ · ❖ · ❖ · ❖ · ❖ · ❖ · ❖ · ❖ · ❖ · ❖ · ❖ · ❖ · ❖ · ❖ · ❖

Kapitel 9.
Wie man aufhört, Opfer zu sein. Keine traditionelle Selbsterneuerung.

Der Mensch als Spezies hat das Potenzial, die schrecklichsten, rücksichtslosesten und grausamsten Taten auf diesem Planeten zu begehen. Diese Aussage kann unterschiedliche Reaktionen hervorrufen und die Notwendigkeit hervorrufen, unsere Haltung gegenüber der Menschheit zu überdenken.

Warum halten wir einen Menschen für ein so grausames und rücksichtsloses Wesen? Vielleicht ist es seine Geschichte voller Kriege, Konflikte und Gewalt. Vielleicht liegt es an seiner Fähigkeit, die Umwelt und andere Lebewesen zu zerstören. Oder vielleicht handelt es sich um eine genetisch bedingte Fähigkeit und den Wunsch im Unterbewusstsein eines Menschen, seinen Mitmenschen Leid zuzufügen, wofür es immer einen Grund gibt, sei es aufgrund von Unterschieden im Glauben, in der Rasse, in der Politik oder anderen Faktoren. Um Gründe zu finden, genug zu sehen und zu versuchen, jemanden wie ihn selbst zu zerstören, sucht ein Mensch manchmal nicht einmal nach Gründen, sondern wählt ein Opfer aus seiner Umgebung. Aber hier fällt diese Wahl immer auf denjenigen, der körperlich oder geistig schwächer ist.

Man kann sagen, dass in jedem Menschen auch das Potenzial für Mitgefühl, Freundlichkeit und Gerechtigkeit steckt. Die Menschheit hat zahlreiche Wohltätigkeitsorganisationen, Hilfsprogramme sowie wissenschaftliche und medizinische Fortschritte geschaffen, die dazu beitragen, das Leben von Millionen Menschen zu verbessern.

Aber sagen Sie mir, worauf richten all diese Wohltätigkeitsorganisationen ihre Bemühungen? Ich werde Ihnen antworten: zum Schutz derer, die unter anderen Menschen gelitten haben, derjenigen, die Opfer geworden sind. Sei es eine wirtschaftlich unsichere Bevölkerung, bei der die Reichen den Armen den Reichtum entziehen, Arbeitsplätze vernichten oder die Preise in die Höhe treiben. Wer macht das alles? Das ist richtig, eine andere Person, die ein direkter Angreifer ist. Aber hier sind die meisten von uns direkt von ihnen abhängig und können in den meisten Fällen nichts dagegen tun. Diese Angreifer beherrschen die Welt und haben Gesetze zu ihrem Schutz erlassen.

Vergessen Sie aber auch nicht, dass es andere Opfer gibt, die von anderen Menschen direkt körperlich geschädigt wurden. Und hier ist anzumerken, dass vor allem auf Landesebene Opferhilfezentren geschaffen wurden . Aber hier sollten wir darauf achten, ob diese Organisationen den Opfern umfassend helfen können? Ja, in vielen Fällen helfen diese Organisationen bei der Bewältigung des Angreifers und erhalten möglicherweise sogar eine Entschädigung. Aber ich versichere Ihnen, dass derjenige, der ein Opfer war, wieder ein Opfer wird, wenn er den Angreifer nicht aus eigener Kraft besiegt. In 60 % der Fälle werden ehemalige Opfer erneut Angriffen durch andere Angreifer ausgesetzt, in der Hälfte der Fälle sogar durch denselben Angreifer. Aber dieses Mal kann die Aggression bereits tödliche Folgen haben, da der Angreifer es dem Opfer in vielen Fällen nicht erlaubt, Hilfe zu suchen und in diesem Fall sein Opfer zu töten.

Hier ist es wichtig, dem Kind zu erklären, dass es versteht, dass die Angreifer dieselben Menschen sind wie das Opfer selbst, dass alle Kinder gleichermaßen Menschen sind . Die Menschen auf dem Planeten teilen die gleichen grundlegenden Merkmale der menschlichen Natur, und die Unterschiede zwischen ihnen sind zwar in mancher Hinsicht erheblich, aber letztendlich gering. Physiologische und psychologische Merkmale können das Verhalten einer Person bestimmen, sie machen eine Person jedoch nicht wertvoller oder minderwertig als andere.

Für ein Kind, das gemobbt wird, ist es wichtig zu verstehen, dass Unterschiede zwischen Menschen durch die Gesellschaft und die Kultur entstehen und nicht das persönliche Selbstwertgefühl oder die Beziehungen zu anderen bestimmen sollten. Das Überdenken Ihrer eigenen Einstellung zu sich selbst und anderen kann dabei helfen, den Prozess der Veränderung Ihrer mentalen Wahrnehmung der Situation und Ihrer Persönlichkeit als Ganzes einzuleiten.

Das heißt, Sie müssen dem Kind erklären, dass es dieselbe Person ist wie seine Täter. Es ist sehr wichtig, dass das Kind den Tisch als einfaches und natürliches Konzept versteht. Es ist auch so , dass alle Menschen auf dem Planeten gleich sind und sich nur durch eine kleine Reihe von Faktoren unterscheiden, zu denen physiologische und psychologische Unterschiede gehören. Und gleichzeitig sind sie überhaupt nicht groß. Diese Unterschiede wirken sich natürlich auf das Verhalten eines Menschen und darauf aus, wie er sein gesamtes Leben verbringen wird.

Das Verständnis des Kindes, dass das Opfer und der Angreifer bis auf zwei Faktoren in allem gleich sind, ist als Inspiration für das Kind wichtig. Es ist notwendig, oft mit dem Kind darüber zu sprechen, dass es die gleichen menschlichen Qualitäten hat wie sein Täter. Dass auch ein Kind das volle Recht auf seine eigenen Gedanken, Gefühle und Wünsche hat, genau wie jeder andere Mensch auf dem Planeten. Dieses Verständnis kann der Schlüssel sein, um sich von der Opferrolle zu befreien.

Und wenn Sie dies jetzt lesen, bedeutet das, dass Sie bereit sind, Ihrem Kind zu helfen . Vielleicht ist es der Wunsch, Ihr Kind nicht ein Leben lang in der Opferrolle zu belassen. Dies ist ein großartiger erster Schritt für Eltern und Kind. Aber hören Sie hier nicht auf. Sie müssen dem Kind vermitteln, dass es irgendwo tief im Unterbewusstsein, vielleicht sogar unbewusst, diesen Wunsch nach Veränderung verspürt. Dies ist der Wunsch, die innere Welt zu verändern und die Einstellung des Kindes zu sich selbst und der Welt um es herum zu überdenken.

Es muss erklärt werden, dass Ihr Kind seine psychologische Rolle, sein Selbstwertgefühl und seine Denkweise ändern kann. Erklären Sie Ihrem Kind, wie sich diese Veränderung auf jeden Aspekt seines Lebens auswirken kann. Dass Ihr Kind selbstbewusster, stärker und entscheidungsfreudiger werden kann. Das Kind muss beginnen, die Welt aus einer anderen, positiveren Perspektive zu sehen. Das Kind muss sich von den Fesseln der Angst und Negativität befreien, die es lange Zeit in einem Teufelskreis gehalten haben .

Dieser psychologische Faktor ist ein äußerst wichtiger Schlüssel zur Veränderung. Dies ist ein innerer Schatz, der die innere Welt Ihres Kindes auf den Kopf stellen sollte. Und das Kind sollte keine Angst vor ihm haben, sondern es willkommen heißen. Ihr Kind muss sich erlauben, es zu akzeptieren und in seinem eigenen Leben umzusetzen. Es ist nicht schwierig, es ist sehr einfach. Aber das ist unglaublich wichtig. Das ist die Chance Ihres Kindes, seine Zeit. Und das sollte Ihrem Kind auf keinen Fall entgehen.

Lassen Sie uns näher auf diesen zweiten Faktor eingehen, der notwendig ist, damit Ihr Kind nicht mehr zum Opfer wird. Denken Sie an die körperliche Verfassung Ihres Kindes. Vielleicht fühlt er sich verletzlich, nicht stark genug, um sich zu schützen. Dies geschieht häufig, nachdem ein

Kind Mobbing erlebt hat, das ihm nicht nur emotional, sondern auch körperlich Schaden zufügen kann. Von außen betrachtet können Sie als Eltern vollkommen verstehen, dass der Körper Ihres Kindes nicht zum Widerstand, zum Schutz vor dem Angreifer bereit ist.

Aber wenn Sie dieses Buch lesen, bedeutet das, dass Sie den Wunsch verspüren, dies zu ändern und Ihrem Kind zu helfen. Das heißt, Sie möchten, dass die körperliche Verfassung Ihres Kindes seine innere Stärke und sein Selbstvertrauen widerspiegelt. Es ist möglich. Es ist nicht so schwierig, wie es scheint. Aber dennoch wird es Mühe erfordern und Zeit brauchen. Ja, ich verstehe, dass Sie zum Wohle Ihres Kindes sofort Ergebnisse erzielen möchten, aber das ist nicht möglich. Sie haben Ihrem Kind jahrelang beigebracht, ein Opfer zu sein, und es wird einige Zeit dauern, ihm beizubringen, kein Opfer mehr zu sein. Aber ich habe eine gute Nachricht: Sie müssen dafür nicht Jahre aufwenden, ich kann Ihnen sogar einen Zeitrahmen nennen, innerhalb dessen das Kind , wenn es meinen Anweisungen folgt, kein Opfer mehr ist. Diese liegt zwischen drei Monaten und einem Jahr. Es hängt alles vom körperlichen und geistigen Zustand des Kindes ab, von Ihrem Willen, sich anzustrengen und zu überzeugen, das gesetzte Ziel zu erreichen, und auch davon, wie sehr sich das Kind dem Prozess der Neubildung von sich selbst, seinem Bewusstsein und seinem Körper zu einer anderen Persönlichkeit hingibt .

Nennen wir den zweiten Faktor physiologisch. Dies ist der Körper Ihres Kindes, seine physische Form, die es verändern kann, um stärker und verteidigungsbereiter zu werden. Das kann Sport, Fitness, Kampfsport sein, etwas, das Ihnen dabei hilft, Ihren Körper zu stärken und Ihr Selbstvertrauen zu steigern.

Das kann Sport, Fitness, Kampfsport sein, etwas, das Ihnen dabei hilft, Ihren Körper zu stärken und Ihr Selbstvertrauen zu steigern. Schauen wir uns das genauer an, um zu verstehen, wo man anfangen soll und was für wen geeignet ist.

Aber denken Sie daran, dass dies ein Prozess ist. Dies ist keine sofortige Lösung des Problems. Aber jeder Schritt, jede Übung, jedes Training bringt Sie Ihrem Ziel näher – stark und selbstbewusst zu sein. Sie sollten keine Angst haben, Mühe und Zeit dafür zu investieren. Letztlich geht es um die Gesundheit, Kraft und das Leben Ihres Kindes. Sie haben entschieden, dass Ihr Kind nie wieder ein Opfer sein wird, und es braucht Ihre Hilfe, auch ohne sich dessen völlig bewusst zu sein.

Werfen wir einen Blick auf die Ergebnisse der Änderung dieser beiden Faktoren. Stellen Sie sich vor, wie der neue psychische und physische Zustand die Situation Ihres Kindes verändern wird. Er wird nie wieder ein Opfer sein. Ihr Kind wird nicht nur ein normaler Mensch sein, sondern auch Stärke, Selbstvertrauen und Entschlossenheit besitzen. Dies wird ihn von den Fesseln des Mobbings und der Selbstgewalt befreien und es ihm ermöglichen, sein Potenzial voll auszuschöpfen.

Und nicht nur das. Wenn das Kind es möchte, kann es vielleicht sogar zum Beschützer anderer vor Mobbing werden. Ihr Kind kann seine Erfahrung und seine Stärken nutzen, um diejenigen zu unterstützen, die sich in einer ähnlichen Situation befinden. Sein Wunsch, andere zu beschützen, wird ein Zeichen Ihrer inneren Transformation, Ihres Wachstums und Ihrer Stärke sein.

Aber als Eltern müssen Sie verstehen, dass die schlechte körperliche Verfassung Ihres Kindes fast ausschließlich in Ihrer Verantwortung liegt. Und das muss jetzt korrigiert werden. Sie müssen das Kind davon überzeugen, dass dies seine Entscheidung ist, denn unter Zwang wird der Prozess der Verwandlung Ihres Kindes in einen neuen Menschen gewalttätig und Sie werden zum Aggressor, der Ihr Kind dazu zwingt, gegen seinen Willen Sport zu treiben. Aber es muss sein persönlicher Wunsch da sein, sich selbst und seine Welt zu verändern. Dies ist der Weg zur Freiheit von Mobbing und der Weg zu einem neuen, stärkeren und selbstbewussteren Leben. Natürlich ist der Weg dorthin nicht einfach, da man so viele Jahre lang ein Opfer war. Es erfordert vom Kind konzentrierte Anstrengung, Entschlossenheit und Zeit. Aber jeder Schritt, jede Anstrengung bringt Sie Ihrem Ziel näher.

Lassen Sie uns über den ersten Faktor sprechen, der vielleicht am wenigsten schwer zu ändern ist, aber gleichzeitig eine wichtige Rolle bei der Überwindung von Mobbing spielt. Dabei handelt es sich um ein Bewusstsein für die persönliche Menschenwürde und die Gleichberechtigung mit Straftätern.

Das Kind muss verstehen, dass es ein Mensch ist, genau wie seine Angreifer. Ihr Kind besitzt die gleichen Organe, Knochen, Gehirn und Haut. Unabhängig von seiner Körpergröße oder seinem Aussehen ist Ihr Kind seinem Angreifer in fast jeder Hinsicht absolut ebenbürtig. Hier ist es wichtig zu verstehen, dass Ihr inneres Selbst nicht weniger wertvoll und mächtig ist als das anderer.

Vielleicht haben Erziehung oder Umstände in der Vergangenheit dazu geführt, dass sich das Kind weniger wichtig oder verletzlich gefühlt hat. Oder einfach nicht auf das wirkliche Leben vorbereitet sein, das voller Grausamkeiten ist, von denen er nicht einmal wusste. Dies sollte jedoch nicht über die Zukunft Ihres Kindes entscheiden. Es ist notwendig, diese im Laufe der Jahre Ihres Lebens geschaffene Illusion einer „fairen und gleichberechtigten" Welt in Ihrem Kopf zu durchbrechen und zu verstehen, dass dies ein äußerst wichtiger Schritt zur Befreiung aus der Opferrolle ist.

Das Kind muss an sich glauben. Glauben Sie, dass er stark und in der Lage ist, sein Leben zu verändern. Es ist notwendig, diesen ersten Schritt in Richtung Selbstverständnis und Selbstachtung zu gehen. Denn wenn ein Kind an sich selbst glaubt, wenn es seinen Wert erkennt, öffnet es die Tür zu neuen Möglichkeiten und Freiheit von Angst und Demütigung.

Damit alles nach unserem Plan funktioniert, müssen beide Faktoren gleichzeitig wirken und sich verändern, und Sie als Eltern müssen dies im Auge behalten. Wenn wir praktische Ratschläge in Betracht ziehen, werden wir immer wieder auf beide Faktoren zurückkommen und sie als ein Ganzes überdenken, das nicht getrennt existieren kann.

Kapitel 10.
Harmonie zweier Faktoren. Was Sie selbst wählen sollten.

Um sich auf den Widerstand gegen Aggressionen vorzubereiten, muss nicht nur der physische Körper gestärkt werden, sondern auch der mentale Zustand überdacht werden. Das ist kein einfacher Weg, aber ein wichtiger Schritt zur Befreiung aus der Opferrolle.

Dabei spielt die Wahl der sportlichen Aktivität eine zentrale Rolle. Es gibt viele Sportarten, von denen jede ein Werkzeug zur Entwicklung von körperlicher Stärke, Koordination und Selbstvertrauen sein kann. Allerdings sind nicht alle Sportarten dazu geeignet, Selbstverteidigung und schnelle Reaktion in kritischen Situationen zu lehren.

So kann beispielsweise ein Kampfsporttraining nicht nur Ihre Fitness verbessern, sondern Ihnen auch effektive Verteidigungstechniken vermitteln. Sie entwickeln nicht nur den Körper, sondern auch den Geist unter Berücksichtigung von Taktik und Strategie. Es ist wichtig, eine Sportart zu wählen, die Ihnen nicht nur dabei hilft, stärker zu werden, sondern auch zu lernen, in Stresssituationen Entscheidungen zu treffen.

Darüber hinaus sollte die Vorbereitung auf die Abwehr von Aggressionen die Arbeit an psychologischen Aspekten umfassen. Opfer von Mobbing verspüren oft Gefühle der Hilflosigkeit, Angst und mangelndes Selbstwertgefühl. Neben der Schulung ist es wichtig, die Unterstützung eines Psychologen oder Trainers in Anspruch zu nehmen, der auf die Arbeit mit Gewaltopfern spezialisiert ist. Dies wird dem Kind nicht nur helfen, Traumata zu überwinden, sondern auch seine Situation zu überdenken, Selbstvertrauen zu gewinnen und zu lernen, effektiv auf Aggressionen zu reagieren.

Es ist wichtig, sich daran zu erinnern, dass die Vorbereitung auf den Widerstand gegen Aggressionen ein Prozess ist, der Zeit, Geduld und die ständige Weiterentwicklung sowohl physischer als auch psychischer Fähigkeiten erfordert. Sie müssen darauf vorbereitet sein, dass Veränderungen zwar Zeit brauchen, aber jeder Schritt auf dem Weg Sie näher daran bringt, sich von der Opferrolle zu befreien und die Kontrolle über Ihr eigenes Leben zu erlangen.

In diesem Abschnitt tauchen wir in die Welt des Sports ein, der Ihr zuverlässiger Verbündeter im Kampf gegen Aggression sein kann. Wir erkunden verschiedene einzigartige Wege, die Ihnen den Weg zu körperlicher und geistiger Stärke ebnen und Sie in die Lage versetzen, Ihren Angreifer herauszufordern.

Stellen Sie sich vor, dass jede Bewegung Ihres Kindes von Anmut und Kraft erfüllt sein könnte und dass es ein Selbstvertrauen hat, das sich von innen heraus ausbreitet. Und das sind keine Träume, sondern eine Realität, die durch Sport erreicht werden kann. Deshalb empfehle ich Ihnen, den Weg einzuschlagen, Ihr Kind durch sportliche Aktivitäten zu verbessern.

Die Wahl der richtigen Sportart ist entscheidend. Ich habe nur einige Sportarten ausgewählt und Ihnen diese angeboten, um Ihre Aufmerksamkeit auf diejenigen Sportarten zu lenken, die leicht zu beherrschen und in jedem Winkel der Welt verfügbar sind. Schließlich ist es unser Ziel, Ihrem Kind in kürzester Zeit die Werkzeuge an die Hand zu geben, mit denen es dem Angreifer effektiv widerstehen kann.

Außerdem sind diese Schulungsarten sehr gut, da sie über erweiterte Online-Trainingsmöglichkeiten und viele Video-Tutorials auf YouTube verfügen. Heutzutage sind im Internet viele Video-Tutorials und Ressourcen verfügbar, die es einem Kind ermöglichen , seine Transformationsreise noch heute direkt zu Hause zu beginnen. Dies ist nicht nur eine Gelegenheit, Ihren Körper zu stärken, sondern auch Ihre Meinung zu ändern , Selbstvertrauen zu gewinnen und sich selbst zu verändern .

Denken Sie vor allem daran, dass Sie mit jedem Schritt in diese Richtung Ihrem Ziel näher kommen. Und selbst wenn Sie nicht die Möglichkeit haben, Ihr Kind in einem Sportverein anzumelden, um unter der Aufsicht eines Trainers Sport zu treiben, sind wir uns gemeinsam mit Ihnen natürlich darüber im Klaren, dass selbstständiges Lernen eine professionelle Ausbildung nicht ersetzt, in manchen Situationen jedoch schon kann eine absolut würdige Alternative sein und zur Rettung für Ihr Kind werden. Ab heute haben Sie die volle Chance, Ihrem Kind beizubringen, die Kontrolle über sein Leben zu übernehmen. Und nach ein paar Monaten wird er in der Lage sein, dem Angreifer und allen Prüfungen, die ihm das Leben stellt, eine würdige Abfuhr zu erteilen.

Betrachten wir einige beliebte Sportarten, die in fast jedem Teil der Welt trainiert werden können und relativ schnell erlernt werden können, um dem Mobbingopfer zu helfen:

1. Boxen: Boxen ist eine Sportart, die dabei hilft, Kraft, Ausdauer, Koordination und Selbstbeherrschung zu entwickeln. Das Beherrschen grundlegender Boxtechniken kann einem Opfer helfen, sich selbst zu verteidigen und gegen einen Angreifer zu kämpfen.

Boxen ist nicht nur ein Sport, es ist ein Werkzeug, das nicht nur Ihr körperliches Erscheinungsbild, sondern auch Ihren geistigen Zustand verändern kann. Es ist kein Zufall, dass es als eine der wirksamsten

Möglichkeiten gilt, Mobbingopfern zu helfen.

Das Positive daran ist, dass man beim Boxen vollkommen konzentriert sein und die Kontrolle behalten muss. Im Training lernen Sie, mit Ihren Emotionen umzugehen, Selbstdisziplin zu entwickeln und die Selbstkontrolle zu stärken. Diese Fähigkeiten sind für Mobbingopfer äußerst wichtig, da sie nicht nur dabei helfen, ihre Emotionen in Konfliktsituationen zu kontrollieren, sondern auch in kritischen Momenten durchdachte Entscheidungen zu treffen.

Darüber hinaus fördert das Boxen körperliche Kraft, Ausdauer und Koordination. Dies verbessert nicht nur Ihre körperliche Fitness, sondern gibt Ihnen auch Vertrauen in Ihre Fähigkeiten. Mobbingopfer können sich, wenn sie grundlegende Boxtechniken erlernt haben, sicherer und bereiter fühlen, sich dem Angreifer zu stellen.

Einer der wichtigsten Punkte beim Boxen ist die Entwicklung von Selbstverteidigungsfähigkeiten. Sie lernen nicht nur Schläge und Blockaden, sondern auch Strategien, um Angriffen auszuweichen. Dadurch sind Sie kompetenter und auf reale Situationen auf der Straße oder in der Schule vorbereitet, in denen es zu Konflikten kommen kann.

Somit ist Boxen nicht nur eine Sportdisziplin, sondern eine ganze Reihe von Werkzeugen, die Ihren Lebensstil verändern und Ihnen helfen können, kein Opfer mehr zu sein. Es trainiert nicht nur Ihren Körper, sondern auch Ihren Geist und macht Sie zu einem starken und selbstbewussten Menschen, der in der Lage ist, sich gegen einen Angreifer zu wehren und sich zu verteidigen.

Darüber hinaus ist zu berücksichtigen, dass Boxen neben dem körperlichen Training auch die Entwicklung psychologischer Fähigkeiten fördert, die notwendig sind, um Aggressionen wirksam entgegenzuwirken.

Erstens trägt regelmäßiges Boxtraining dazu bei, das Selbstwertgefühl und Selbstvertrauen des Mobbingopfers zu stärken. Das Gefühl der Stärke und des Vertrauens in die eigenen Fähigkeiten, das durch die Überwindung physischer und psychischer Barrieren beim Boxen gewonnen wird, hilft dem Opfer, seinen Wert und seine Bedeutung zu erkennen.

Zweitens lehrt das Boxtraining dem Opfer, seine Reaktionen auf Stresssituationen zu kontrollieren. Beim Boxen lernt man nicht nur, mit körperlichen Herausforderungen umzugehen, sondern auch, seine Emotionen zu kontrollieren und in kritischen Situationen einen kühlen Kopf zu bewahren. Dies ist besonders wichtig für Mobbingopfer, da die Fähigkeit, ruhig zu bleiben, dazu beitragen kann, Konflikte und eine Eskalation der Gewalt zu vermeiden.

Boxen hilft Mobbingopfern auch dabei, strategisches Denken und Planen zu entwickeln. Während des Trainings lernen Sie, Situationen zu analysieren, die Aktionen Ihres Gegners vorherzusagen und wirksame Gegenstrategien zu entwickeln. Diese Fähigkeiten können nicht nur im

Ring, sondern auch im Alltag angewendet werden und helfen dem Opfer, kluge Entscheidungen zu treffen und in seinem besten Interesse zu handeln.

So stärkt Boxen nicht nur den physischen Körper, sondern entwickelt auch die psychologischen Fähigkeiten, die für eine wirksame Abwehr von Mobbing notwendig sind. Angesichts des ganzheitlichen Ansatzes des Sports ist er eines der wirksamsten Mittel, um Mobbingopfern auf ihrem Weg zur Selbstbestimmung und Interessenvertretung zu helfen.

Boxen ist eine Kampfsportart, bei der die Hauptwaffen nur die Hände sind. Boxwettkämpfe werden in einem speziellen Ring ausgetragen, in dem zwei Boxer nur mit Schlägen gegeneinander antreten. Das Ziel des Boxens ist es, so viele Schläge wie möglich auf den Gegner zu landen und dabei den Kontakt mit seinen Schlägen zu vermeiden.

Beim Boxen wird viel Wert auf die Schlagtechnik gelegt: Gerade, Haken, Aufwärtshaken und andere. Wichtige Elemente des Boxens sind auch die Verteidigung und das Ausweichen vor gegnerischen Schlägen. Boxtraining fördert die Entwicklung von Geschwindigkeit, Kraft, Ausdauer und Reaktionszeit und verbessert die körperliche Fitness und Koordination.

2 . Kickboxen: Kickboxen kombiniert Elemente des Boxens und verschiedene Tritttechniken. Es hilft, Kraft, Koordination und Selbstvertrauen zu entwickeln.

Kickboxen ist nicht nur ein Sport, es ist eine Lebensweise, die für Mobbingopfer ein wirksames Instrument auf ihrem Weg zur Selbstverbesserung und zum Schutz sein kann. Lassen Sie uns herausfinden, wie dieser Sport Ihnen helfen kann, kein Opfer mehr zu sein und sich gegen den Angreifer zu wehren.

Erstens bietet Kickboxen ein umfassendes Training, das sowohl Boxelemente als auch verschiedene Tritttechniken umfasst. Dadurch erhalten Sie die Möglichkeit, nicht nur die Kraft und Koordination Ihrer Arme, sondern auch Ihrer Beine zu entwickeln, wodurch Sie vielseitiger und für eine Vielzahl von Situationen gerüstet sind. Diese vielfältigen Trainings ermöglichen es Mobbingopfern, Fähigkeiten zu erwerben, die ihnen helfen, effektiv mit verschiedenen Arten von Aggression umzugehen.

Zweitens trägt Kickboxen zur Entwicklung des Selbstvertrauens bei. Ständiges Training, die schrittweise Verbesserung der Technik und das Erreichen neuer Ziele schaffen ein Gefühl des Fortschritts und des Selbstwertgefühls. Dies ist besonders wichtig für Mobbingopfer, die oft unter einem geringen Selbstwertgefühl und Selbstvertrauen leiden. Selbstvertrauen wird ihnen helfen, sich sicherer zu fühlen und bereit zu sein, sich gegen einen Angreifer zu verteidigen.

Darüber hinaus vermittelt Kickboxen dem Opfer von Mobbing Selbstverteidigungsstrategien. Im Training lernt man nicht nur, effektiv anzugreifen, sondern sich auch zurückzuziehen und sich gegen Angriffe zu verteidigen. Dies hilft dem Opfer von Mobbing dabei, Fähigkeiten zu erlernen, die in realen Situationen auf der Straße oder in der Schule, in denen es zu Konflikten kommen kann, nützlich sein können.

Kickboxen ist also nicht nur ein Sport, sondern eine ganze Reihe von Werkzeugen, die das Leben eines Mobbingopfers verändern können. Es schult nicht nur körperliche Stärke, sondern auch Selbstvertrauen, strategisches Denken und Selbstverteidigungsfähigkeiten und macht sie stärker und fähiger, sich gegen einen Angreifer zu wehren.

Zusätzlich zu diesen Vorteilen fördert Kickboxen auch das emotionale Wohlbefinden und die Stressbewältigung von Mobbingopfern. Während des Trainings werden Endorphine ausgeschüttet – Glückshormone, die helfen, die Stimmung zu verbessern und Stress und Ängste abzubauen. Dies ist besonders wichtig für diejenigen, die unter den psychischen Auswirkungen von Mobbing wie Depressionen, Angstzuständen oder einer posttraumatischen Belastungsstörung leiden.

Darüber hinaus kann das Kickboxtraining zu einer Art Kanal für den Ausdruck negativer Emotionen und Aggression werden. Anstatt ihre Emotionen zu unterdrücken, können Mobbingopfer das Training nutzen, um negative Gefühle und Energie loszulassen. Dies hilft ihnen nicht nur, mit emotionalem Unbehagen umzugehen, sondern entwickelt auch gesündere Wege, auf Stresssituationen zu reagieren.

Darüber hinaus kann Kickboxen ein wirksames Instrument zum Aufbau sozialer Kontakte und Unterstützung sein. Die Teilnahme an Gruppentrainings bietet die Möglichkeit, Menschen mit ähnlichen Erfahrungen oder Interessen kennenzulernen und sich gegenseitig bei der Erreichung gemeinsamer Ziele zu unterstützen. Dies hilft Mobbingopfern, sich als Teil einer Gemeinschaft zu fühlen und zusätzliche Unterstützung auf ihrem Weg zur Selbstverbesserung zu erhalten.

Somit ist Kickboxen nicht nur ein Mittel zum körperlichen Training, sondern auch ein wirksames Instrument zur Verbesserung des psychischen Wohlbefindens und der sozialen Anpassung von Mobbingopfern. Es hilft ihnen nicht nur, stärker und selbstbewusster zu werden, sondern lernt auch, effektiv mit negativen Emotionen und Stress umzugehen und schafft so die Grundlage für ein gesundes und glückliches Leben.

Kickboxin kombiniert Elemente des Boxens und der Tritttechniken. Beim Kickboxen kommen neben dem Schlagen auch Tritte zum Einsatz, was diesen Sport abwechslungsreicher und dynamischer macht. Beim Kickboxen sind verschiedene Arten von Schlägen möglich: niedrige, mittlere und hohe Schläge, die es den Kämpfern ermöglichen, verschiedene Bereiche des Körpers des Gegners anzugreifen.

Zum Kickboxtraining gehört auch die Arbeit an Schlagtechnik, Verteidigung, Ausweichen und körperlicher Fitness. Darüber hinaus fördert Kickboxen die Entwicklung von Flexibilität, Beinkraft und Ausdauer. Im

Gegensatz zum Boxen können Sie beim Kickboxen nicht nur Ihre Arme, sondern auch Ihre Beine im Kampf einsetzen, was es in verschiedenen Situationen vielseitiger und effektiver macht.

3. Karate: Karate ist eine Kampfkunst, die Block-, Schlag- und Verteidigungstechniken lehrt. Es hilft auch, Konzentration und Selbstdisziplin zu entwickeln.

Karate ist nicht nur eine Verteidigungsmethode, sondern auch eine Lebensphilosophie, die Mobbingopfern helfen kann, sich körperlich und geistig zu verändern. Schauen wir uns an, wie dieser Sport Ihnen helfen kann, kein Opfer mehr zu sein und die Fähigkeiten zu erwerben, sich gegen einen Angreifer zu wehren.

Erstens lehrt Karate Selbstverteidigungstechniken, einschließlich Block-, Schlag- und Verteidigungstechniken. Diese Fähigkeiten ermöglichen es Mobbingopfern, sich bei Angriffen effektiv zu verteidigen, wodurch ihr Selbstvertrauen und ihre Fähigkeit, sich gegen den Mobber zu wehren, gestärkt werden. Durch regelmäßiges Karate-Training werden diese Fähigkeiten gestärkt und Reflexe trainiert, was für eine schnelle und adäquate Reaktion in Stresssituationen wichtig ist.

Zweitens hilft Karate dabei, Konzentration und Selbstdisziplin zu entwickeln. Durch das Training lernen die Schüler, ihre Gedanken und Emotionen zu kontrollieren, was ihnen hilft, sich auf eine Aufgabe zu konzentrieren und durchdachte Entscheidungen zu treffen. Diese Fähigkeiten sind für Mobbingopfer besonders wichtig, da sie ihnen helfen, einen kühlen Kopf zu bewahren und rational auf Druck und Drohungen zu reagieren.

Darüber hinaus lehrt Karate Respekt vor sich selbst und anderen, was zur Bildung einer positiven Einstellung sich selbst gegenüber und einem gesteigerten Selbstwertgefühl beiträgt. Dies ist besonders wichtig für Mobbingopfer, die möglicherweise unter Minderwertigkeitsgefühlen und einer negativen Selbstwahrnehmung leiden. Selbstvertrauen und Respekt vor den eigenen Grenzen helfen ihnen, weniger anfällig für Aggressoren zu werden und sich bei Bedarf zur Wehr zu setzen.

Somit stellt Karate ein wirksames Instrument dar, um Mobbingopfern auf ihrem Weg zur Selbstverbesserung und zum Schutz zu helfen. Es vermittelt nicht nur Selbstverteidigungstechniken, sondern fördert auch Konzentration, Selbstdisziplin und Selbstachtung und ist damit ein wirksames Instrument zur Bekämpfung von Aggressionen und zur Entwicklung einer positiven Persönlichkeit.

Darüber hinaus sollte berücksichtigt werden, dass Karate neben körperlichem Training auch dazu beiträgt, innere Stärke und Selbstvertrauen bei Mobbingopfern zu entwickeln. Ständiges Training in dieser Sportart trägt dazu bei, die spirituellen und psychologischen Aspekte des Einzelnen zu stärken, was für einen wirksamen Widerstand gegen den

Angreifer nicht weniger wichtig ist.

Karate lehrt Mobbingopfer nicht nur, sich körperlich zu verteidigen, sondern auch, innere Stärke und Frieden in sich selbst zu finden. Im Trainingsprozess lernen sie, ihre Emotionen zu kontrollieren, innere Harmonie zu finden und ihre innere Welt auszugleichen. Dies hilft ihnen nicht nur, mit den negativen Folgen von Mobbing umzugehen, sondern entwickelt auch einen starken und widerstandsfähigen Charakter, der nicht anfällig für den Einfluss von Mobbing ist.

Darüber hinaus vermittelt Karate Opfern von Mobbing moralische und ethische Grundsätze, die ihnen helfen, in schwierigen Situationen die richtigen Entscheidungen zu treffen. Sie lernen, ihre Rivalen zu respektieren, auch wenn diese aggressiv sind, und friedliche Lösungen für Konflikte zu finden. Diese Fähigkeiten helfen ihnen nicht nur, sich vor Mobbing zu schützen, sondern auch Konflikte zu vermeiden und friedliche Lösungen für Probleme zu finden.

Somit ist Karate nicht nur eine körperliche Disziplin, sondern auch eine Lebensphilosophie, die die innere und äußere Welt von Mobbingopfern verändern kann. Es lehrt sie nicht nur, sich gegen Aggressionen zu verteidigen, sondern auch, innere Stärke, Selbstvertrauen und Weisheit zu entwickeln, die sie unerschütterlich und bereit machen, alle Herausforderungen zu meistern, die das Leben ihnen stellt.

Karate und Taekwondo sind ebenfalls Kampfsportarten, sie haben jedoch unterschiedliche Wurzeln und Methoden. Das aus Japan stammende Karate konzentriert sich häufig auf Schlag- und Blocktechniken, während das aus Korea stammende Taekwondo auf Tritttechniken spezialisiert ist.

Karate und Taekwondo sind beides alte orientalische Kampfkünste, die sich in unterschiedlichen kulturellen und historischen Kontexten entwickelt haben und ihnen ihre einzigartigen Eigenschaften verleihen.

Karate ist eine japanische Kampfkunst, die auf der Insel Okinawa entwickelt wurde. Die Grundlage des Karate sind Schlag-, Tritt- und Blocktechniken. Im Karate wird nicht nur auf die Schlagtechnik geachtet, sondern auch auf die innere Entwicklung des Kämpfers, seine mentale Stärke und spirituelle Aspekte. Karate ist ein wirksames System der Selbstverteidigung, das dem Kämpfer beibringt, Gewalt zu kontrollieren und sie zu Verteidigungszwecken einzusetzen.

Taekwondo ist eine koreanische Kampfkunst, die sich auf Tritttechniken konzentriert. Dieser Sport ist bekannt für seine hohen und kraftvollen Tritte, die sowohl mit Kraft als auch mit schnellen Bewegungen ausgeführt werden können. Taekwondo umfasst auch verschiedene Elemente des Schlagens, Blockens und der Verteidigung. Das Besondere daran ist jedoch, dass es sich speziell auf Tritttechniken konzentriert, was es zu einer ausgezeichneten Wahl für diejenigen macht, die Kraft und Flexibilität der unteren Extremitäten entwickeln möchten.

Obwohl Karate und Taekwondo wirksame Formen der

Selbstverteidigung sind, haben sie doch ihre eigenen Eigenschaften, die je nach Vorlieben und Zielen für unterschiedliche Menschen attraktiv sein können. Karate mit seinem Schwerpunkt auf Schlagtechnik und innerer Entwicklung könnte für diejenigen geeignet sein, die die Koordination und die spirituellen Aspekte der Kampfkunst entwickeln möchten. Während Taekwondo mit seinem Schwerpunkt auf Tritten und Ausdauer möglicherweise für diejenigen vorzuziehen ist, die ihre Flexibilität und Trittfähigkeiten verbessern möchten.

4. Taekwondo: Taekwondo ist eine koreanische Kampfkunst, die Tritt- und Schlagtechniken umfasst. Es hilft, Koordination, Flexibilität und Ausdauer zu verbessern.

Karate und Taekwondo sind beides alte orientalische Kampfkünste, die sich in unterschiedlichen kulturellen und historischen Kontexten entwickelt haben und ihnen ihre einzigartigen Eigenschaften verleihen.

Karate ist eine japanische Kampfkunst, die auf der Insel Okinawa entwickelt wurde. Die Grundlage des Karate sind Schlag-, Tritt- und Blocktechniken. Im Karate wird nicht nur auf die Schlagtechnik geachtet, sondern auch auf die innere Entwicklung des Kämpfers, seine mentale Stärke und spirituelle Aspekte. Karate ist ein wirksames System der Selbstverteidigung, das dem Kämpfer beibringt, Gewalt zu kontrollieren und sie zu Verteidigungszwecken einzusetzen.

Taekwondo ist eine koreanische Kampfkunst, die sich auf Tritttechniken konzentriert. Dieser Sport ist bekannt für seine hohen und kraftvollen Tritte, die sowohl mit Kraft als auch mit schnellen Bewegungen ausgeführt werden können. Taekwondo umfasst auch verschiedene Elemente des Schlagens, Blockens und der Verteidigung. Das Besondere daran ist jedoch, dass es sich speziell auf Tritttechniken konzentriert, was es zu einer ausgezeichneten Wahl für diejenigen macht, die Kraft und Flexibilität der unteren Extremitäten entwickeln möchten.

Obwohl Karate und Taekwondo wirksame Formen der Selbstverteidigung sind, haben sie doch ihre eigenen Eigenschaften, die je nach Vorlieben und Zielen für unterschiedliche Menschen attraktiv sein können. Karate mit seinem Schwerpunkt auf Schlagtechnik und innerer Entwicklung könnte für diejenigen geeignet sein, die die Koordination und die spirituellen Aspekte der Kampfkunst entwickeln möchten. Während Taekwondo mit seinem Schwerpunkt auf Tritten und Ausdauer möglicherweise für diejenigen vorzuziehen ist, die ihre Flexibilität und Trittfähigkeiten verbessern möchten.

Taekwondo ist nicht nur eine Kampfkunst, sondern auch ein Weg zur Selbstverbesserung, der das Mobbingopfer stärker und selbstbewusster machen kann. Schauen wir uns an, wie dieser Sport einem Opfer von Mobbing dabei helfen kann, nicht mehr selbst zum Opfer zu werden und sich gegen den Angreifer zur Wehr zu setzen.

Erstens lehrt Taekwondo wirksame Selbstverteidigungstechniken, einschließlich Treten und Schlagen. Diese Techniken ermöglichen es Mobbingopfern, schnell und effektiv auf Angriffe zu reagieren und sich selbst und ihre Grenzen zu schützen. Regelmäßiges Taekwondo-Training verbessert die Koordination und entwickelt Reflexe, die für eine wirksame Selbstverteidigung in realen Situationen notwendig sind.

Zweitens trägt Taekwondo dazu bei, die mentale Stärke und das Selbstvertrauen von Mobbingopfern zu stärken. Während des Trainings lernen sie, ihre Ängste und Zweifel zu überwinden sowie positives Denken und Selbstvertrauen zu entwickeln. Dies hilft ihnen, an sich selbst und ihre Fähigkeiten zu glauben, was sie weniger anfällig für Mobbing macht und ihnen hilft, ein positives Selbstbild zu entwickeln.

Darüber hinaus lehrt Taekwondo Opfern von Mobbing Disziplin und Selbstbeherrschung. Durch Training lernen sie, ihre Emotionen zu kontrollieren und auf Stresssituationen gelassen zu reagieren. Dies hilft ihnen nicht nur, mit negativen Emotionen umzugehen, sondern auch, in schwierigen Situationen durchdachte Entscheidungen zu treffen, was ein wichtiger Aspekt bei der Bekämpfung von Aggressionen ist.

Somit ist Taekwondo nicht nur eine Sportdisziplin, sondern auch ein Weg zur persönlichen Weiterentwicklung und zum Schutz vor Mobbing. Es vermittelt wirksame Selbstverteidigungstechniken, stärkt mentale Stärke und Selbstvertrauen und entwickelt Disziplin und Selbstbeherrschung. Diese Fähigkeiten machen Mobbingopfer stärker und fähiger, mit den Herausforderungen des Lebens umzugehen und sich gegen den Mobber zu wehren.

Darüber hinaus hilft Taekwondo Mobbingopfern dabei, eine respektvolle und tolerante Haltung gegenüber anderen zu entwickeln. Durch das Training lernen sie, ihre Trainer, Trainingspartner und andere Teilnehmer zu respektieren, wodurch sich eine respektvolle und offene Haltung gegenüber Menschen im Allgemeinen entwickelt. Diese Fähigkeiten helfen ihnen, die Beweggründe für das Verhalten anderer Menschen besser zu verstehen und Gemeinsamkeiten zu finden, was für den Aufbau positiver Beziehungen und die Überwindung von Konflikten wichtig ist.

Darüber hinaus fördert Taekwondo die körperliche Gesundheit und das Wohlbefinden von Mobbingopfern. Regelmäßiges Training trägt zur Verbesserung der körperlichen Fitness, Ausdauer, Flexibilität und Gesamtkraft bei. Dies hilft ihnen nicht nur, auf körperliche Konfrontationen vorbereitet zu sein, sondern verbessert auch ihr Wohlbefinden und ihr Selbstvertrauen.

Erwähnenswert ist auch, dass Taekwondo Mobbingopfern die Grundsätze der Ethik und Moral beibringt, die für die Charakter- und Wertebildung wichtig sind. Während des Ausbildungsprozesses lernen sie, verantwortungsbewusst, ehrlich und fair zu sein, was ihnen hilft,

Führungsqualitäten zu entwickeln und die richtigen Entscheidungen im Leben zu treffen.

Somit ist Taekwondo nicht nur eine Sportdisziplin, sondern auch eine ganze Lebensweise, die die Entwicklung der körperlichen und geistigen Gesundheit, die Bildung einer respektvollen und toleranten Haltung gegenüber anderen sowie die Grundsätze von Ethik und Moral fördert. Diese Aspekte machen es zu einem wirksamen Instrument, um Mobbingopfern dabei zu helfen, Schwierigkeiten zu überwinden und persönliches Wachstum zu erreichen.

4. Judo: Judo ist eine japanische Kampfkunst, die sich auf Wurf- und Ringkampftechniken konzentriert. Dies kann eine wirksame Möglichkeit sein, sich selbst zu schützen und die Situation zu kontrollieren.

Judo ist nicht nur eine Kampfkunst, sondern auch eine Philosophie, die Mobbingopfer verwandeln und ihnen helfen kann, sowohl körperlich als auch geistig stärker zu werden. Schauen wir uns an, wie dieser Sport einem Opfer von Mobbing dabei helfen kann, nicht mehr selbst zum Opfer zu werden und sich gegen den Angreifer zur Wehr zu setzen.

Erstens lehrt Judo Wurf- und Greiftechniken, die bei der Abwehr von Angriffen wirksam sein können. Diese Techniken ermöglichen es Mobbingopfern, die Situation zu kontrollieren und sich im Falle aggressiver Einflussnahme zu schützen. Regelmäßiges Judo-Training verbessert die Koordination, Kraft und Flexibilität und bereitet das Opfer besser auf körperliche Konfrontationen vor.

Zweitens lehrt Judo Selbstbeherrschung und den Umgang mit den eigenen Emotionen. Durch Schulungen lernen Mobbingopfer, in Stresssituationen ruhig zu bleiben und kluge Entscheidungen zu treffen. Dies hilft ihnen, emotionale Ausbrüche und die Eskalation von Konflikten zu vermeiden, was ein wichtiger Aspekt bei der Bekämpfung von Aggressionen ist.

Darüber hinaus fördert Judo die Entwicklung spiritueller Qualitäten wie Respekt, Toleranz und Zurückhaltung. Mobbingopfer lernen, ihre Rivalen und Gegner, auch wenn diese aggressiv sind, zu respektieren und friedliche Lösungen für Konflikte zu finden. Diese Fähigkeiten helfen ihnen, im Umgang mit anderen selbstbewusster und unabhängiger zu werden, was ihre Position stärkt und sie weniger anfällig für Mobbing macht.

Somit ist Judo nicht nur eine sportliche Disziplin, sondern auch ein Weg zur persönlichen Weiterentwicklung und zum Schutz vor Mobbing. Es lehrt Opfer von Mobbing nicht nur körperliches Training, sondern auch den Umgang mit Emotionen, die Entwicklung spiritueller Qualitäten und die Stärkung des Selbstwertgefühls. Diese Fähigkeiten machen sie selbstbewusster und fähiger, die Herausforderungen des Lebens zu meistern und sich gegen einen Angreifer zur Wehr zu setzen.

Zusätzlich zu diesen Vorteilen hilft Judo Mobbingopfern auch dabei, wichtige Lebenskompetenzen zu entwickeln, die in verschiedenen Bereichen ihres Lebens nützlich sein können.

Judo lehrt Opfer von Mobbing strategisches Denken und Planen. Im Training lernen sie, die Situation zu analysieren, die Aktionen des Gegners zu antizipieren und wirksame Reaktionsstrategien zu entwickeln. Diese Fähigkeiten können nicht nur auf der Matte, sondern auch im Alltag angewendet werden und helfen Mobbingopfern, sich an verschiedene Situationen anzupassen und die richtigen Entscheidungen zu treffen.

Judo lehrt Opfer von Mobbing auch Geduld und Ausdauer. Das Training in dieser Sportart erfordert oft viel Zeit und Mühe, um Erfolg zu haben. Mobbingopfer lernen, nicht beim ersten Misserfolg aufzugeben, sondern weiter an sich und ihren Fähigkeiten zu arbeiten, auch wenn sich nicht sofort Ergebnisse einstellen. Diese beharrliche Praxis hilft ihnen, Willenskraft und Ausdauer zu entwickeln, was nützlich ist, um mit Aggressionen umzugehen und ihre Ziele zu erreichen.

Darüber hinaus hilft Judo Mobbingopfern dabei, Vertrauen in sich selbst und ihre Fähigkeiten zu entwickeln. Während des Trainingsprozesses erlernen sie nach und nach neue Techniken und Techniken und überwinden so ihre Zweifel und Ängste. Dies hilft ihnen, an sich selbst und ihre Fähigkeiten zu glauben, was ein wichtiger Faktor ist, um die negativen Auswirkungen von Mobbing zu überwinden und ein positives Selbstbild zu entwickeln.

Somit ist Judo nicht nur eine sportliche Disziplin, sondern auch eine Möglichkeit, wichtige Lebenskompetenzen für Mobbingopfer zu entwickeln. Es lehrt sie strategisches Denken, Geduld und Selbstvertrauen, was ihnen nicht nur hilft, sich vor Aggressionen zu schützen, sondern auch die negativen Folgen von Mobbing zu überwinden und zu starken und selbstbewussten Individuen zu werden.

6. Ringen: Ringen ist eine Sportart, die Kraft, Flexibilität, Ausdauer und taktisches Denken fördert. Es vermittelt auch verschiedene Techniken zur Kontrolle eines Gegners und kann bei der Selbstverteidigung wirksam sein.

Wrestling ist ein uralter Sport, der Mobbingopfern viele Vorteile bietet, und hier erfahren Sie, warum.

Erstens werden beim Ringen wirksame Selbstverteidigungstechniken vermittelt. Mobbingopfer lernen beim Ringen, ihre Gegner zu kontrollieren und verschiedene Greif- und Wurftechniken anzuwenden, was bei körperlichen Angriffen wichtig sein kann. Dies hilft ihnen nicht nur, sich selbst zu schützen, sondern auch das

Verletzungsrisiko in Konfliktsituationen zu verringern.

Zweitens hilft Ringen dabei, die körperliche Fitness zu entwickeln und den Körper zu stärken. Regelmäßige Bewegung verbessert die Kraft, Ausdauer und Flexibilität von Mobbingopfern, was ihnen mehr Selbstvertrauen in ihre körperlichen Fähigkeiten gibt und das allgemeine Wohlbefinden fördert.

Darüber hinaus schult das Ringen taktisches Denken und strategisches Planen. Im Training lernen Mobbingopfer, die Situation zu analysieren, das Handeln des Gegners zu antizipieren und wirksame Handlungsstrategien zu entwickeln. Diese Fähigkeiten können nicht nur auf der Matte, sondern auch im Alltag nützlich sein und ihnen helfen, kluge Entscheidungen zu treffen und aus schwierigen Situationen herauszukommen.

Somit ist Ringen nicht nur eine sportliche Disziplin, sondern auch ein wirksames Instrument, um Mobbingopfern zu helfen. Es vermittelt wirksame Selbstverteidigungsmethoden, stärkt die körperliche Gesundheit und entwickelt taktisches Denken, das Mobbingopfer stärker und selbstbewusster macht und bereit ist, den Angreifer abzuwehren und sich in jeder Situation zu verteidigen.

Darüber hinaus trägt das Kämpfen auch dazu bei, die psychische Widerstandsfähigkeit und das Selbstvertrauen von Mobbingopfern zu entwickeln. Während des Trainings begegnen sie verschiedenen Herausforderungen wie Konkurrenz, Stress und Müdigkeit und lernen, diese zu meistern. Diese Erfahrungen helfen ihnen, Selbstvertrauen und Vertrauen in die eigene Fähigkeit zu entwickeln, Herausforderungen zu bewältigen.

Wrestling trägt auch dazu bei, Disziplin und Selbstbeherrschung aufzubauen. Durch Schulungen lernen Mobbingopfer, Routinen und strenge Regeln einzuhalten, was ihnen hilft, Verantwortungsbewusstsein und Selbstdisziplin zu entwickeln. Diese Eigenschaften sind nicht nur im Trainingsraum, sondern auch im Alltag wichtig und helfen ihnen, in allen Situationen ruhig zu bleiben und ihre Emotionen zu kontrollieren.

Schließlich hilft Wrestling dabei, Freundschaften und Unterstützung aufzubauen. Während des Trainings finden Mobbingopfer Unterstützung bei ihren Trainern und Teamkollegen, die ihnen ein sicheres und selbstbewusstes Gefühl geben. Dadurch entsteht eine Atmosphäre der gegenseitigen Hilfe und des Verständnisses, die zu ihrem psychischen Wohlbefinden und ihrer sozialen Anpassung beiträgt.

Somit ist Ringen nicht nur eine Sportdisziplin, sondern auch ein umfassender Ansatz zur Unterstützung von Mobbingopfern. Es entwickelt mentale Stärke, Selbstvertrauen und Selbstbeherrschung und hilft ihnen, Herausforderungen zu meistern und sich vor Aggressionen zu schützen. Tatsächlich prägt Ringen nicht nur die körperliche Gesundheit, sondern stärkt auch die geistige Verfassung und schafft so die Grundlage für

Selbstvertrauen und erfolgreiche Anpassung an die Gesellschaft.

Judo und Wrestling umfassen Grappling- und Wurftechniken, haben jedoch unterschiedliche Ursprünge und Regeln. Judo ist eine japanische Kampfkunst, während Ringen eine olympische Sportart ist, die auf der ganzen Welt ausgeübt wird.

Judo und Ringen sind zwei verschiedene Sportarten, die zwar Ähnlichkeiten in den Kampf- und Wurftechniken aufweisen, sich jedoch in Ursprung, Philosophie und Wettkampfregeln unterscheiden.

Judo ist eine japanische Kampfkunst, die Ende des 19. Jahrhunderts von Jigoro Kano entwickelt wurde. Es basiert auf den Prinzipien der Sanftheit, Flexibilität und Effizienz, wobei das Ziel darin besteht, die Stärke des Feindes gegen sich selbst einzusetzen. Die Hauptelemente des Judo sind Wurf- und Ringkampftechniken sowie Bodenarbeit. Ein wichtiger Aspekt im Judo ist die Entwicklung von Technik, Taktik und Strategie sowie die mentale Vorbereitung auf Wettkämpfe.

Ringen ist eine olympische Sportart, die neben dem Bodenringen auch Grappling- und Wurftechniken umfasst. Es hat seine Wurzeln in der Antike und entwickelte sich in verschiedenen Kulturen, darunter im antiken Griechenland und Rom. Es gibt verschiedene Arten des Ringens, darunter griechisch-römisches Ringen, Freistil-Ringen und Gürtel-Ringen. Die Hauptziele des Ringens bestehen darin, den Gegner zu kontrollieren, Griffe und Techniken auszuführen und Punkte für überlegene Position und Technik zu sammeln.

Obwohl also sowohl Judo als auch Ringen Kampf- und Wurftechniken beinhalten, unterscheiden sie sich in ihren Ursprüngen, ihrer Philosophie und ihrer Herangehensweise an den Wettbewerb. Judo mit seinen japanischen Wurzeln und dem Fokus auf Effizienz und Flexibilität kann für diejenigen attraktiv sein, die sich für die japanische Kultur und das Streben nach technischer Exzellenz interessieren. Während Wrestling aufgrund seines olympischen Status und seiner Vielfalt an Stilen diejenigen anziehen kann, die eine rasante und wettbewerbsorientierte Aktivität suchen.

7. Sambo: Sambo ist eine russische Kampfkunst, die Wurftechniken, Würgegriffe und Bodenkämpfe umfasst. Es kann wirksam sein, eine Situation zu kontrollieren und vor Aggressionen zu schützen.

Sambo ist ein dynamischer und multifunktionaler Sport, der über eine Reihe von Eigenschaften verfügt, die ihn zu einem wirksamen Instrument zur Unterstützung von Mobbingopfern machen.

Erstens lehrt Sambo verschiedene Methoden der Selbstverteidigung. Mobbingopfer erlernen beim Üben von Sambo Techniken wie Würfe, Würgegriffe und Bodenkämpfe, die in Konfliktsituationen wichtig sein können. Sie lernen, Gegner zu kontrollieren, sich zu verteidigen und aus schwierigen Situationen herauszukommen, was ihr Selbstvertrauen und ihre Fähigkeit, mit Aggressionen umzugehen, stärkt.

Zweitens fördert Sambo die Entwicklung körperlicher Qualitäten. Durch regelmäßiges Training werden Kraft, Ausdauer, Flexibilität und Koordination bei Mobbingopfern gefördert. Dies hilft ihnen, ihren Körper zu stärken, besser auf körperliche Konfrontationen vorbereitet zu sein und die Verletzungsgefahr im Falle eines Angriffs zu verringern.

Darüber hinaus schult Sambo Opfer von Mobbing in strategischem Denken und taktischer Planung. Im Training entwickeln sie ein Verständnis für die Situation, antizipieren die Aktionen des Gegners und entwickeln wirksame Handlungsstrategien. Dies hilft ihnen, in schwierigen Situationen fundierte Entscheidungen zu treffen und effektiv zu handeln, um sich zu schützen.

Somit ist Sambo nicht nur eine Sportdisziplin, sondern auch ein umfassender Ansatz zur Unterstützung von Mobbingopfern. Es vermittelt wirksame Selbstverteidigungstechniken, körperliche Fitness und geistige Gesundheit und ist damit ein wichtiges Instrument, um die Situation von Mobbingopfern zu verändern und ihnen zu helfen, stärker und selbstbewusster zu werden.

Darüber hinaus fördert Sambo die Entwicklung von Selbstvertrauen und psychischer Stabilität bei Mobbingopfern. Während des Trainings stellen sie sich ständig Herausforderungen und überwinden ihre eigenen Grenzen, was ihnen hilft, ihr Selbstvertrauen und ihren Glauben an die eigenen Fähigkeiten zu stärken. Solche Trainingsgewinne können sich auf den Alltag übertragen und sie selbstbewusster und gelassener machen.

Es ist auch wichtig zu beachten, dass Sambo Opfern von Mobbing emotionale Kontrolle und Stressbewältigung beibringt. Im Training lernen sie, ihre Emotionen zu kontrollieren, Ruhe zu bewahren und in schwierigen Situationen Entscheidungen zu treffen. Diese Fähigkeiten können bei der Bewältigung von Konfliktsituationen wichtig sein und dabei helfen, emotionale Ausbrüche im Umgang mit einem Angreifer zu vermeiden.

Darüber hinaus können Mobbingopfer durch das Praktizieren von Sambo Unterstützung und Verständnis in der Gemeinschaft ihrer Trainer und Teamkollegen finden. Dadurch fühlen sie sich sicher und geborgen, was ihr psychisches Wohlbefinden fördert und ein positives Umfeld für die persönliche Entwicklung schafft.

Somit ist Sambo nicht nur eine Sportdisziplin, sondern auch ein wirkungsvolles Hilfsmittel, um Mobbingopfern zu helfen. Es entwickelt nicht nur die körperliche Fitness, sondern auch die psychische Belastbarkeit, das Selbstvertrauen und die emotionale Kontrolle, was es zu einer wertvollen Ressource für die Überwindung von Schwierigkeiten und den Umgang mit Aggressionen macht.

8. Aikido: Aikido ist eine japanische Kampfkunst, die Techniken zur Abwehr von Angriffen einsetzt, die auf dem Prinzip der Umleitung der gegnerischen Kräfte basieren. Es ist für diejenigen geeignet, die berührungslose Verteidigungstechniken bevorzugen.

Aikido unterscheidet sich im Wesentlichen von vielen anderen Kampfsportarten dadurch, dass seine Methoden nicht nur körperlichen Widerstand umfassen, sondern auch die Fähigkeit, die Energie und Stärke des Feindes zu kontrollieren. Dies ist der grundlegende Aspekt, der Aikido nicht nur zu einer wirksamen Form der Selbstverteidigung, sondern auch zu einem Werkzeug zur Veränderung des Denkens und Verhaltens des Mobbingopfers macht.

Aikido lehrt die Prinzipien der Harmonie und Empathie statt Konfrontation und Aggression. Mobbingopfer, die Aikido praktizieren, lernen, die Macht des Tyrannen zu verstehen und umzulenken, anstatt mit direkter Gewalt zu reagieren. Dieser Ansatz hilft ihnen, Empathie, Toleranz und emotionale Kontrolle zu entwickeln, was die Wahrscheinlichkeit von Konflikten verringern und die Beziehungen zu anderen verbessern kann.

Darüber hinaus steht beim Aikido die Verbesserung der Technik und der Körperkoordination im Vordergrund. Durch Training entwickeln Mobbingopfer Beweglichkeit, Flexibilität und Reflexe und sind so besser auf den Umgang mit schnellen und unerwarteten Situationen vorbereitet. Dies stärkt ihre Fitness und ihr Vertrauen in ihre Fähigkeiten.

Einer der Schlüsselaspekte des Aikido ist die Betonung der Lösung von Konflikten, ohne Schaden anzurichten. Mobbingopfer, die Aikido praktizieren, lernen, selbst in schwierigsten Situationen nach friedlichen Lösungen für Probleme zu suchen. Dies hilft ihnen nicht nur, körperliche Gewalt zu vermeiden, sondern entwickelt auch Fähigkeiten in Kommunikation, Respekt und Diplomatie, die im Umgang mit einem Angreifer wichtig sein können.

Somit ist Aikido nicht nur eine Sportdisziplin, sondern auch eine Lebensphilosophie, die Mobbingopfern helfen kann, ihre Einstellung zu sich selbst und der Welt um sie herum zu ändern. Es entwickelt bei ihnen nicht nur körperliche Stärke und Technik, sondern auch psychische Belastbarkeit, Empathie und Friedfertigkeit, wodurch sie besser bereit sind, mit Aggressionen umzugehen und Architekten ihres eigenen Schicksals zu werden.

Zusätzlich zu den oben aufgeführten Vorteilen vermittelt Aikido Mobbingopfern auch die Prinzipien effektiver Kommunikation und Konfliktmanagement. Während des Trainings lernen sie, ihre Gefühle und Bedürfnisse klarer und selbstbewusster auszudrücken, was ihnen hilft, effektiver auf Konfliktsituationen zu reagieren und deren Eskalation zu verhindern. Es fördert auch die Fähigkeit, Grenzen zu setzen und den persönlichen Raum zu schützen, was wichtig sein kann, um Mobbing vorzubeugen.

Darüber hinaus hilft Aikido Mobbingopfern dabei, Vertrauen in sich selbst und ihre Fähigkeiten zu entwickeln. Durch das Training erlernen sie nach und nach neue Fähigkeiten und überwinden ihre eigenen Grenzen, wodurch sie sich kompetenter und unabhängiger fühlen. Dies stärkt ihr Selbstwertgefühl und hilft ihnen, mit den Gefühlen der Hilflosigkeit und Ohnmacht umzugehen, die Mobbingopfer oft begleiten.

Schließlich fördert Aikido die Entwicklung innerer Harmonie und Ausgeglichenheit bei Mobbingopfern. Durch Training lernen sie, im Moment zu sein, die Situation so zu akzeptieren, wie sie ist, und mit Ruhe und Entschlossenheit zu handeln. Dies hilft ihnen, mit Stress und Ängsten umzugehen und die Fähigkeit zu entwickeln, auch in schwierigen und unsicheren Situationen wichtige Entscheidungen zu treffen.

Somit stellt Aikido eine wertvolle Ressource für Mobbingopfer dar und hilft ihnen nicht nur, körperliche Stärke und Selbstverteidigungstechniken zu erlangen, sondern auch geistige Belastbarkeit, Selbstvertrauen und emotionale Bewältigung zu entwickeln. Dies ermöglicht es ihnen, nicht nur mit der Aggression äußerer Faktoren umzugehen, sondern auch gesündere und ausgeglichenere Beziehungen zu sich selbst und der Welt um sie herum aufzubauen.

Aikido ist eine japanische Kampfkunst, die auf den Prinzipien der Umlenkung der gegnerischen Kraft basiert. Der Sport legt mehr Wert auf berührungslose Verteidigungstechniken.

Aikido ist eine japanische Kampfkunst, die auf den Prinzipien der Umlenkung der gegnerischen Kraft basiert. Dieser Sport konzentriert sich auf eine effektive Selbstverteidigung und nutzt Techniken, die es Ihnen ermöglichen, sich an die Bewegungen Ihres Gegners anzupassen und die Situation zu kontrollieren, ohne direkte Schläge einzusetzen.

Im Gegensatz zu vielen anderen Kampfsportarten legt Aikido mehr Wert auf berührungslose Verteidigungstechniken. Das bedeutet, dass der Übende lernt, die Energie und Bewegungen des Gegners zu nutzen, um seine Kraft umzulenken und die Bedrohung zu neutralisieren, anstatt ihn direkt zu konfrontieren.

Für Opfer von Mobbing kann das Erlernen von Aikido besonders hilfreich sein, da sie so wirksame Methoden erlernen können, sich zu verteidigen, ohne physische Gewalt gegen den Mobber anwenden zu müssen. Dies kann ihnen helfen, die Situation unter Kontrolle zu bringen und Gewalt zu verhindern, selbst wenn sie sich in körperlicher Nähe ihres Täters befinden.

Darüber hinaus fördert das Aikido-Studium die Entwicklung von Selbstvertrauen und mentaler Stärke, da es vom Übenden Vertrauen in seine Handlungen und die Fähigkeit erfordert, schnell auf sich ändernde Situationen zu reagieren. Dies kann dazu beitragen, dass sich Mobbingopfer selbstbewusster und bereiter fühlen, sich in verschiedenen Situationen zu verteidigen.

9. Brasilianisches Jiu-Jitsu: Brasilianisches Jiu-Jitsu ist eine

Kampfkunst, die sich auf Bodenkampf- und Unterwerfungstechniken konzentriert. Es ist für diejenigen geeignet, die Nahkampftechniken bevorzugen.

Brasilianisches Jiu-Jitsu ist nicht nur ein Sport, sondern auch eine Philosophie, die Anpassungsfähigkeit, Selbstvertrauen und Selbstverteidigung lehrt. Für Mobbingopfer kann dies ein wirksames Instrument zur Überwindung von Ängsten und Selbstzweifeln sein. Schauen wir uns genauer an, wie genau dieser Sport Mobbingopfern dabei helfen kann, sich geistig und körperlich zu verändern und auch nicht mehr zum Opfer zu werden.

Physische Aspekte:

- Nahkampftechniken: Das brasilianische Jiu-Jitsu konzentriert sich auf den Bodenkampf, wobei der Schwerpunkt auf Techniken liegt, um den Gegner festzuhalten und zu unterwerfen. Dadurch können Mobbingopfer lernen, wie sie effektiv mit einem körperlichen Angriff umgehen können, selbst wenn sie sich am Boden oder in der Nähe ihres Angreifers befinden.

- Kraft und Flexibilität entwickeln: Das brasilianische Jiu-Jitsu-Training hilft, Kraft, Flexibilität und Ausdauer zu entwickeln. Dadurch verbessert sich die körperliche Fitness der Mobbingopfer und sie gewinnen mehr Selbstvertrauen in ihre eigenen Fähigkeiten und Fertigkeiten.

Mentale Aspekte:

- Selbstvertrauen: Die Bewältigung schwieriger Situationen auf der Matte, in denen jeder Kampf die Fähigkeit erfordert, schnelle Entscheidungen zu treffen und unter Stressbedingungen zu handeln, trägt dazu bei, bei Mobbingopfern ein Gefühl des Selbstvertrauens zu entwickeln. Dies kann eine entscheidende Rolle dabei spielen, sie davon abzuhalten, sich selbst als leichtes Ziel für Mobber wahrzunehmen.

- Emotionale Belastbarkeit: Das brasilianische Jiu-Jitsu-Training lehrt Mobbingopfer, ihre Emotionen zu kontrollieren und in Stresssituationen ruhig zu bleiben. Dies hilft ihnen, Provokationen nicht nachzugeben und effektiver auf Aggressionen zu reagieren.

- Entscheidungskompetenz: Beim Ringen auf der Matte müssen Mobbingopfer ständig die Situation analysieren und spontan Entscheidungen treffen. Diese Erfahrung stärkt ihre Fähigkeit, im wirklichen Leben wichtige Entscheidungen zu treffen, auch in Konfliktsituationen mit Angreifern.

Somit ist brasilianisches Jiu-Jitsu nicht nur ein Sport, sondern auch ein wertvolles Instrument, um Mobbingopfern zu helfen. Es hilft ihnen, körperliche und geistige Stärke, Selbstvertrauen und die Fähigkeit, sich effektiv zu verteidigen, zu entwickeln. Das Training in dieser Sportart kann Mobbingopfern helfen, ihr Leben zu verändern, selbstbewusster zu werden und sich gegen Angreifer zu wehren.

Neben den körperlichen und geistigen Aspekten kann brasilianisches Jiu-Jitsu Mobbingopfern auch eine Reihe zusätzlicher Vorteile bieten:

Soziale Fähigkeiten:

- Gemeinschaft der Unterstützung: Brasilianische Jiu-Jitsu-Kurse finden oft in Form von Gruppentrainings statt, bei denen die Schüler Kontakte knüpfen und miteinander interagieren. Dadurch entsteht ein Umfeld der Unterstützung und Solidarität, in dem sich Mobbingopfer als Teil einer Gemeinschaft fühlen können, die sie versteht und unterstützt.

- Verbesserung der sozialen Fähigkeiten: Durch Schulungen können Mobbingopfer lernen, effektiv mit anderen Gruppenmitgliedern zu interagieren und Kommunikations- und Kooperationsfähigkeiten zu entwickeln. Dies kann ihnen helfen, die Beziehungen zu ihren Mitmenschen zu stärken und sich in sozialen Situationen sicherer zu fühlen.

Psychologische Wirkung:

- Stress und Anspannung abbauen: Brasilianische Jiu-Jitsu-Übungen können Mobbingopfern dabei helfen, mit dem Stress und der Anspannung umzugehen, die sie durch die Dominanz von Tyrannen verspüren können. Dies ist auf die Freisetzung von Endorphinen bei körperlicher Aktivität zurückzuführen, die zur Verbesserung der Stimmung und zur Reduzierung des Stressniveaus beitragen.

- Erhöhtes Selbstwertgefühl und Selbstvertrauen: Die Bewältigung schwieriger Situationen im brasilianischen Jiu-Jitsu-Training, insbesondere das Erlernen neuer Fähigkeiten und das Erreichen von Zielen, kann das Selbstwertgefühl von Mobbingopfern deutlich verbessern. Dies wiederum kann ihnen helfen, Vertrauen in sich selbst und ihre Fähigkeiten zu entwickeln.

Brasilianisches Jiu-Jitsu hilft Mobbingopfern nicht nur dabei, körperliche Stärke und Selbstverteidigungsfähigkeiten zu entwickeln, sondern fördert auch die Bildung positiver sozialer Verbindungen, den Stressabbau und ein verbessertes psychisches Wohlbefinden. Somit ist es eine umfassende und wirksame Hilfe für Menschen, die mit Mobbingproblemen konfrontiert sind.

Brasilianisches Jiu-Jitsu ist bekannt für seine Bodenkampf- und Unterwerfungstechniken. Dieser Sport eignet sich besonders für Situationen, in denen der Kampf zu Boden geht.

Brasilianisches Jiu-Jitsu (BJJ) ist eine Kampfsportart, die sich durch den Schwerpunkt auf Bodenkampf- und Unterwerfungstechniken auszeichnet. BJJ entwickelte sich in Brasilien und wurde aus Jiu-Jitsu und Judo adaptiert, wobei der Schwerpunkt auf effektiven Techniken zum Ringen und Kontrollieren eines Gegners am Boden lag.

Der Schwerpunkt des BJJ liegt auf dem Liegend-Wrestling, bei dem Grappling- und Submission-Techniken eingesetzt werden, um einen Gegner zu kontrollieren und zu besiegen. Dieser Ansatz macht BJJ besonders nützlich in Situationen, in denen der Kampf zu Boden geht, was bei Kämpfen oder Angriffen häufig vorkommen kann.

Einer der Hauptvorteile von BJJ besteht darin, dass es Techniken lehrt, mit denen die körperliche Stärke eines Gegners durch Technik und Beweglichkeit überwunden wird. Dies kann besonders wertvoll für Mobbing-Opfer sein, die häufig körperlicher Gewalt oder Übergriffen ausgesetzt sind. Durch das Erlernen von BJJ können sie lernen, eine Situation zu kontrollieren und zu bewältigen, selbst wenn sie am Boden sind oder sich in einer ungünstigen Position befinden.

BJJ ist daher ein wertvolles Hilfsmittel für Mobbingopfer, das ihnen hilft, Selbstverteidigungsfähigkeiten und Selbstvertrauen zu entwickeln und ihre körperliche und geistige Fitness zu verbessern.

10. Capoeira: Capoeira ist eine brasilianische Kampfkunst, die Elemente aus Tanz, Akrobatik und Kampfkunst vereint. Es kann in Situationen effektiv sein, die schnelle und flexible Reaktionen erfordern.

Capoeira, eine brasilianische Kampfkunst, verfügt über die einzigartige Fähigkeit, die körperlichen und geistigen Aspekte des Trainings zu kombinieren. Für Mobbingopfer kann dieser Sport ein wirksames Mittel sein, um ihren psychischen Zustand und ihre körperliche Fitness zu verbessern.

Capoeira fördert die Flexibilität und Koordination des Körpers. Dies trägt nicht nur zur Verbesserung der allgemeinen körperlichen Verfassung bei, sondern trägt auch dazu bei, dass Mobbingopfer besser auf Konfliktsituationen vorbereitet sind, in denen schnelle und präzise Reaktionen erforderlich sind.

Darüber hinaus trägt die Ausübung von Capoeira zur Entwicklung des Selbstvertrauens bei. Die Studierenden lernen nicht nur, komplexe Bewegungen auszuführen, sondern auch Entscheidungen in schnelllebigen Umgebungen zu treffen, was ihr Selbstvertrauen und ihre Fähigkeit stärkt, in Stresssituationen effektiv zu handeln.

Es ist auch wichtig zu beachten, dass Capoeira Respekt vor dem Partner und Gegner lehrt. Das Training findet in einer freundlichen Atmosphäre statt, in der jeder Teilnehmer den anderen unterstützt und hilft. Dies hilft Mobbingopfern, positive Beziehungen zu anderen aufzubauen und zu lernen, Konflikte friedlich zu lösen.

Somit entwickelt Capoeira nicht nur körperliche Fähigkeiten, sondern trägt auch dazu bei, einen starken und selbstbewussten Charakter aufzubauen, was der Schlüssel zur erfolgreichen Abwehr eines Angreifers und zur Überwindung der Folgen von Mobbing sein kann.

Capoeira verfügt neben seinen physischen und psychischen Vorteilen über mehrere weitere Eigenschaften, die es zu einem wertvollen Instrument zur Unterstützung von Mobbingopfern machen.

Capoeira legt erstens Wert auf die Interaktion mit dem Gegner, legt aber gleichzeitig großen Wert auf die Stärke der Gemeinschaft. Die Teilnahme am Capoeira-Gruppentraining fördert die Bildung von

Freundschaften, die für Mobbingopfer eine Quelle der Unterstützung sein können. Sie können in dieser Gemeinschaft Verständnis, Unterstützung und Motivation finden, sich als Individuen zu entwickeln und dem Angreifer zu widerstehen.

Zweitens vermittelt Capoeira die Prinzipien des Respekts und der Toleranz. Während des Trainings erlernen die Schüler nicht nur Kampftechniken, sondern auch die Grundsätze des Respekts vor dem Gegner und seinen persönlichen Grenzen. Dies ist ein wichtiger Aspekt für Mobbingopfer, die sich ihrer Grenzen und ihres Selbstwertgefühls unsicher fühlen.

Schließlich fördert Capoeira das Bewusstsein für Ihren Körper und seine Fähigkeiten. Dies ermöglicht Mobbingopfern, sich stärker und selbstbewusster zu fühlen und ein neues Maß an Selbstbewusstsein zu erlangen. Sie lernen, auf ihren Körper zu hören, ihm zu vertrauen und seine Ressourcen zu nutzen, um sich zu schützen.

All diese Aspekte machen Capoeira nicht nur zu einem Sport, sondern auch zu einem wirksamen Instrument, um den geistigen und körperlichen Zustand von Mobbingopfern zu verändern und ihnen zu helfen, stärker und selbstbewusster zu werden und sich gegen den Angreifer zu wehren.

Capoeira vereint Elemente aus Tanz, Akrobatik und Kampfkunst. Dadurch entsteht ein einzigartiger Selbstverteidigungsstil, der für diejenigen geeignet ist, die schnelle und flexible Reaktionen bevorzugen.

Capoeira ist eine brasilianische Kampfkunst, die auf einzigartige Weise Elemente aus Tanz, Akrobatik und Kampftechniken kombiniert. Der Sport ist nicht nur eine Methode der Selbstverteidigung, sondern auch eine Form der Selbstdarstellung und des kulturellen Erbes.

Capoeira unterscheidet sich von anderen Kampfsportarten durch den aktiven Einsatz von Musik, Rhythmus und Tanzbewegungen. Capoeira-Praktizierende entwickeln Flexibilität, Koordination und Reflexe und beherrschen gleichzeitig komplexe Bewegungen und akrobatische Kunststücke. Gleichzeitig vermittelt Capoeira Verteidigungs- und Angriffstechniken, was es zu einem wirksamen Mittel der Selbstverteidigung in realen Situationen macht.

Für Mobbingopfer kann Capoeira besonders hilfreich sein, da der Sport schnelle und flexible Reaktionen auf Situationen fördert. Die Praktizierenden lernen, sich schnell an veränderte Bedingungen anzupassen und ihre Bewegungen zur Verteidigung und zum Ausweichen vor Angriffen zu nutzen. Darüber hinaus fördert Capoeira das Selbstvertrauen und die Selbstdisziplin, was Mobbingopfern hilft, sich stärker und sicherer in ihren eigenen Fähigkeiten zu fühlen.

11. Wushu (Kung Fu): Wushu ist eine chinesische Kampfkunst, die eine Vielzahl von Schlag-, Block- und Wurftechniken und sogar den

Einsatz von Waffen umfasst. Es fördert die Entwicklung körperlicher Fähigkeiten und der Selbstverteidigung.

Wushu oder Kung Fu ist ein tiefgreifendes Kampfkunstsystem, das nicht nur körperliche Fähigkeiten, sondern auch spirituelle und philosophische Aspekte umfasst. Dieser Sport kann einen erheblichen Einfluss auf Mobbingopfer haben und ihnen helfen, sich sowohl geistig als auch körperlich zu verändern.

Einer der Schlüsselaspekte von Wushu ist seine Philosophie der Selbstverbesserung. Das Üben von Wushu trägt dazu bei, Willenskraft, Ausdauer und Selbstvertrauen zu entwickeln, was besonders für Mobbingopfer wichtig ist. Wushu lehrt seine Schüler, ihre Emotionen zu kontrollieren, in Stresssituationen Entscheidungen zu treffen und innere Stärke zu entwickeln, die ihnen hilft, Aggressionen zu widerstehen.

Ein wichtiger Aspekt von Wushu ist auch die Betonung der Selbstverteidigung. Praktizierende dieser Art von Kampfkunst werden in verschiedenen Techniken und Techniken geschult, die in Konflikt- und Angriffssituationen nützlich sein können. Dies gibt Mobbingopfern die Möglichkeit, zu lernen, wie sie sich gegen den Mobber wehren und wehren können, und stärkt so ihr Selbstvertrauen.

Darüber hinaus lehrt Wushu den Übenden, Flexibilität, Koordination und Gleichgewicht zu entwickeln, die für eine wirksame Selbstverteidigung und Verletzungsprävention unerlässlich sind. Das Üben von Wushu verbessert auch die allgemeine körperliche Gesundheit, was dazu beitragen kann, dass sich Mobbingopfer selbstbewusster und stärker fühlen.

Somit ist Wushu nicht nur ein Mittel zum körperlichen Training, sondern auch ein wirksames Mittel zur Veränderung des mentalen Zustands von Mobbingopfern. Die Ausübung dieses Sports kann ihnen helfen, Selbstvertrauen, Selbstbeherrschung und Selbstverteidigungsfähigkeiten zu entwickeln, die es ihnen ermöglichen, nicht mehr Opfer von Aggressionen zu werden und sich gegen den Angreifer zu wehren.

Wushu fördert neben seinen physischen und psychischen Vorteilen auch die Entwicklung zwischenmenschlicher Fähigkeiten, was besonders für Mobbingopfer von Vorteil sein kann. Die Ausübung dieser Kampfkunst umfasst in der Regel die Arbeit in Paaren oder Gruppen, wobei die Praktizierenden lernen, zusammenzuarbeiten, zu kommunizieren und Konflikte zu lösen.

Wushu lehrt seine Praktizierenden nicht nur Kampftechniken, sondern auch ethische Grundsätze und Werte. Durch die Ausbildung lernen die Schüler Respekt vor ihren Partnern, Toleranz gegenüber Unterschieden und ein Verständnis für die Bedeutung von Selbstbeherrschung und friedlicher Konfliktlösung.

Dieser Aspekt des Wushu ist besonders wichtig für Mobbingopfer, da er ihnen hilft, emotionale Intelligenz und die Fähigkeit zu entwickeln, effektiv mit anderen zu interagieren. Dadurch können sie lernen, gesunde Beziehungen zu anderen aufzubauen, Grenzen zu setzen und ihre Rechte durchzusetzen, ohne Gewalt anzuwenden.

Darüber hinaus lehrt Wushu den Übenden auch, seine Angst und seinen Stress in Stresssituationen zu kontrollieren. Dies ermöglicht es Mobbingopfern, traumatische Ereignisse ohne übermäßigen Stress oder Panik zu bewältigen und zu verarbeiten.

So hilft das Üben von Wushu für Mobbingopfer nicht nur bei der Entwicklung körperlicher Stärke und Selbstverteidigungsfähigkeiten, sondern auch bei der Entwicklung geistiger und emotionaler Belastbarkeit sowie bei der Verbesserung zwischenmenschlicher Beziehungen. Diese Fähigkeiten können von entscheidender Bedeutung sein, um von der Opferrolle zur aktiven Beteiligung an der eigenen Verteidigung zu gelangen und weiteres Mobbing zu verhindern.

Wushu (Kung Fu) ist eine vielfältige chinesische Kampfkunst, die verschiedene Stile und Techniken des Schlagens, Blockens und Werfens umfasst.

Wushu (Kung Fu) ist eine vielfältige chinesische Kampfkunst, die viele verschiedene Stile, Schlag-, Block- und Wurftechniken vereint. Dieser Sport zeichnet sich durch seine Vielseitigkeit und tiefe historische Wurzeln aus, die Jahrhunderte zurückreichen.

Wushu ist eine der vielfältigsten Kampfsportarten und Sportarten der Welt. Seine Stile und Methoden können je nach Region, Schule und Tradition stark variieren. Im Wushu finden Sie sowohl kraftvolle Schläge und Blocks als auch anmutige und anmutige Bewegungen, und diese Elemente können zu einem harmonischen System von Kampffähigkeiten kombiniert werden.

Für Mobbingopfer kann Wushu von großem Nutzen sein, da der Sport körperliche Stärke, Flexibilität, Koordination und Reflexe fördert. Die Wushu-Praxis trägt auch dazu bei, Selbstdisziplin, Konzentration und Aufmerksamkeit zu entwickeln, was Mobbingopfern dabei helfen kann, ihr Selbstvertrauen und ihre Fähigkeit, mit aggressiven Situationen umzugehen, zu verbessern. Darüber hinaus lehrt Wushu Respekt vor sich selbst und anderen, was ein wichtiger Aspekt bei der Überwindung der Folgen von Mobbing und beim Aufbau positiver Beziehungen zu anderen ist.

12. Krav Maga: Krav Maga ist ein israelisches Nahkampfsystem, das den Schwerpunkt auf effektive Selbstverteidigung in realen Situationen legt. Es umfasst Techniken zur Abwehr von Schlägen, Würgen und Angriffsszenarien.

Krav Maga ist nicht nur ein Kampfkunstsystem, sondern eine umfassende Trainingsmethode, die darauf abzielt, praktische Fähigkeiten zur Selbstverteidigung und zum Umgang mit Stresssituationen zu entwickeln. Im Zusammenhang mit der Bekämpfung von Mobbing hat Krav Maga eine Reihe von Vorteilen und kann ein wirksames Instrument für Opfer sein.

Das erste, was Krav Maga für Mobbingopfer wichtig macht, ist die Vermittlung echter Selbstverteidigungsfähigkeiten. Durch die Ausübung dieser Sportart werden dem Opfer wirksame Techniken zur Abwehr von Angriffen, zur Abwehr von Schlägen sowie Würge- und Ringkampftechniken vermittelt. Dadurch kann sich das Mobbingopfer im Falle einer Konfliktsituation sicherer und geschützter fühlen.

Darüber hinaus umfasst das Krav Maga-Training häufig Angriffsszenarien, die den Praktizierenden helfen, ihre Reaktion auf Stresssituationen zu entwickeln. Dies ist besonders wichtig für Mobbingopfer, die möglicherweise an einer posttraumatischen Belastungsstörung leiden oder aufgrund negativer Erfahrungen in der Vergangenheit ein geringes Selbstwertgefühl haben.

Ein wichtiger Aspekt von Krav Maga ist auch der Fokus auf die Wirksamkeit in realen Situationen. Im Gegensatz zu einigen anderen Kampfsportarten, die sich auf Form und Technik konzentrieren können, ist Krav Maga darauf ausgelegt, praktische Fähigkeiten zu vermitteln, die in der realen Welt eingesetzt werden können. Dies macht es besonders nützlich für Mobbingopfer, die schnelle und wirksame Abhilfe benötigen.

Auf diese Weise kann Krav Maga Mobbingopfern helfen, sich sowohl körperlich als auch geistig zu verändern. Durch die Vermittlung praktischer Fertigkeiten zur Selbstverteidigung, zur Bewältigung von Stresssituationen und zur Stärkung des Selbstvertrauens kann dieser Sport einem Opfer von Mobbing dabei helfen, nicht mehr selbst ein Opfer zu sein und sich gegen den Tyrannen zu wehren.

Eine weitere Besonderheit von Krav Maga für Mobbingopfer ist die Methode, mit dem emotionalen Zustand zu arbeiten. Beim Training von Krav Maga wird nicht nur auf das körperliche Training geachtet, sondern auch auf die Stärkung der mentalen Stabilität.

Opfer von Mobbing leiden häufig unter Stress, Ängsten und einem geringen Selbstwertgefühl, da sie über einen längeren Zeitraum hinweg Aggressionen ausgesetzt sind. Krav Maga hilft ihnen, diese negativen Emotionen zu überwinden, da eine wirksame Selbstverteidigung weitgehend vom Selbstvertrauen und der Fähigkeit abhängt, die eigenen Emotionen in Stresssituationen zu kontrollieren.

Beim Krav-Maga-Training werden den Schülern Atem- und Entspannungstechniken vermittelt, um Stress zu bewältigen und die Konzentration zu verbessern. Dadurch können sich Mobbingopfer in Konfliktsituationen ausgeglichener und kontrollierter fühlen.

Darüber hinaus trägt das Krav-Maga-Training zur Entwicklung von Willenskraft und Selbstvertrauen bei. Opfer von Mobbing, die diesen Sport erlernen, beginnen allmählich, ihre eigene Stärke und Fähigkeit zu erkennen, Aggressionen zu widerstehen. Dies hilft ihnen, ihre innere Einstellung vom „Opfer" zum „Kämpfer" zu ändern, was für die Überwindung von Mobbing von entscheidender Bedeutung ist.

Somit vermittelt Krav Maga nicht nur wirksame Selbstverteidigungstechniken, sondern hilft Mobbingopfern auch dabei, ihre emotionale Belastbarkeit, ihr Selbstvertrauen und ihre Willenskraft zu stärken, was es zu einem wertvollen Instrument im Kampf gegen Aggression und zur Veränderung des mentalen Zustands der Opfer macht.

Krav Maga ist ein israelisches Nahkampfsystem, das auf effektive Selbstverteidigung in realen Situationen ausgerichtet ist. Es umfasst Techniken zur Abwehr von Schlägen und Würgegriffen.

Krav Maga ist ein israelisches Nahkampfsystem, das zur effektiven Selbstverteidigung in realen Situationen entwickelt wurde. Dieser Sport zeichnet sich durch seinen Pragmatismus und seine einfache Erlernbarkeit aus und macht ihn für ein breites Publikum zugänglich.

Der Hauptzweck von Krav Maga besteht darin, Menschen wirksame Methoden zur Abwehr von Angriffen beizubringen, unabhängig von ihrer körperlichen Fitness oder ihrem Alter. Das Trainingsprogramm umfasst Techniken zum Schutz vor Schlägen, Würgetechniken sowie Methoden zur Kontrolle und Neutralisierung des Angreifers.

Für Mobbingopfer können Krav Maga-Kurse besonders hilfreich sein, da der Sport nicht nur körperliche Selbstverteidigung lehrt, sondern auch mentale Stärke und Selbstvertrauen entwickelt. Durch Krav-Maga-Training können Mobbingopfer lernen, effektiv auf aggressive Situationen zu reagieren, ihr Selbstvertrauen zu stärken und lernen, mit Stress in Stresssituationen umzugehen.

Darüber hinaus erfordert Krav Maga kein spezielles körperliches Training, wodurch es für ein breites Spektrum von Menschen zugänglich ist, auch für diejenigen, die keine Erfahrung im Sport oder in den Kampfkünsten haben. Dies erleichtert Mobbingopfern die Teilnahme am Training und die Entwicklung ihrer Selbstverteidigungsfähigkeiten und ihres Selbstvertrauens.

13. Aerobic und Fitness: Obwohl Aerobic und Fitness keine direkten Kampfsportarten sind, können sie dazu beitragen, die körperliche Fitness zu verbessern, das Selbstvertrauen zu steigern und Fähigkeiten zur Selbstkontrolle zu entwickeln. Es kann auch für die Erhaltung der allgemeinen Gesundheit und Fitness von Vorteil sein.

Obwohl Aerobic und Fitness nicht direkt mit Kampfsportarten zu tun haben, können sie für Mobbingopfer sowohl körperlich als auch psychisch von großem Nutzen sein. Beginnen wir mit dem Physischen. Regelmäßige Aerobic- und Fitnesskurse stärken die Muskulatur, steigern die Ausdauer und verbessern die allgemeine Gesundheit. Dies kann insbesondere für Mobbingopfer hilfreich sein, die möglicherweise körperlich schwach sind oder sich aufgrund mangelnder körperlicher Fitness verletzlich fühlen.

Es ist auch wichtig zu beachten, dass Aerobic und Fitness dazu beitragen können, das Selbstwertgefühl und das Selbstvertrauen zu stärken. Regelmäßige Bewegung hilft Ihnen, ein Gefühl der Würde und Kontrolle über Ihren eigenen Körper zu entwickeln. Dies kann besonders wichtig für Mobbingopfer sein, die sich aufgrund der psychologischen Auswirkungen des Mobbings möglicherweise hilflos oder unwürdig fühlen.

Darüber hinaus können Aerobic und Fitness dabei helfen, Selbstbeherrschung und Selbstregulierungsfähigkeiten zu entwickeln, die für eine wirksame Selbstverteidigung wichtig sind. Die Verbesserung der motorischen Koordination, des Gleichgewichts und der Reaktion auf Situationen kann dem Mobbingopfer die notwendigen Werkzeuge an die Hand geben, um effektiv auf den Tyrannen zu reagieren. Letztendlich können Selbstvertrauen und die Fähigkeit, effektiv auf Stresssituationen zu reagieren, dazu beitragen, dass sich Mobbingopfer nicht mehr wehrlos fühlen und sich gegen den Angreifer wehren können.

Darüber hinaus können Aerobic und Fitness nicht nur das körperliche, sondern auch das emotionale Wohlbefinden von Mobbingopfern fördern. Regelmäßige Bewegung kann dazu beitragen, den Stress und die Angst zu reduzieren, unter denen Mobbingopfer häufig leiden. Körperliche Aktivität setzt Endorphine, natürliche Analgetika und Antidepressiva frei, die die Stimmung und das allgemeine geistige Wohlbefinden verbessern können.

Darüber hinaus kann die Teilnahme an Gruppen-Aerobic- und Fitnesskursen Mobbingopfern helfen, sich als Teil einer Gemeinschaft zu fühlen, Unterstützung von anderen Teilnehmern zu erhalten und neue soziale Kontakte aufzubauen. Dies ist besonders wichtig, da Mobbing häufig zu sozialer Isolation und dem Gefühl der Einsamkeit führt.

Darüber hinaus können Aerobic und Fitness Opfern von Mobbing dabei helfen, Strategien zur Konfliktbewältigung zu erlernen und Kommunikationsfähigkeiten zu entwickeln. Durch Schulungen können die Teilnehmer lernen, Probleme zu lösen, im Team zu arbeiten und effektiv mit anderen zu interagieren, was bei der Lösung von Konflikten und der Verhinderung weiterer Mobbingfälle hilfreich sein kann.

Somit tragen Aerobic und Fitness nicht nur zur Verbesserung der körperlichen Fitness bei, sondern spielen auch eine wichtige Rolle bei der psychologischen Unterstützung und sozialen Anpassung von Mobbingopfern. Die Teilnahme an diesen Sportarten kann ihnen nicht nur helfen, die negativen Auswirkungen von Mobbing zu überwinden, sondern auch stärker, selbstbewusster und fähiger zu werden, die Herausforderungen des Alltags zu meistern.

Diese Sportarten haben ihre eigenen Eigenschaften und Vorteile, können aber alle relativ schnell erlernt werden und helfen dem

Mobbingopfer, Selbstverteidigungsfähigkeiten und Selbstvertrauen zu entwickeln.

Jede dieser Sportarten hat ihre eigenen einzigartigen Funktionen und Anwendungen. Die Wahl einer bestimmten Sportart kann von den Zielen, der Fitness und den Vorlieben jedes Einzelnen abhängen. Für diejenigen, die beispielsweise Schlag- und Blocktechniken erlernen möchten, können Boxen oder Karate geeignete Optionen sein, während für diejenigen, die es bevorzugen.

Es ist wichtig, eines zu wählen, das Ihren Vorlieben entspricht. Diese Sportarten haben unterschiedliche Merkmale und passen zu unterschiedlichen Persönlichkeitstypen. Die Wahl der richtigen Sportart hängt von Ihren Zielen, Ihren körperlichen Fähigkeiten und natürlich Ihren Vorlieben ab. Es ist wichtig, eines zu wählen, das Sie motiviert und inspiriert, persönliche Erfolge im Kampf gegen Mobbing zu erzielen.

❖ ❖ ❖ ❖ ❖ ❖ ❖ ❖ ❖ ❖ ❖ ❖ ❖ ❖ ❖

Kapitel 11.
Selbstverteidigungswerkzeuge sind in Ihrer Nähe.

Die Allgemeine Erklärung der Menschenrechte, die 1948 von der Generalversammlung der Vereinten Nationen angenommen wurde, ist ein internationales Dokument, das in vielen Industrieländern anerkannt und angewendet wird. Es verankert grundlegende Menschenrechte und Freiheiten, einschließlich des Rechts auf Leben, der Freiheit von Gewalt und willkürlicher Inhaftierung sowie des Rechts auf Schutz.

Diese Rechte bilden die Grundlage für Gesetze und Richtlinien in verschiedenen Ländern, einschließlich des Rechts auf Selbstverteidigung im Falle einer Gefahr für Leib oder Leben. In diesem Zusammenhang wird der Begriff der Selbstverteidigung im Rahmen von Gesetzen und Rechtsnormen betrachtet, die die zulässigen Schutzmethoden und -methoden sowie die Einschränkungen und Verantwortlichkeiten für deren Verwendung festlegen.

Daher basieren Gesetze zur Selbstverteidigung in entwickelten Ländern in der Regel auf den in der Allgemeinen Erklärung der Menschenrechte verankerten Grundsätzen sowie auf zusätzlichen nationalen und regionalen Gesetzen, die den Schutz und die Sicherheit der Bürger gewährleisten. Gemäß diesem Dokument ist das Recht auf Selbstverteidigung in Art. verankert. 3, in dem es heißt: „Jeder Mensch hat das Recht auf Leben, Freiheit und Sicherheit."

Dieser Artikel ist eines der Grundprinzipien, auf denen die Menschenrechte aufbauen. Es bekräftigt, dass jeder Mensch das Recht hat, sein Leben und seine Freiheit vor Gewalt und Bedrohungen zu schützen.

Zusätzlich zur Allgemeinen Erklärung der Menschenrechte können verschiedene Länder unterschiedliche Gesetze und Vorschriften zum Recht auf Selbstverteidigung haben. Diese Gesetze können je nach Gerichtsbarkeit und Umständen variieren, der allgemeine Grundsatz bleibt jedoch derselbe: Eine Person hat das Recht auf Schutz ihres Lebens und ihrer persönlichen Integrität.

Gemäß internationalen Menschenrechtsdokumenten hat jeder Mensch das Recht auf Selbstverteidigung im Falle einer Gefahr für sein Leben oder seine Gesundheit. Dieses Recht ist nicht auf bestimmte Methoden oder Mittel beschränkt, sondern umfasst alle verfügbaren Schutzmöglichkeiten.

Dem Kind muss beigebracht werden, dass es bei der Selbstverteidigung verstehen muss, dass eine Person das Recht hat, alle verfügbaren Gegenstände in ihrer Umgebung zu nutzen, um ihre Sicherheit zu gewährleisten. Ob Schlüssel, Kugelschreiber, Bleistift oder auch Alltagsgegenstände wie eine Tasche oder ein Stuhl – sie können in bestimmten Situationen ein wirksamer Schutz sein.

Beispielsweise können Schlüssel zum Schlagen in den Augen- oder Gesichtsbereich eines Angreifers sowie zum Schutz des eigenen Körpers eingesetzt werden. Ein Kugelschreiber oder Bleistift kann zu einer improvisierten Waffe werden, um den Hals oder andere gefährdete Stellen zu treffen. Der Beutel kann als Barriere zwischen Angreifer und Opfer dienen, aber auch zur Abwehr von Schlägen oder zum Schutz des Kopfes.

Es ist wichtig zu verstehen , dass Selbstverteidigung nicht immer körperlichen Widerstand bedeutet. Manchmal sind auch das Vermeiden einer Gefahr oder das Rufen um Hilfe wirksame Abwehrmaßnahmen. Jeder Mensch hat das Recht auf Sicherheit und Schutz, und in einer Bedrohungssituation ist es eine rechtmäßige und vernünftige Entscheidung, sich mit den verfügbaren Mitteln zu schützen.

Vor dem Einsatz aktiver Selbstverteidigungsmethoden ist es wichtig, alles zu tun, um Konflikte zu vermeiden. Dazu kann gehören, sich von der Gefahr fernzuhalten, um Hilfe zu rufen oder sogar zu versuchen, die Situation verbal zu lösen. Kann der Konflikt jedoch nicht verhindert werden und ist das Leben oder die Gesundheit einer Person gefährdet, hat sie Anspruch auf Schutz.

Um sich zu schützen, kann eine Person verschiedene Methoden anwenden, einschließlich der Verwendung verfügbarer Umweltgegenstände oder Kampfkunstfähigkeiten, sofern verfügbar. Es ist wichtig, sich daran zu erinnern, dass das Ziel der Selbstverteidigung nicht darin besteht, Schaden anzurichten, sondern das eigene Leben und die eigene Gesundheit zu schützen. Daher ist es wichtig, das Niveau der Selbstverteidigung nicht zu überschreiten und nur die Mittel einzusetzen, die zur Neutralisierung der Bedrohung erforderlich sind.

Das Ziel sollte nach Möglichkeit darin bestehen, den Angreifer zu neutralisieren und weitere Gewalt zu verhindern, und nicht darin, ihm schweren Schaden zuzufügen. Im Falle einer erfolgreichen Abwehr und Neutralisierung der Bedrohung wird empfohlen, unverzüglich die Hilfe der Strafverfolgungsbehörden in Anspruch zu nehmen und die Situation zur weiteren Untersuchung an diese zu übergeben.

Es ist wichtig, sich daran zu erinnern, dass Selbstverteidigung nicht nur eine legitime Möglichkeit ist, sich im Falle einer Bedrohung zu schützen, sondern auch ein wichtiges Mittel, um das Gefühl von Selbstvertrauen und Sicherheit wiederherzustellen. Für viele Opfer von Aggression und Mobbing kann der Gedanke, sich selbst zu schützen, beängstigend und verwirrend wirken, insbesondere wenn sie sich verletzlich fühlen und sich ihrer eigenen Fähigkeiten nicht sicher sind. Allerdings kann das Verständnis, dass sie über die Ressourcen und die Fähigkeit verfügen, sich zu verteidigen, ihr Gefühl der Kontrolle über die Situation erheblich stärken und ihre Angst vor dem Angreifer verringern.

Bis das Kind durch die Ausübung von Kampfsportarten die für sich selbst gewählten Fähigkeiten zur vollständigen Selbstverteidigung erlangt, ist die Nutzung umliegender Gegenstände zum Schutz eine der Methoden, die jedem zur Verfügung stehen. Dieser Ansatz ermöglicht es einer Person, das, was sie zur Verfügung hat, zu nutzen, um sich im Falle eines Angriffs sicherer zu machen. Beispielsweise können ein Bleistift, ein Schlüssel, ein Kugelschreiber oder eine Tasche wirksame Werkzeuge zur Selbstverteidigung in einer kritischen Situation sein.

Es ist wichtig zu bedenken, dass Selbstverteidigung nicht immer körperlichen Widerstand bedeutet. Manchmal kann es die beste Verteidigung sein, einfach nur in der Lage zu sein, Gefahren einzuschätzen, Konflikte zu vermeiden und seinen Verstand und sein Urteilsvermögen einzusetzen. Wenn die Situation jedoch bedrohlich wird, kann es für die Sicherheit von entscheidender Bedeutung sein, zu wissen, wie man seine Umgebung zu seinem Schutz nutzt.

Daher ist es wichtig, Selbstverteidigungsfähigkeiten zu erlernen, einschließlich der Nutzung umliegender Objekte zum Schutz. Das steigert nicht nur das Selbstvertrauen, sondern schafft auch ein Gefühl der Kontrolle über das eigene Schicksal. Darüber hinaus hilft es zu erkennen, dass jeder Mensch das Recht auf Schutz und Sicherheit hat und dass Selbstverteidigung etwas völlig Normales und Legales ist.

Wenn wir über die Prinzipien der Selbstverteidigung sprechen, ist es wichtig zu verstehen, dass es sich hierbei nicht nur um eine Reihe von Techniken oder körperlichen Übungen handelt. Hierbei handelt es sich um einen umfassenden Ansatz zur Wahrung der eigenen Sicherheit, der sowohl physische als auch psychische Aspekte umfasst. Für Ihr Kind, das Opfer von Mobbing ist und sich möglicherweise verletzlich und unsicher fühlt, kann die Kenntnis der Grundprinzipien der Selbstverteidigung ein wirksames Mittel sein, um das Selbstvertrauen zu stärken und die Angst vor dem Mobber zu verringern.

Lesen Sie dies idealerweise Ihrem Kind vor oder geben Sie es ihm, damit das Kind selbst diese Anleitung lesen kann, die in Gefahrensituationen nützlich sein wird:

1. Situationsbewusstsein: Der erste und wichtigste Schritt in der Selbstverteidigung ist das Situationsbewusstsein. Das bedeutet, dass Sie sich Ihrer Umgebung bewusst sind, potenzielle Bedrohungen erkennen und mögliche Risiken einschätzen. Um Gefahren zu vermeiden, müssen Sie vorsichtig und wachsam sein, auch wenn die Situation sicher erscheint.

Situationsbewusstsein ist der Grundstein für eine wirksame Selbstverteidigung, insbesondere für diejenigen, die Angst und Unsicherheit erleben. Wenn wir über Opfer von Aggressionen sprechen, die äußerst empfindlich und unsicher sein können, ist es wichtig zu verstehen, dass das Bewusstsein für die Situation die Kontrolle über die eigene Sicherheit gibt.

Situationsbewusstsein bedeutet zunächst einmal, aufmerksam auf die Umgebung zu achten, selbst in den Momenten, in denen es den Anschein hat, als ob nichts Gefährliches passiert. Dabei geht es nicht darum, paranoid zu sein oder ständig eine Bedrohung zu erwarten, sondern sich seiner Umgebung bewusst zu sein und potenzielle Gefahren erkennen zu können.

Für diejenigen, die Angst vor dem Tyrannen haben oder sich unsicher fühlen, kann das Bewusstsein für die Situation ein Mittel sein, um wieder ein Gefühl der Kontrolle zu erlangen. Wenn ein Kind weiß, was um es herum passiert, kann es mögliche Risiken besser einschätzen und die notwendigen Maßnahmen ergreifen, um seine Sicherheit zu gewährleisten.

Es gibt dem Kind außerdem die Möglichkeit, proaktiv zu handeln, anstatt erst im letzten Moment auf eine Bedrohung zu reagieren. Wenn Ihr Kind sich der Situation im Voraus bewusst ist, können Sie einen Aktionsplan entwickeln und auf mögliche Bedrohungen vorbereitet sein. Dies trägt dazu bei, Stress und Ängste zu reduzieren, die in Konflikt- oder Gefahrensituationen entstehen können.

Und was am wichtigsten ist: Das Bewusstsein für die Situation ermöglicht es, das eigene Verhalten und die eigenen Reaktionen zu kontrollieren. Dadurch können Sie fundierte Entscheidungen auf der Grundlage Ihrer Risikoeinschätzung und Ihres Verständnisses Ihrer eigenen Stärken und Fähigkeiten treffen . Dies kann besonders wichtig für diejenigen sein, die Angst oder Unsicherheit verspüren, da es ihnen ein Gefühl von Selbstvertrauen und Kontrolle in Situationen gibt, die sich bedrohlich oder gefährlich anfühlen können.

2. Konfliktprävention: Es ist wichtig, Konflikte möglichst verhindern zu können. Dazu kann gehören, dass man nonverbale Kommunikation nutzt, Konfrontationen vermeidet und lernt, seine Grenzen selbstbewusst auszudrücken und Situationen abzulehnen, die gefährlich

oder bedrohlich erscheinen.

Konfliktprävention ist ein wirksames Mittel zur Selbstverteidigung, insbesondere für diejenigen, die unter Gefühlen der Hilflosigkeit und Angst vor dem Angreifer leiden. Selbst der kleinste Konflikt kann schwerwiegende Folgen haben. Daher ist es wichtig, ihn nach Möglichkeit vermeiden zu können.

Für diejenigen, die Gefühle der Hilflosigkeit und Unsicherheit verspüren, bietet Konfliktprävention eine Möglichkeit, die Situation unter Kontrolle zu bringen, bevor sie außer Kontrolle gerät. Dies kann besonders in Situationen nützlich sein, in denen der Angreifer versucht, einen Konflikt zu provozieren oder zu provozieren. Die Fähigkeit, Anzeichen einer wachsenden Spannung zu erkennen und deren Eskalation zu verhindern, kann Sie vor negativen Folgen bewahren.

Eine Möglichkeit, Konflikten vorzubeugen, ist die Verwendung nonverbaler Kommunikation. Nonverbale Signale wie ein sicherer Gang, ein direkter Blick und ein ruhiger Gesichtsausdruck können eine klare Botschaft von Selbstvertrauen und Absicht vermitteln. Dies kann dazu beitragen, Konflikte zu verhindern, indem Sie dem Angreifer zeigen, dass Sie seinen Provokationen nicht nachgeben werden.

Darüber hinaus ist es wichtig für diejenigen, die sich gegenüber einem Aggressor verwundbar fühlen, zu lernen, sich von Konfrontationen zu lösen und überzeugende Wege zu finden, um Grenzen und Ablehnung zum Ausdruck zu bringen. Zu wissen, wie man die Teilnahme an einer gefährlichen oder bedrohlichen Situation verweigert, ohne Aggression oder Gewalt anzuwenden, trägt dazu bei, Ihre Würde und Sicherheit zu wahren.

Zur Konfliktvermeidung kann es auch gehören, zu lernen, sicherere Orte und Situationen für sich selbst zu wählen und gleichzeitig potenziell gefährliche Situationen zu vermeiden. Dazu kann die Wahl von überfüllten Bereichen, gut beleuchteten öffentlichen Bereichen oder sicheren Bereichen gehören.

3. Gefahr vermeiden: Wenn eine Situation bedrohlich oder gefährlich wird, ist es wichtig zu wissen, wie man der Gefahr entkommt. Dies kann bedeuten, dass Sie sich schnell und sicher an einen sicheren Ort bewegen, die Umgebung als Deckung nutzen oder sich einfach von einer potenziell gefährlichen Person oder einem potenziell gefährlichen Ort entfernen.

Das Vermeiden von Gefahren ist ein wichtiger Aspekt der Selbstverteidigung, insbesondere für diejenigen, die unter Gefühlen der Hilflosigkeit und Angst vor einem Angreifer leiden. Wenn eine Situation die Sicherheit eines Kindes zu gefährden beginnt, kann die Fähigkeit, schnell zu reagieren und der Gefahr zu entgehen, das Kind vor schwerwiegenden Folgen bewahren.

Für diejenigen, die sich gegenüber einem Angreifer anfällig fühlen, ist es wichtig zu erkennen, dass das Weggehen vor der Gefahr nicht bedeutet, wegzulaufen oder schwach zu sein, sondern vielmehr eine Strategie zur Aufrechterhaltung der eigenen Sicherheit und des eigenen Wohlbefindens. Die Fähigkeit, eine Situation schnell einzuschätzen und zu entscheiden, wie man einer Bedrohung am besten entkommen kann, zeugt von persönlicher Selbstverteidigung und Selbstvertrauen.

Es ist wichtig zu wissen, wie man die Umwelt als Unterschlupf oder Schutz nutzt. Dies kann alles sein, von der Suche nach Schutz in Menschenmengen bis hin zur Suche nach Schutz hinter Absperrungen oder in Gebäuden. Die Fähigkeit, schnell einen sicheren Ort zu finden und zu nutzen, kann Ihnen helfen, Gefahren zu vermeiden und Aggressionen vorzubeugen.

Darüber hinaus kann die Vermeidung einer Gefahr darin bestehen, sich einfach von einem gefährlichen Ort oder einer Bedrohung zu entfernen. Dies kann bedeuten, schnell an einen anderen Ort zu ziehen oder sich einfach von einem Ort zu entfernen, an dem die Situation die persönliche Sicherheit zu gefährden beginnt. Es ist wichtig, sich daran zu erinnern, dass das Vermeiden von Gefahren kein Zeichen von Schwäche ist, sondern vielmehr ein Zeichen der Sorge um die eigene Sicherheit und das eigene Wohlbefinden.

4. Physischer Schutz: Wenn Sie einer Gefahr nicht entkommen können, ist es manchmal notwendig, physischen Schutz zu verwenden. Dies sollte jedoch der letzte Ausweg sein und nur dann eingesetzt werden, wenn es absolut notwendig ist. Es ist wichtig, nur die nötige Gewalt anzuwenden, um die Bedrohung zu neutralisieren und so schnell wie möglich sofort Hilfe zu suchen.

Körperliche Verteidigung ist das letzte Mittel, wenn sich andere Methoden der Selbstverteidigung als unwirksam oder nicht verfügbar erwiesen haben. Bei vielen Menschen, insbesondere bei denen, die unter Gefühlen der Hilflosigkeit und Unsicherheit leiden, kann die Vorstellung, körperliche Gewalt anzuwenden, Angst und Zweifel hervorrufen. Es ist jedoch wichtig zu verstehen, dass der Einsatz von physischem Schutz auf Situationen beschränkt werden sollte, in denen die Bedrohung unmittelbar und überwältigend wird.

Für Opfer einer Aggression, die sich verletzlich fühlen und Angst davor haben, physische Gewalt anzuwenden, ist es wichtig zu erkennen, dass der Zweck der physischen Verteidigung nicht darin besteht, dem Angreifer Schaden zuzufügen, sondern die Bedrohung zu neutralisieren und ihre eigene Sicherheit zu gewährleisten. Dies bedeutet, dass Sie nur die minimale Kraft anwenden müssen, die erforderlich ist, um den Angriff zu stoppen und sofort Hilfe zu suchen.

Bei der körperlichen Verteidigung ist es wichtig, ruhig und konzentriert zu bleiben. Die Reaktion auf eine Stresssituation kann oft unvorhersehbar sein. Daher ist es wichtig, Selbstverteidigungstechniken zu erlernen, die es Ihnen ermöglichen, ruhig zu bleiben und Entscheidungen auf der Grundlage rationaler Handlungen und nicht auf der Grundlage von Emotionen zu treffen.

Es ist auch wichtig zu bedenken, dass die Anwendung physischer Gewalt in einem angemessenen Verhältnis zur Bedrohung stehen muss. Das bedeutet, dass die Gewaltanwendung dem Grad der Bedrohung angemessen sein muss und das zur Beendigung des Angriffs erforderliche Maß nicht überschreiten darf. Sobald die Bedrohung neutralisiert wurde, ist es wichtig, sofort Hilfe zu suchen und alle notwendigen Beweise für den Vorfall vorzulegen.

5. Psychologische Vorbereitung: Schließlich ist es äußerst wichtig, mental auf die Situation vorbereitet zu sein. Dazu gehört, dass Sie Vertrauen in Ihre Fähigkeiten haben, Ihre Rechte kennen und in Stresssituationen effektiv reagieren können. Zur mentalen Vorbereitung gehört auch die Fähigkeit, in Stresssituationen ruhig und klar im Kopf zu bleiben, was es Ihnen ermöglicht, durchdachte und effektive Entscheidungen zu treffen.

Die psychologische Vorbereitung spielt eine entscheidende Rolle für die Fähigkeit, mit einer aggressiven Situation umzugehen. Für Mobbingopfer, die sich möglicherweise schwach oder unsicher fühlen, wird psychologisches Training zu einem wichtigen Instrument zur Verbesserung des Selbstwertgefühls und zur Stärkung des Selbstvertrauens.

Zur psychologischen Vorbereitung gehört zunächst Selbstvertrauen. Das bedeutet, dass Sie Ihre Fähigkeiten verstehen und darauf vorbereitet sind, im Falle einer Bedrohung zu handeln. Opfer von Mobbing können von einem Selbstverteidigungstraining oder einer Beratung profitieren, die ihnen hilft, Vertrauen in ihre Fähigkeiten zu entwickeln und ihr Selbstwertgefühl zu stärken.

Zweitens gehört zur psychologischen Vorbereitung die Kenntnis Ihrer Rechte. Viele Opfer von Mobbing kennen möglicherweise ihre Rechte nicht oder haben keine Erfahrung damit, Hilfe zu suchen. Daher ist es wichtig, sich über Ihre Rechte zu informieren und zu wissen, wie Sie diese effektiv zu Ihrem Schutz nutzen können.

Darüber hinaus gehört zur psychologischen Vorbereitung die Fähigkeit, effektiv auf Stresssituationen zu reagieren. Opfer von Mobbing können während eines Konflikts starken Emotionen und Stress ausgesetzt sein. Wenn sie lernen, ihre Emotionen zu kontrollieren und ruhig zu bleiben, können sie durchdachte und effektive Entscheidungen treffen.

Es ist auch wichtig zu lernen, in Stresssituationen ruhig und klar im Kopf zu bleiben. Dies wird Mobbingopfern helfen, durchdachte und rationale Entscheidungen zu treffen, anstatt aus Emotionen oder Angst heraus zu handeln. Regelmäßiges Praktizieren von Meditation, tiefem

Atmen oder anderen Entspannungstechniken kann dazu beitragen, Ihre Fähigkeit zu verbessern, in Stresssituationen ruhig zu bleiben.

Das Verständnis dieser Selbstverteidigungsprinzipien kann Mobbingopfern helfen, sich selbstbewusster und auf die Bewältigung einer Vielzahl von Situationen vorbereitet zu fühlen. Dies gibt ihnen die Möglichkeit, ihre eigene Sicherheit zu kontrollieren und wirksame Maßnahmen zu ergreifen, um sich im Falle einer Bedrohung zu schützen.

Die Praxis, Alltagsgegenstände zur Selbstverteidigung zu nutzen, kann für diejenigen, die Opfer von Aggressionen geworden sind, sehr hilfreich sein. Dies bietet die Möglichkeit zu lernen, wie man die verschiedenen Gegenstände, die im Falle eines Konflikts oder Angriffs zur Verfügung stehen, effektiv und sicher nutzt.

Das Üben mit verschiedenen Objekten in der Umgebung trägt auch dazu bei, Vertrauen in die eigenen Fähigkeiten zu entwickeln und das Gefühl der Kontrolle über die Situation zu stärken. Wenn eine Person weiß, dass sie sich mit gewöhnlichen Gegenständen schützen kann, fühlt sie sich sicherer und fähiger, mit potenziellen Gefahren umzugehen.

Daher ist es wichtig, regelmäßig mit verschiedenen Umweltobjekten zu trainieren, Konfliktsituationen zu simulieren und zu lernen, diese effektiv einzusetzen. Dies wird nicht nur dazu beitragen, die notwendigen Fähigkeiten zur Selbstverteidigung zu erwerben, sondern auch dazu beitragen, sich auf mögliche Bedrohungen vorzubereiten und das Selbstvertrauen zu stärken.

Selbstverteidigung mit Alltagsgegenständen:

I - Bleistift/Kugelschreiber:

- Verletzliche Punkte treffen: Mit einem Bleistift oder Kugelschreiber können verletzliche Punkte am Körper des Angreifers getroffen werden, beispielsweise Augen, Nase, Hals, Schlüsselbein und Leistengegend. Wenn Sie beispielsweise angreifen, können Sie dem Angreifer mit einem Bleistift ins Auge oder in die Kehle schlagen, um seinen Angriff abzuschwächen und eine Fluchtmöglichkeit zu schaffen.

- Schläge abwehren: Gegen Schläge, die auf das Opfer gerichtet sind, kann auch ein Bleistift oder Kugelschreiber eingesetzt werden. Beispielsweise kann eine Person einen Griff verwenden, um ihren Kopf zu schützen, indem sie ihn während eines Angriffs vor sich anhebt, um einen Schlag zu verhindern.

- Abstand wahren: Mit einem Bleistift oder Kugelschreiber kann Abstand zwischen Opfer und Angreifer hergestellt werden. Eine Person kann ihre Hand mit einem Bleistift oder Kugelschreiber vor sich ausstrecken, um einen Angreifer wegzustoßen oder ein vorübergehendes Hindernis zwischen sich und dem Angreifer zu schaffen.

- Hilferuf: Im Falle eines Angriffs kann auch ein Bleistift oder Kugelschreiber genutzt werden, um andere auf sich aufmerksam zu machen. Das Opfer schreit möglicherweise oder schwenkt einen

Kugelschreiber oder Bleistift, um Aufmerksamkeit zu erregen und Hilfe zu leisten.

Diese Methoden können zur Selbstverteidigung in kritischen Situationen wirksam sein und sind für fast jeden zugänglich, da in der Regel ein Bleistift oder Kugelschreiber zur Hand ist. Es ist jedoch wichtig zu bedenken, dass der Einsatz dieser Gegenstände zur Selbstverteidigung auf kritische Situationen beschränkt werden sollte, in denen es keine anderen Möglichkeiten gibt, und das Ziel darin bestehen sollte, eine Möglichkeit zur Flucht und zum Rufen um Hilfe zu schaffen.

II - Tasche:

zum Angreifer schaffen müssen , kann die Tasche als vorübergehende Barriere verwendet werden. Du kannst die Tasche vor dir ausziehen und damit deinen Angreifer zurückdrängen und Raum für den Rückzug schaffen.

- Schläge abwehren: Die Tasche kann auch zum Abwehren von Schlägen verwendet werden. Sie können die Tasche vor sich halten und damit die Schläge eines Angreifers abwehren. Es ist wichtig, dass Sie versuchen, den Schaden, den Sie erleiden, so gering wie möglich zu halten, bis Sie die Möglichkeit haben, zu fliehen oder um Hilfe zu rufen.

- Verwendung als Waffe: Im Extremfall, wenn keine andere Möglichkeit besteht, kann die Tasche als Waffe verwendet werden. Sie können Ihren Angreifer mit einer Tasche schlagen oder sie in seine Richtung werfen, um ihn abzulenken und eine Fluchtmöglichkeit zu schaffen.

- Abstand wahren: Die Tasche kann auch zum Abstandhalten während der Bewegung genutzt werden. Sie können die Tasche vor sich halten und damit einen Angreifer wegstoßen, wenn dieser versucht, sich zu nähern.

Es ist wichtig zu bedenken, dass die Verwendung einer Tasche zur Selbstverteidigung auf kritische Situationen beschränkt werden sollte, in denen es keine anderen Möglichkeiten gibt, und das Ziel darin bestehen sollte, eine Möglichkeit zur Flucht und zum Rufen um Hilfe zu schaffen. Denken Sie auch daran, dass Sicherheit an erster Stelle steht und das Ziel darin besteht, einer gefährlichen Situation so schnell wie möglich zu entkommen.

III - Schlüssel:

- Schlagen: Sie können die Schlüssel so zwischen Ihren Fingern halten, dass sie aus Ihrer Faust herausragen, und damit gefährdete Stellen am Körper des Angreifers treffen, beispielsweise Augen, Nase, Hals oder Leistengegend. Dies kann zu einem schmerzhaften Schock führen und den Abgang ermöglichen.

- Verteidigung gegen Angriffe: Wenn ein Angreifer von hinten oder von der Seite angreift, können Sie sich mit Tasten verteidigen. Indem Sie die Schlüssel mit festem Griff ergreifen, können Sie damit Ihren Angreifer angreifen oder schlagen, um ihn abzulenken und eine Gelegenheit zur Flucht zu schaffen.

- Aufspießen: In extremen Situationen, wenn Lebensgefahr besteht, können Sie versuchen , den Angreifer mit Schlüsseln aufzuspießen oder zu erstechen. Dies muss in einer kritischen Situation geschehen, wenn es keine anderen Optionen gibt und das Ziel das Überleben ist.

- Verwendung als Würgewaffe: Wenn Sie sich im Nahkampf mit einem Angreifer befinden, können Sie mit den Tasten Druck auf empfindliche Punkte am Hals oder Kopf ausüben, um ihn zu schwächen und ihm die Flucht zu ermöglichen.

Es ist wichtig, sich daran zu erinnern, dass der Einsatz von Schlüsseln als Waffe zur Selbstverteidigung der letzte Ausweg sein sollte und nur in äußerst gefährlichen Situationen eingesetzt werden sollte, wenn keine andere Möglichkeit besteht. Ziel ist es, eine Möglichkeit zur Flucht und zum Hilferuf zu schaffen. Denken Sie auch daran, dass Sicherheit an erster Stelle steht und Sie alles tun sollten, um sich im Falle eines Angriffs zu schützen.

IV – Regenschirme:

- Angriffe abwehren: Der Regenschirm kann verwendet werden, um Angriffe eines Angreifers abzuwehren. Sie können den Schirm schnell ausklappen, indem Sie ihn vor sich halten, um Schläge mit Ihren Händen oder auf uns gerichtete Gegenstände abzuwehren . Dies kann zusätzliche Zeit zum Reagieren oder Entkommen geben.

- Schaffen Sie einen temporären Unterschlupf: Im Falle eines Angriffs oder Angriffs können Regenschirme verwendet werden, um einen temporären Unterschlupf zu schaffen. Sie können den Regenschirm über sich heben oder vor sich halten, um eine Barriere zwischen Ihnen und Ihrem Angreifer zu schaffen. Dies kann zum Schutz vor Schlägen beitragen und Ihnen Zeit geben, Ihre nächsten Schritte zu planen.

- Verwendung als Waffe: Der Regenschirm kann als improvisierte Waffe verwendet werden, um einen Angreifer abzuwehren oder anzugreifen. Mit der Spitze des Schirms können Sie gefährdete Stellen am Körper eines Angreifers treffen oder ihn abschrecken. Denken Sie jedoch daran, dass die Verwendung eines Regenschirms als Waffe der letzte Ausweg sein sollte und nur dann eingesetzt werden sollte, wenn es absolut notwendig ist.

-Ablenkung: Auch wenn der Regenschirm keine mächtige Waffe ist, kann seine Verwendung die Aufmerksamkeit des Angreifers ablenken und ihm ermöglichen, zu fliehen oder um Hilfe zu rufen. Das Aufheben und Präsentieren eines Regenschirms kann einen Angreifer dazu veranlassen, für einige Momente nachzudenken und ihn zu verwirren, was möglicherweise ausreicht, um ihm eine sichere Flucht zu ermöglichen.

Es ist wichtig zu bedenken, dass die Verwendung eines Regenschirms zur Selbstverteidigung mit Vorsicht und nur in extremen

Situationen erfolgen sollte, in denen Leben oder Sicherheit gefährdet sind. Das Hauptziel besteht darin, sich zu schützen und um Hilfe zu rufen.

V- Kugelschreiber:

- Verwundbare Punkte treffen: Ein Kugelschreiber hat eine Spitze, mit der verwundbare Punkte am Körper eines Angreifers getroffen werden können. Beispielsweise kann ein Schlag auf die Augen, die Nase, den Hals, das Kinn oder andere weiche und empfindliche Bereiche gerichtet sein , um Schmerzen und eine vorübergehende Funktionsbeeinträchtigung des Angreifers zu verursachen.

- Abwehr von Angriffen: Nähert sich ein Angreifer, kann man mit einem Kugelschreiber als improvisierte Waffe seine Angriffe abwehren oder abwehren. Sie können beispielsweise eine schnelle Bewegung des Griffs in Richtung des Angreifers ausführen , um seinen Schlag abzuwehren oder seine Aufmerksamkeit abzulenken.

- Verwendung als Klaue: Wenn Sie die Spitze des Griffs nicht zum Schlagen verwenden können, können Sie sie als Klaue verwenden, um Ihren Angreifer zu kratzen oder festzuhalten. Dies kann auch ein wirksames Mittel sein, um einen Angreifer abzuschrecken und eine vorübergehende Barriere zwischen uns und dem Angreifer zu schaffen .

- Verwendung als Greifwaffe: Bei Bedarf kann ein Kugelschreiber verwendet werden, um Greif- oder Fesseltechniken an einem Angreifer auszuführen. Sie können beispielsweise einen Stift in die Hand nehmen und damit Druck auf empfindliche Punkte am Körper Ihres Angreifers ausüben, um ihn zu zwingen , sein Opfer loszulassen oder die Kontrolle zu verlieren.

Unabhängig von der Verwendungsmethode ist es wichtig zu bedenken, dass ein Kugelschreiber nur dann verwendet werden sollte, wenn dies zum Schutz vor Angriffen unbedingt erforderlich ist. Dies ist eine letzte Maßnahme der Selbstverteidigung und sollte nur im Falle einer echten Gefahr für Leben oder Sicherheit eingesetzt werden.

VI - Punkte:

- Augenschutz: Eine Brille kann im Falle eines Angriffs als vorübergehender Schutz für unsere Augen dienen. Wenn ein Angreifer versucht, uns im Gesicht oder am Kopf anzugreifen, können wir schnell den Kopf senken oder unsere Brille ans Gesicht drücken, um unsere Augen vor den Schlägen zu schützen.

- Distanz erstellen: Mit Punkten kann eine temporäre Distanz erstellt werden. Sie können beispielsweise schnell Ihre Brille abnehmen und sie in die Richtung eines Angreifers werfen, um seine Aufmerksamkeit abzulenken und eine Fluchtmöglichkeit zu schaffen.

- Verwendung als Waffe: Wenn die Brille einen starken oder scharfen Rand hat, kann sie als improvisierte Waffe verwendet werden. Sie können beispielsweise mit dem Rand Ihrer Brille einen Angreifer ins Gesicht oder an andere verwundbare Stellen schlagen, um ihn abzuschrecken und ihm

Zeit zur Flucht zu geben.

- Bedrohung für den Angreifer: Das bloße Zeigen Ihrer Punkte gegenüber dem Angreifer kann als Drohung und als Warnung dienen, dass Sie bereit sind, sich zu verteidigen. Dies kann ihn dazu bringen, über seine Handlungen nachzudenken, und uns Zeit geben, Selbstschutzmaßnahmen zu ergreifen.

Es ist wichtig zu bedenken, dass die Verwendung einer Brille zum Selbstschutz der letzte Ausweg sein sollte und nur im Falle einer echten Sicherheitsgefahr eingesetzt werden sollte. Denken Sie auch daran, dass die Brille bei der Selbstverteidigung beschädigt werden kann. Seien Sie also darauf vorbereitet, sie nach einem Vorfall auszutauschen.

VII – Haushaltsgeräte:

- Stöße: Viele Haushaltsgeräte sind schwer und stark genug, um Stößen ausgesetzt zu werden. Sie können beispielsweise einen Fön oder ein Bügeleisen nehmen und es als provisorischen Hammer verwenden, um Ihren Angreifer zu schlagen. Dies kann zu ausreichenden Schmerzen führen, um den Angreifer abzulenken und ihm Zeit zu geben, zu fliehen oder Hilfe zu holen.

- Erstellen Sie eine vorübergehende Barriere: Einige Haushaltsgegenstände können zur Schaffung einer vorübergehenden Barriere verwendet werden. Wenn beispielsweise eine Mikrowelle oder ein Wasserkocher vorhanden ist, können Sie diese in den Weg des Angreifers stellen, um ein vorübergehendes Hindernis zu schaffen und Zeit zu gewinnen, um zu entkommen oder um Hilfe zu rufen.

- Verwendung von Drähten: Wenn Haushaltsgegenstände über elektrische Drähte oder Kabel verfügen, können diese zum Umwickeln von Händen oder zum Erstellen eines primitiven Knotens verwendet werden, um einen Angreifer zu fangen oder zu bezwingen. Dies kann Ihnen helfen, die Situation unter Kontrolle zu bringen und sich selbst zu schützen, bis Hilfe eintrifft.

- Improvisierte Abschirmung: Einige Haushaltsgegenstände wie ein Bügeleisen oder ein Haartrockner können verwendet werden, um eine vorübergehende Abschirmung oder einen Schutz vor Angriffen zu schaffen. Mit ihnen können Sie sich vor Schlägen oder Angriffen schützen, bis Sie Maßnahmen ergreifen oder um Hilfe rufen können.

Es ist wichtig, sich daran zu erinnern, dass die Verwendung von Haushaltsgegenständen zur Selbstverteidigung das letzte Mittel sein sollte und nur im Falle einer echten Sicherheitsbedrohung eingesetzt werden sollte. Achten Sie außerdem darauf, dass die Verwendung dieser Gegenstände den Gesetzen der Region entspricht, in der Sie sich aufhalten.

VIII – Kleidung:

- Schaffen Sie vorübergehenden Schutz: Wenn Sie eine Jacke oder einen Mantel haben, können Sie damit vorübergehenden Schutz vor Angriffen schaffen. Du kannst zum Beispiel deine Jacke aufklappen und sie als Schutzschild nutzen, um dich vor Schlägen oder Waffenangriffen zu schützen. Dies gibt zusätzliche Zeit, um die Situation zu beurteilen und über weitere Maßnahmen zu entscheiden.

- Verwendung von Kleidung als Hindernis: Sie können Kleidung auch verwenden, um bei Ihrem Angreifer ein vorübergehendes Hindernis zu schaffen. Sie können beispielsweise Ihre Jacke oder Ihr Hemd ausziehen und Ihrem Angreifer ins Gesicht werfen, um ihn zu verwirren und ihm Zeit zu verschaffen, zu fliehen oder um Hilfe zu rufen.

- Strangulationsschutz: Bestimmte Kleidungsstücke wie Schals oder Gürtel können zum Schutz vor Strangulationen verwendet werden. Wenn ein Angreifer versucht, uns zu erwürgen, können Sie mit einem Schal oder Gürtel eine vorübergehende Barriere zwischen seinen Händen und unserem Hals schaffen , die es uns ermöglicht, uns zu befreien oder die Situation zu kontrollieren.

- Improvisierter Schutz vor Stößen: Kleidung kann auch als improvisierter Schutz vor Stößen oder stumpfen Verletzungen dienen. Sie können beispielsweise eine Jacke oder ein Hemd zusammenrollen und als Kissen zur Stoßdämpfung oder zum Schutz vor scharfen Gegenständen verwenden.

Es ist jedoch wichtig zu bedenken, dass die Verwendung von Selbstschutzkleidung das letzte Mittel sein und nur dann zum Einsatz kommen sollte, wenn es absolut notwendig ist. Beachten Sie, dass die Verwendung von Schutzkleidung vorübergehender Natur sein kann und möglicherweise weitere Maßnahmen zur Gewährleistung der Sicherheit erforderlich sind.

IX - Mobiltelefon:

- Angriff: Das Mobiltelefon kann im Falle eines Angriffs zum Angriff verwendet werden. Sie können das Telefon an der Hülle packen und es als schweren Gegenstand verwenden, um den Angreifer zu schlagen. Bedenken Sie jedoch, dass dies zu ernsthaften Schäden führen kann. Daher sollten Sie diese Methode nur als letzten Ausweg anwenden, wenn keine andere Möglichkeit besteht.

- Ablenkung: Im Falle eines Angriffs können Sie das Telefon in Richtung des Angreifers werfen, um seine Aufmerksamkeit abzulenken und ihm Zeit zur Flucht zu geben. Dies kann Ihnen zusätzliche Sekunden verschaffen, um Hilfe zu rufen oder einen sicheren Ort zu finden.

- Hilfe rufen: Im Falle einer Bedrohung oder eines Angriffs können Sie mit einem Mobiltelefon schnell Hilfe rufen. Sie können die Notrufnummer 911 oder die Polizei anrufen, um die Situation zu melden und Hilfe anzufordern.

- Aufzeichnen, was passiert: Das Mobiltelefon kann auch zur Aufzeichnung des Geschehens verwendet werden. Sie können die Video- oder Audioaufzeichnung auf Ihrem Telefon aktivieren, um Details des Angriffs oder der Bedrohung zu erfassen. Dies kann ein nützlicher Beweis sein, wenn Sie zur Polizei oder zum Gericht gehen.

- Senden von Nachrichten zur Hilfe: Wenn Sie nicht telefonieren können, können Sie eine SMS senden oder die SOS-Funktion Ihres Mobiltelefons nutzen, um Kontakte automatisch über die Situation zu benachrichtigen und Hilfe anzufordern.

- Verwendung von GPS: Viele Mobiltelefone verfügen über eine integrierte GPS-Funktion, die Rettungsdiensten dabei helfen kann, Ihren Standort zu bestimmen. Dies ist besonders nützlich, wenn Sie den Standort über das Telefon nicht genau bestimmen können.

- Verwendung von Sicherheits-Apps: Es gibt spezielle mobile Sicherheits-Apps, mit denen Sie per Knopfdruck Notsignale senden oder Hilfe rufen können. Diese Apps können im Falle einer Bedrohung oder eines Angriffs nützlich sein.

- Notalarm: Wenn Ihr Telefon über die Möglichkeit verfügt, auf Knopfdruck einen Notalarm zu senden oder um Hilfe zu rufen, können Sie diese Funktion im Falle einer Bedrohung oder eines Angriffs nutzen. Auf dem Markt erhältliche Sicherheitsprogramme und -anwendungen können unter bestimmten Bedingungen auch Funktionen zum automatischen Senden von Notrufen enthalten.

- Akustischer Alarm: Einige mobile Apps bieten eine akustische Alarmfunktion, mit der Sie im Falle eines Angriffs die Aufmerksamkeit der Menschen in Ihrer Umgebung auf sich ziehen können. Dies kann helfen, auf die Situation aufmerksam zu machen und um Hilfe zu rufen.

Während ein Mobiltelefon in bestimmten Situationen ein nützliches Hilfsmittel zum Selbstschutz sein kann, ist es wichtig, sich daran zu erinnern, dass die persönliche Sicherheit das oberste Ziel sein sollte. Verwenden Sie Ihr Telefon, um Hilfe zu rufen und achten Sie darauf, dass Ihre Sicherheit an erster Stelle steht. Es ist wichtig, sich daran zu erinnern, dass ein Mobiltelefon ein wirksames Werkzeug zum Selbstschutz sein kann, es aber auch mit Bedacht und Vorsicht verwendet werden muss. Versuchen Sie, Ihr Telefon aufgeladen und bei Bedarf zugänglich zu halten, und achten Sie auf den Standort oder die Sichtbehinderung des Angreifers.

- Feuer: Wenn die Situation kritisch ist und den Einsatz von Feuer zur Selbstverteidigung erfordert, können Sie ein Feuerzeug verwenden, um Feuer zu erzeugen. Sie können beispielsweise einen Werwolf in Brand setzen, um einen Angreifer anzugreifen, wenn dies zum Schutz erforderlich ist.

Es ist wichtig zu bedenken, dass die Verwendung eines Feuerzeugs oder eines Flash-Laufwerks zur Selbstverteidigung Vorsicht erfordert und durch die Situation gerechtfertigt sein muss. Das Ziel ist die Sicherheit, daher muss der Einsatz dieser Gegenstände gerechtfertigt sein und in einer kritischen Situation als letztes Mittel in Betracht gezogen werden.

XI - Schal oder Gürtel:

- Den Angreifer binden oder bewegungsunfähig machen: In einer kritischen Situation kann ein Schal oder Gürtel verwendet werden, um die Hände des Angreifers zu fesseln, was ihn vorübergehend bewegungsunfähig macht und ihm die Möglichkeit gibt, zu fliehen oder um Hilfe zu rufen.

- Erstellen Sie eine vorübergehende Barriere: Ein Schal oder Gürtel kann herumgeschwenkt werden, um eine vorübergehende Barriere zwischen dem Angreifer zu schaffen . Dies kann zusätzliche Zeit zur Beurteilung der Situation oder zur Ergreifung anderer Selbstschutzmaßnahmen verschaffen.

- Waffen zur Selbstverteidigung: Im Falle eines Angriffs kann ein Schal oder Gürtel verwendet werden, um den Angreifer anzugreifen. Sie können als Feuerwerkskörper oder, wenn lange genug, als Peitsche verwendet werden, um einen Angriff abzuwehren und sich zu verteidigen.

- Schaffen Sie einen vorübergehenden Unterschlupf: Wenn Gefahr droht, können Sie mit einem Schal oder Gürtel einen vorübergehenden Unterschlupf schaffen, um beispielsweise Geräusche zu dämpfen, Schutz vor Regen zu bieten oder sich vor einem Angreifer zu verstecken.

Bitte denken Sie daran, dass diese Maßnahmen nur dann ergriffen werden sollten, wenn sie unbedingt erforderlich sind und im Rahmen der gesetzlichen Bestimmungen erfolgen. Selbstverteidigung muss in einem angemessenen Verhältnis zur Bedrohung stehen und unnötige Gewalt muss vermieden werden.

XII - Plastikflasche:

- Zuschlagen: Eine mit Wasser oder einer anderen Flüssigkeit gefüllte Plastikflasche kann verwendet werden, um den Angreifer anzugreifen. Sie können auf die Flasche schlagen, um einen Angriff abzuwehren oder sich vor körperlicher Gewalt zu schützen.

- Schaffen Sie vorübergehenden Schutz: Wenn es keinen anderen Schutz gibt, können Sie mit einer Plastikflasche einen vorübergehenden Schutz schaffen. Sie können beispielsweise eine Flasche als Schutzschild vor sich halten, um Schläge abzuwehren oder sich vor ihnen zu schützen.

- Bespritzen des Angreifers: Im Falle eines Angriffs können Sie den Angreifer mit Wasser aus einer Plastikflasche bespritzen. Dies kann zusätzliche Zeit und Gelegenheit zur Flucht oder zum Rufen um Hilfe schaffen und den Angreifer ablenken oder desorientieren.

Denken Sie daran, dass die Verwendung einer Plastikflasche zur Selbstverteidigung in einem angemessenen Verhältnis zum Grad der Bedrohung stehen sollte und Sie sich bemühen sollten, Gewalt nach Möglichkeit zu vermeiden. Bedenken Sie auch, dass die Wirksamkeit dieser Methode von Ihrer spezifischen Situation und Ihren Umständen abhängen kann.

XIII - Geldbörse oder Handtasche:

- Distanz schaffen: Sie können Ihr Portemonnaie oder Ihre Handtasche nutzen, um Distanz zum Angreifer zu schaffen. Sie können sie vor sich hinschwenken, um einen Angreifer abzuschrecken oder ihn vorsichtig zu machen, während Sie sich zurückziehen oder einer Gefahr entkommen.

- Ablenkung: Sie können einem Angreifer eine Brieftasche oder einen Geldbeutel zuwerfen, um seine Aufmerksamkeit abzulenken und ihm zusätzliche Zeit zu verschaffen, um zu fliehen oder um Hilfe zu rufen. Dies kann einen Überraschungsmoment hervorrufen und die Möglichkeit für andere Aktionen bieten.

- Vorübergehender Schutz: Wenn Sie keinen anderen Schutz haben, können Sie Ihr Portemonnaie oder Ihre Handtasche nutzen, um sich zu schützen oder sich vor Stößen zu schützen. Du kannst sie zum Beispiel als Schutzschild vor dich halten oder sie zum Abmildern von Schlägen nutzen.

Es ist wichtig zu bedenken, dass eine Brieftasche oder ein Portemonnaie kein perfekter Schutz ist und dass ihre Verwendung in einem angemessenen Verhältnis zum Grad der Bedrohung stehen sollte. Vermeiden Sie Gewalt möglichst und versuchen Sie immer, die Situation sicher zu lösen.

XIV - Zeitung oder Zeitschrift:

- Schaffen Sie vorübergehenden Schutz: Sie können sich mit einer Zeitung oder Zeitschrift vor Schlägen oder Angriffen schützen. Falten Sie die Zeitung in zwei Hälften oder Viertel und halten Sie sie als vorübergehenden Schutz vor sich. Dies kann dazu beitragen, die Schläge abzumildern und Zeit zum Reagieren oder Entkommen zu geben.

- Ablenkung: Das Werfen einer Zeitung oder Zeitschrift auf einen Angreifer kann seine Aufmerksamkeit für einige Momente ablenken, was ihm möglicherweise die Möglichkeit gibt, andere Aktionen auszuführen. Dies kann nützlich sein, wenn Sie keine anderen Verteidigungsmöglichkeiten oder keine Fluchtmöglichkeit haben.

- Verwendung als Waffe: In manchen Situationen können Sie eine Zeitung oder Zeitschrift als vorübergehende Waffe verwenden. Sie können es beispielsweise drehen und als Schlagstock zur Selbstverteidigung verwenden. Dies sollte jedoch der letzte Ausweg sein und nur dann eingesetzt werden, wenn es absolut notwendig ist.

Es ist wichtig zu bedenken, dass eine Zeitung oder Zeitschrift nur eine vorübergehende Lösung ist und das Hauptziel darin bestehen sollte, Gewalt zu vermeiden und Sicherheit zu gewährleisten. Versuchen Sie, Selbstverteidigung immer mit Bedacht und nur dann einzusetzen, wenn es unbedingt notwendig ist.

XV – Hut oder Mütze: kann verwendet werden, um den Kopf vor Schlägen zu schützen oder um zusätzlichen Abstand zu einem Angriff zu schaffen.

- Kopfschutz: Ein Hut oder eine Mütze kann als vorübergehender Kopfschutz vor Stößen dienen. Obwohl dies keinen Schutz bietet, kann es den Aufprall etwas abmildern und schwere Verletzungen verhindern.

- Distanz schaffen: Sie können einen Hut oder eine Mütze verwenden, um zusätzlichen Abstand zu Ihrem Angreifer zu schaffen. Wenn ein Angreifer versucht, näher zu kommen, können Sie Ihre Kopfbedeckung vor sich hinschwenken, um ihn abzuschrecken oder ihm die Annäherung zu erschweren.

- Ablenkung: Das Werfen eines Hutes oder einer Mütze in Richtung eines Angreifers kann seine Aufmerksamkeit vorübergehend ablenken und ihm zusätzliche Zeit für andere Aktionen geben. Dies kann nützlich sein, wenn Sie versuchen zu gehen oder um Hilfe zu rufen.

Ein Hut oder eine Mütze sind zweifellos nicht das wirksamste Mittel zur Selbstverteidigung, aber in einer kritischen Situation können sie dabei helfen, wertvolle Sekunden zu gewinnen, um Entscheidungen zu treffen oder andere Maßnahmen zur Gewährleistung der Sicherheit zu ergreifen.

Die Schulung und Vorbereitung im Umgang mit Alltagsgegenständen zur Selbstverteidigung ist der Schlüssel zur Erhöhung Ihrer Überlebenschancen und zur Gewährleistung der persönlichen Sicherheit. Hier sind einige Aspekte, die Sie berücksichtigen sollten:

1. Kenntnis der Fähigkeiten von Objekten: Es ist wichtig zu verstehen, welche Objekte in der Umgebung zur Selbstverteidigung eingesetzt werden können und welche konkreten Aktionen sie ausführen können. Sie sollten beispielsweise wissen, dass mit einem Bleistift verwundbare Stellen getroffen werden können oder dass Schlüssel als Verteidigungswaffe im Falle eines Angriffs dienen können.

2. Einsatztechniken: Es ist wichtig, ein Training durchzuführen, in dem Sie lernen, diese Gegenstände in verschiedenen Selbstverteidigungssituationen effektiv einzusetzen. Dies kann das Üben von Schlag-, Block-, Ausweich- und anderen Techniken unter Verwendung von in der Umgebung verfügbaren Objekten beinhalten.

3. Reaktion auf Stresssituationen: Zur Vorbereitung gehört auch das Training im Umgang mit Stresssituationen. Bei einem echten Angriff kann das Verhalten ernsthaft gehemmt sein, und es ist wichtig, über praktische Fähigkeiten zu verfügen, die automatisch aktiviert werden können.

4. Erhöhtes Selbstvertrauen: Das Üben, wie man Alltagsgegenstände zur Selbstverteidigung nutzt, trägt dazu bei, das Selbstvertrauen zu stärken. Um die Überlebenschancen zu erhöhen und die persönliche Sicherheit zu gewährleisten, spielt die Schulung im Umgang mit Alltagsgegenständen zur Selbstverteidigung eine Schlüsselrolle. Hier sind einige Aspekte, die Sie berücksichtigen sollten:

1. Kenntnis der Fähigkeiten von Objekten: Es ist wichtig zu verstehen, welche Objekte in der Umgebung zur Selbstverteidigung eingesetzt werden können und welche konkreten Aktionen sie ausführen können. Sie sollten beispielsweise wissen, dass mit einem Bleistift verwundbare Stellen getroffen werden können oder dass Schlüssel als Verteidigungswaffe im Falle eines Angriffs dienen können.

2. Einsatztechniken: Es ist wichtig, ein Training durchzuführen, in dem Sie lernen, diese Gegenstände in verschiedenen Selbstverteidigungssituationen effektiv einzusetzen. Dies kann das Üben von Schlag-, Block-, Ausweich- und anderen Techniken unter Verwendung von in der Umgebung verfügbaren Objekten beinhalten.

3. Reaktion auf Stresssituationen: Zur Vorbereitung gehört auch das Training im Umgang mit Stresssituationen. Bei einem echten Angriff kann das Verhalten ernsthaft gehemmt sein, und es ist wichtig, über praktische Fähigkeiten zu verfügen, die automatisch aktiviert werden können.

4. Erhöhtes Selbstvertrauen: Das Üben der Verwendung von Alltagsgegenständen zur Selbstverteidigung trägt dazu bei, das Selbstvertrauen und die Handlungsbereitschaft zu stärken. Je mehr Sie üben, desto gewohnheitsmäßiger werden diese Fähigkeiten, sodass Sie besser darauf vorbereitet sind, effektiv auf eine Bedrohung zu reagieren.

5. Regelmäßiges Üben: Es ist wichtig, die Fähigkeiten nicht nur zu beherrschen, sondern sie auch regelmäßig zu pflegen und zu verbessern. Regelmäßiges Training und Übungssimulationen helfen dabei, Ihre Reaktionen scharf zu halten und Ihre Selbstverteidigungsfähigkeiten zu verbessern.

Das Training, Alltagsgegenstände zur Selbstverteidigung zu nutzen, erfordert Disziplin, Konsequenz und Selbstdisziplin. Allerdings ist es eine Investition in die Sicherheit und die Fähigkeit, sich im Bedrohungsfall zu verteidigen.

Die Beherrschung von Selbstverteidigungsfähigkeiten mit umliegenden Gegenständen spielt eine Schlüsselrolle für die Gewährleistung der persönlichen Sicherheit:

- Erhöhte Verteidigung: Wenn Sie wissen, wie Sie Ihre Umgebung nutzen können, um sich zu schützen, können Sie besser auf Bedrohungen reagieren und sich in verschiedenen Situationen verteidigen.

- Ermächtigung: Die Verwendung verfügbarer Gegenstände als Selbstverteidigungswerkzeuge erweitert Ihr Arsenal an Fähigkeiten und ermöglicht es Ihnen, effektiv auf Bedrohungen zu reagieren, auch wenn Sie keine spezielle Ausbildung in Kampfkunst oder Selbstverteidigung haben.

- Erhöhtes Selbstvertrauen: Das Wissen, dass Sie Gegenstände in Ihrer Umgebung zum Schutz nutzen können, erhöht das Selbstvertrauen und das Gefühl der Kontrolle in potenziell gefährlichen Situationen.

- Proaktive Vorbereitung: Durch die Beherrschung der Selbstverteidigungsfähigkeiten mithilfe von umliegenden Objekten können Sie in Bezug auf Ihre eigene Sicherheit proaktiv vorgehen und sind nicht nur von externen Faktoren oder Willenskraft abhängig.

- Praktisch und zugänglich: Die meisten Gegenstände, die zur Selbstverteidigung verwendet werden können, sind in der Regel im Alltag vorhanden und daher praktisch und bei Bedarf leicht zugänglich.

Daher ist die Beherrschung der Selbstverteidigungsfähigkeiten mithilfe von umliegenden Objekten ein wichtiger Bestandteil der Gewährleistung der persönlichen Sicherheit. Dies trägt dazu bei, den Schutz zu erhöhen, das Vertrauen zu stärken und eine proaktive Vorbereitung auf mögliche Bedrohungen sicherzustellen.

❖·❖·❖·❖·❖·❖·❖·❖·❖·❖·❖·❖·❖·❖·❖

Kapitel 12.

Stärke und Selbstvertrauen entwickeln. Praktische Ratschläge.

Zur besseren Aufnahme der Informationen sollten Eltern dieses Kapitel vorzugsweise gemeinsam mit ihren Kindern lesen. Um Stärke und Selbstvertrauen zu entwickeln, wird Mobbing-Opfern Folgendes empfohlen:

1. Körperliche Aktivität: Regelmäßige Bewegung wie Sport oder Fitness stärkt Ihren Körper und stärkt Ihr Selbstvertrauen. Wählen Sie die Sportarten aus, die Ihrem Kind am besten gefallen werden , und Sie müssen diese regelmäßig ausüben.

Körperliche Aktivität ist nicht nur ein zentraler Aspekt der Gesundheitsfürsorge, sondern auch ein wirksames Instrument zum Aufbau von Selbstvertrauen und Selbstwertgefühl, insbesondere für diejenigen, die Mobbing erlebt haben und sich verletzlich und unsicher fühlen. Hier sind einige Möglichkeiten, wie körperliche Aktivität für Mobbingopfer besonders vorteilhaft sein kann:

- Körperliche Gesundheit: Regelmäßige Bewegung trägt dazu bei, die allgemeine Gesundheit zu verbessern, Muskeln und Knochen zu stärken, die Herz-Kreislauf-Gesundheit zu verbessern und die Ausdauer zu steigern. Dadurch entsteht ein Gefühl von körperlicher Stärke und Vitalität, das Ihnen dabei helfen kann, sich im Alltag sicherer zu fühlen und Herausforderungen zu meistern.

- Emotionales Wohlbefinden: Körperliche Aktivität setzt Endorphine frei, die Wohlfühlhormone, die Ihre Stimmung verbessern, Stress und Ängste reduzieren und den Schlaf verbessern können. Für Mobbingopfer, die unter Angstzuständen und Depressionen leiden, kann dies besonders wertvoll sein.

- Verbessertes Selbstwertgefühl: Erfolge bei körperlicher Betätigung können dazu beitragen, das Selbstwertgefühl zu stärken. Wenn Sie neue Ergebnisse erzielen, Ihre Fähigkeiten verbessern oder Fortschritte in Ihrer Fitness feststellen, bestätigt dies Ihre Fähigkeit, Ihre Ziele zu erreichen, und verbessert Ihr Selbstwertgefühl.

- Soziale Aspekte: Sport- oder Fitnessaktivitäten werden oft im Gruppenformat durchgeführt, was Möglichkeiten zur Kommunikation und zur Stärkung sozialer Bindungen bietet. Dies gilt insbesondere für diejenigen, die sich aufgrund von Mobbingerfahrungen isoliert oder unsicher fühlen.

- Umgang mit Emotionen: Körperliche Aktivität kann ein Ausdruck und eine Möglichkeit sein, mit negativen Emotionen umzugehen. Sport kann dazu dienen, Stress, Ärger oder Frustration abzubauen, deren Entstehung zu verhindern und ihre Auswirkungen auf Ihren Geisteszustand zu verringern.

- Erhöhte Energie und Konzentration: Körperliche Aktivität trägt dazu bei, das Energieniveau zu steigern und die Konzentration zu verbessern, was Ihnen helfen kann, sich besser auf die täglichen Aufgaben zu konzentrieren und Herausforderungen zu meistern.

Daher ist körperliche Aktivität ein wirksames Instrument zur Verbesserung des Selbstwertgefühls, des Selbstvertrauens und des allgemeinen Wohlbefindens. Dies macht sie besonders für Mobbingopfer von Vorteil, die nach Möglichkeiten suchen, ihre psychologische und emotionale Sicherheit zu verbessern.

2.   Selbstverteidigungstraining: Durch   einen Selbstverteidigungskurs oder ein Kampfsporttraining können nicht nur die Grundlagen der Selbstverteidigung vermittelt, sondern auch das Selbstvertrauen gestärkt werden.

Selbstverteidigung ist eine Fähigkeit, die in verschiedenen Situationen wichtig sein kann, insbesondere wenn es um Mobbing oder andere Formen der Aggression geht. Durch die Teilnahme an einem Selbstverteidigungskurs oder dem Praktizieren von Kampfsportarten erwerben Sie nicht nur die körperlichen Fähigkeiten zur Selbstverteidigung, sondern können auch Ihr Selbstvertrauen und Ihre Fähigkeit, mit ähnlichen Situationen umzugehen, erheblich steigern.

Eine der Schlüsselkomponenten der Selbstverteidigung ist das Bewusstsein für die eigene Stärke und Fähigkeiten. Viele Opfer von Mobbing oder Aggression fühlen sich oft hilflos und haben Angst vor ihren Angreifern. Selbstverteidigungstraining trägt dazu bei, diese Einstellung zu ändern, indem es den Menschen das Selbstvertrauen gibt, sich bei Bedarf zu schützen.

Darüber hinaus fördert das Selbstverteidigungstraining die Entwicklung der körperlichen Fitness und Koordination. Es ist nicht nur für eine wirksame Selbstverteidigung von Vorteil, sondern fördert auch die allgemeine Gesundheit und das Wohlbefinden. Körperliche Aktivität kann auch Stress reduzieren und das Selbstwertgefühl verbessern, was besonders wichtig für diejenigen ist, die Mobbing oder Aggression erleben.

Bei der Selbstverteidigung geht es jedoch nicht nur um körperliches Training, sondern auch um die Entwicklung psychologischer Fähigkeiten. In der Schulung werden in der Regel auch Strategien zur Konfliktvermeidung, Stressbewältigung und Selbstvertrauen besprochen. Diese Fähigkeiten können nicht nur wichtig sein, um sich im Falle eines

Angriffs zu schützen, sondern auch, um die Entstehung von Konflikten oder die Eskalation von Aggressionen zu verhindern.

Darüber hinaus kann das Erlernen der Selbstverteidigung eine starke Gemeinschaft von Gleichgesinnten schaffen, die Sie unterstützen und durch den Lernprozess begleiten. Dies ist besonders wichtig für diejenigen, die empfindlich auf Aggressionen reagieren und Angst vor Angreifern haben. Wenn Sie wissen, dass Sie die Unterstützung Ihrer Trainer und Kollegen haben, fühlen Sie sich selbstbewusster und sind auf die Herausforderung vorbereitet.

Letztendlich kann das Erlernen der Selbstverteidigung nicht nur eine Möglichkeit sein, zu lernen, wie man sich selbst schützt, sondern auch ein Weg zu mehr Selbstwertgefühl, Selbstvertrauen und allgemeinem Wohlbefinden. Es ist ein wichtiges Instrument für alle, insbesondere für diejenigen, die Mobbing oder andere Formen der Aggression erleben, und kann ihnen helfen, den Teufelskreis der Gewalt zu durchbrechen und gesündere Beziehungen zu sich selbst und anderen aufzubauen.

3. Entwicklung von Kommunikationsfähigkeiten: Vermitteln Sie die Fähigkeiten einer selbstbewussten Kommunikation mit anderen, lernen Sie, über Ihre Grenzen zu sprechen und Respekt einzufordern. Dadurch fühlen Sie sich sicherer und haben die Kontrolle über Situationen.

Die Entwicklung kommunikativer Fähigkeiten ist nicht nur ein wichtiger Bestandteil einer erfolgreichen Sozialisierung, sondern auch der Sicherung des eigenen Wohlbefindens und des Schutzes vor Aggressionen. Für Mobbingopfer, insbesondere solche, die sensibel sind und denen es an Selbstvertrauen mangelt, ist es entscheidend, zu lernen, ihre Grenzen zu kommunizieren und Respekt einzufordern, um Ängste zu überwinden und Selbstvertrauen wiederherzustellen.

Der erste Schritt zur Entwicklung von Selbstvertrauen in der Kommunikation besteht darin, den eigenen Wert und das Recht auf Respekt anzuerkennen. Mobbingopfer haben oft das Gefühl, dass ihre Stimme keine Rolle spielt oder dass sie es verdienen, gemobbt zu werden. Dies ist jedoch nicht der Fall. Das Vertrauen in Ihre Rechte und die Fähigkeit, über Ihre Bedürfnisse und Grenzen zu sprechen, ist die Grundlage für gesunde Beziehungen und den Schutz vor Manipulation.

Zunächst müssen Sie lernen, Ihre Gedanken und Gefühle klar und deutlich auszudrücken. Dazu gehört, dass Sie lernen, in Situationen, in denen Ihr Wohlbefinden beeinträchtigt ist, „Nein" zu sagen, und keine Angst haben, Ihre Meinung zu äußern, auch wenn diese sich von der anderer unterscheidet. Das Üben von Affirmationen und positiver Selbstverstärkung kann dabei helfen, Selbstvertrauen aufzubauen und sicherzustellen, dass Sie das Richtige tun.

Ein wichtiger Aspekt bei der Entwicklung von Kommunikationsfähigkeiten ist auch die Fähigkeit, Grenzen zu setzen und einzuhalten. Das bedeutet, dass Sie entscheiden, was für Sie akzeptabel ist und was nicht, und dies anderen klar mitteilen. Grenzen können sowohl den physischen Raum als auch emotionale oder psychologische Aspekte Ihres Lebens betreffen. Wenn beispielsweise jemand Ihre persönlichen Grenzen überschritten hat, ist es wichtig, darauf zu reagieren und dies der Person mitzuteilen und klare Grenzen für zukünftige Interaktionen zu setzen.

Es ist jedoch wichtig, sich daran zu erinnern, dass es beim Setzen von Grenzen nicht darum geht, andere zu beleidigen oder anzugreifen, sondern vielmehr darum, sich selbst und seine Bedürfnisse zu schützen. Dadurch können Sie gesunde, gegenseitig respektvolle Beziehungen aufbauen, die auf gegenseitigem Verständnis und Respekt basieren.

Schließlich sollte das Training der Kommunikationsfähigkeiten auch die Fähigkeit umfassen, effektiv auf aggressives Verhalten anderer zu reagieren. Dazu können Deeskalationstechniken gehören, etwa das Bewahren eines ruhigen Tonfalls und das Vermeiden von Konfrontationen, aber auch das Erlernen, Hilfe bei den zuständigen Behörden oder Personen einzuholen, die bei der Lösung des Problems helfen können.

Insgesamt ist die Entwicklung von Kommunikationsfähigkeiten ein Prozess, der Zeit, Geduld und Übung erfordert. Für Opfer von Mobbing oder anderen Formen der Aggression kann dies aufgrund angesammelter Ängste und negativer Erfahrungen besonders schwierig sein. Mit schrittweiser Selbstverbesserung und der Unterstützung anderer ist dies jedoch durchaus erreichbar und kann zu erheblichen Verbesserungen des Selbstwertgefühls, des Selbstvertrauens und der Kontrolle über Situationen führen.

4. Üben Sie Durchsetzungsvermögen: Lernen Sie, durchsetzungsfähig statt aggressiv oder passiv zu sein. Lernen Sie, Ihre Gedanken und Gefühle klar und selbstbewusst auszudrücken, ohne die Rechte anderer zu verletzen.

Die Ausübung von Durchsetzungsvermögen spielt eine Schlüsselrolle bei der Bildung gesunder und effektiver zwischenmenschlicher Beziehungen. Für Opfer von Aggression und Mobbing, insbesondere für diejenigen, die sensibel und unsicher sind, kann die Entwicklung von Durchsetzungsfähigkeiten ein wirksames Instrument zum Schutz und zur Stärkung der persönlichen Harmonie sein.

Es ist wichtig, Durchsetzungsvermögen von Aggressivität und Passivität zu unterscheiden. Zu durchsetzungsfähigem Verhalten gehört die Fähigkeit, die eigenen Gedanken, Gefühle und Bedürfnisse klar und selbstbewusst auszudrücken und gleichzeitig die Rechte und Gefühle anderer zu respektieren. Dadurch können wir Grenzen setzen, unsere Interessen schützen und Konflikte lösen, ohne Gewalt anzuwenden oder andere zu verletzen.

Um Durchsetzungsvermögen zu entwickeln, müssen Sie sich zunächst Ihrer Rechte und Werte bewusst werden. Opfer von Aggression oder Mobbing fühlen sich oft hilflos oder des Respekts unwürdig. Allerdings hat jeder Mensch das Recht auf seine Gedanken, Gefühle und Grenzen, und Durchsetzungsvermögen trägt dazu bei, diese Rechte zu schützen.

Dann sollten Sie lernen, Ihre Gedanken und Gefühle klar und selbstbewusst auszudrücken. Dazu gehört, dass Sie eine klare und verständliche Sprache verwenden, Vorwürfe und Beleidigungen vermeiden und Ihre Bedürfnisse ohne Aggression oder Unterwerfung äußern. Empathie zu üben und die Gefühle anderer zu verstehen, ist ebenfalls ein wichtiger Bestandteil einer durchsetzungsfähigen Kommunikation.

Darüber hinaus setzt Durchsetzungsvermögen die Fähigkeit voraus, effektiv auf Konfliktsituationen zu reagieren. Dazu gehört, dass Sie lernen, mit Ihren Emotionen umzugehen, auf die Standpunkte anderer zu hören und nach für beide Seiten akzeptablen Lösungen zu suchen. Anstatt beispielsweise auf Aggression mit Aggression zu reagieren, kann eine durchsetzungsfähige Person Deeskalations- und Kompromisstechniken anwenden.

Es ist wichtig zu beachten, dass die Entwicklung von Durchsetzungsvermögen ein Prozess ist, der Zeit und Übung erfordert. Für Opfer von Mobbing oder Aggression kann dies aufgrund angesammelter Ängste und negativer Erfahrungen besonders schwierig sein. Mit Unterstützung und Schulung können sie jedoch lernen, für sich selbst und ihre Rechte einzutreten und gesunde Beziehungen aufzubauen, die auf gegenseitigem Respekt und Verständnis basieren.

Zusammenfassend lässt sich sagen, dass die Entwicklung von Durchsetzungsvermögen nicht nur ein Schutz vor Aggression und Mobbing ist, sondern auch ein Schlüsselelement beim Aufbau gesunder und harmonischer Beziehungen zu anderen. Es ist eine Fähigkeit, die uns hilft, selbstbewusst für uns selbst einzustehen und gleichzeitig den Respekt vor anderen zu bewahren und gut in der Gesellschaft zu interagieren.

5. Selbstbewusstsein entwickeln: Erfahren Sie mehr über sich selbst, Ihre Stärken und Grenzen. Das Verständnis Ihrer eigenen Fähigkeiten wird Ihnen helfen, sich selbst und Ihre Handlungen sicherer zu fühlen.

Die Entwicklung des Selbstbewusstseins ist ein wichtiger Schritt in der persönlichen Entwicklung eines jeden Menschen. Für Opfer von Aggression und Mobbing, insbesondere für diejenigen, die unter extremer Sensibilität und Selbstzweifeln leiden, spielt das Verständnis der eigenen Stärken und Grenzen eine grundlegende Rolle im Prozess der Selbstfindung und Selbstentwicklung.

Der erste Schritt zur Entwicklung des Selbstbewusstseins besteht darin, sich selbst als Individuum mit seinen eigenen einzigartigen Qualitäten und Eigenschaften zu erkennen. Dabei geht es darum, die eigenen Stärken zu analysieren – jene Qualitäten und Fähigkeiten, die Ihnen helfen, erfolgreich zu sein und Schwierigkeiten zu überwinden. Oft neigen Mobbingopfer aufgrund negativer Erfahrungen dazu, ihre positiven Eigenschaften zu vergessen oder zu unterschätzen. Das Bewusstsein für ihre Stärken hilft ihnen jedoch, ihren Selbstwert und ihr Selbstvertrauen neu zu bewerten.

Darüber hinaus ist es auch wichtig, Ihre Grenzen und Schwächen zu verstehen. Niemand ist ohne Fehler, und das Eingeständnis seiner Schwächen ist kein Eingeständnis einer Niederlage, sondern ein Schritt in Richtung Wachstum und Verbesserung. Opfern von Mobbing fällt es möglicherweise schwer, ihre Schwächen einzugestehen, weil sie befürchten, für den Tyrannen angreifbar zu sein. Dies ist jedoch notwendig, um mit der Verbesserung der eigenen Fähigkeiten und der Überwindung von Hürden in der persönlichen Entwicklung beginnen zu können.

Um das Selbstbewusstsein zu entwickeln, ist es sinnvoll, sich regelmäßig selbst zu reflektieren. Dazu kann das Führen eines Tagebuchs gehören, in dem Sie Ihre Gedanken, Gefühle, Erfolge und Probleme festhalten. Es kann auch hilfreich sein, Feedback von Menschen in Ihrem Umfeld einzuholen, die Ihnen helfen können, Ihre Stärken und Bereiche, in denen es Raum für Wachstum gibt, besser zu verstehen.

Darüber hinaus kann die Entwicklung des Selbstbewusstseins durch die Arbeit an Selbstakzeptanz und Selbstwertgefühl gefördert werden. Dazu gehört, Selbstliebe zu üben und sich selbst so zu akzeptieren, wie man ist, mit all seinen Stärken und Schwächen. Opfern von Mobbing fällt es möglicherweise aufgrund negativer Erfahrungen schwer, sich selbst zu lieben und zu akzeptieren. Dies ist jedoch ein wichtiger Schritt zur Wiederherstellung des Selbstvertrauens und der psychischen Gesundheit.

Abschließend ist anzumerken, dass die Entwicklung des Selbstbewusstseins ein Prozess ist, der Zeit und Mühe erfordert. Für Opfer von Aggression und Mobbing kann dies aufgrund der negativen Auswirkungen auf ihr Selbstwertgefühl und ihr Selbstvertrauen besonders schwierig sein. Mit schrittweiser Selbstverbesserung, der Unterstützung anderer und professionellen Beratungsmöglichkeiten können sie jedoch erhebliche Fortschritte in der Selbstwahrnehmung und -akzeptanz machen, was ihnen letztendlich dabei hilft, sich selbst und ihre Handlungen sicherer zu fühlen und effektiv mit Aggressionen umzugehen und Mobbing.

6. Unterstützung durch soziale Netzwerke: Der Kontakt zu Freunden, Familie oder Fachleuten kann Ihnen helfen, sich unterstützter und selbstbewusster zu fühlen. Zögern Sie nicht, bei Bedarf um Hilfe zu bitten.

Die Unterstützung durch soziale Netzwerke ist eine der wichtigsten

Ressourcen, die bei der Überwindung von Aggression, Mobbing und anderen schwierigen Situationen genutzt werden können. Für Mobbingopfer, insbesondere diejenigen, die sensibel sind und denen es an Selbstvertrauen mangelt, kann das Gespräch mit Freunden, der Familie oder Fachleuten in schwierigen Zeiten eine Quelle der Unterstützung sein und ihnen helfen, sich unterstützt und selbstbewusst zu fühlen.

Sie müssen verstehen, dass die Kommunikation mit Freunden und Familie eine Möglichkeit bietet, Ihre Gefühle und Erfahrungen auszudrücken und emotionale Unterstützung zu erhalten. Die Unterstützung durch geliebte Menschen kann Ihnen das Gefühl geben, dass Sie mit Ihren Problemen nicht allein sind, dass es Menschen gibt, die Sie verstehen und bereit sind, Sie in schwierigen Momenten zu unterstützen.

Darüber hinaus können Freunde und Familie neue Perspektiven und Wege zum Umgang mit einem Problem bieten, das Sie aufgrund emotionaler Anspannung oder Stress möglicherweise nicht sehen. Ihre Unterstützung und Beratung können Ihnen helfen, die Situation objektiver zu betrachten und die beste Vorgehensweise zu finden.

Es ist auch wichtig, die Hilfe von Fachleuten wie Psychologen oder Opferberatern in Anspruch zu nehmen. Diese Fachleute verfügen nicht nur über das Wissen und die Erfahrung, sondern auch über eine neutrale Sichtweise, die es ihnen ermöglicht, qualitativ hochwertige und effektive Unterstützung zu leisten. Sie können Ihnen helfen, Ihre Gefühle zu verstehen, zu lernen, effektiv auf Aggression oder Mobbing zu reagieren und Strategien zum Umgang mit Angst und Selbstvertrauen zu entwickeln.

Egal wie klein oder schwerwiegend Ihr Anliegen auch sein mag, es ist immer wichtig, Unterstützung und Hilfe dort zu suchen, wo sie benötigt wird. Zögern Sie nicht, um Hilfe zu bitten, auch wenn Sie der Meinung sind, dass Ihr Problem geringfügig ist oder keine Aufmerksamkeit verdient. Ihre Gefühle und Bedürfnisse sind wichtig, und Unterstützung ist der erste Schritt zur Lösung des Problems und zur Verbesserung Ihres Wohlbefindens.

Schließlich ist es wichtig, sich daran zu erinnern, dass die Pflege eines sozialen Netzwerks nicht nur bei der Bewältigung aktueller Schwierigkeiten hilft, sondern auch die allgemeine psychische Gesundheit fördert und das Selbstvertrauen stärkt. Zu wissen, dass Sie Menschen haben, die Sie unterstützen und bereit sind, Ihnen in jeder Situation zu helfen, schafft ein Gefühl der Sicherheit und des Selbstvertrauens, das Ihnen wiederum hilft, besser mit Aggression, Mobbing und anderen Herausforderungen umzugehen, denen Sie möglicherweise gegenüberstehen.

7. Positive Affirmationen: Das Wiederholen positiver Aussagen über sich selbst wird dazu beitragen, Ihr Selbstwertgefühl zu stärken und Ihr Selbstvertrauen zu stärken. Versuchen Sie, sich auf Ihre Stärken und

Erfolge zu konzentrieren, anstatt auf negative Gedanken.

Positive Aussagen sind ein wirksames Instrument zum Aufbau des Selbstwertgefühls und zur Stärkung des Selbstvertrauens. Für Opfer von Aggression und Mobbing, insbesondere für diejenigen, die hochsensibel und unsicher sind, kann die Verwendung positiver Affirmationen der Schlüssel zur Neuformulierung negativer Erfahrungen und zum Aufbau psychologischer Abwehrkräfte sein.

Der erste Schritt beim Einsatz positiver Affirmationen besteht darin, Ihre Stärken und Erfolge anzuerkennen. Opfer von Aggressionen neigen aufgrund negativer Erfahrungen und Kritik oft dazu, ihre positiven Eigenschaften zu vergessen. Wenn Sie sich jedoch auf Ihre Stärken und Erfolge konzentrieren, können Sie diese negative Denkweise ändern und Ihr Selbstwertgefühl stärken.

Als nächstes ist es wichtig, positive Aussagen konkret und klar zu formulieren. Anstatt zum Beispiel zu sagen: „Ich werde diese Situation nie bewältigen können", ist es besser zu sagen: „Ich bin ein starker und geschickter Mensch und werde einen Weg finden, diese Schwierigkeiten zu überwinden." Solche Aussagen zielen auf Unterstützung und Motivation ab, nicht auf Selbstkritik und Verzweiflung.

Wichtig ist auch, positive Aussagen regelmäßig und systematisch zu wiederholen. Je öfter Sie sie wiederholen, desto stärker werden sie Ihr Denken und Verhalten beeinflussen. Dies könnte eine Morgenroutine sein, bei der Sie sich vor Beginn des Tages oder tagsüber, wenn Sie sich besonders verletzlich oder gestresst fühlen, ein paar positive Affirmationen sagen.

Darüber hinaus ist es wichtig, eine positive Einstellung zu sich selbst und Ihren Leistungen zu entwickeln. Anstatt sich mit anderen zu vergleichen oder sich auf Ihre Mängel zu konzentrieren, sollten Sie sich auf Ihr Wachstum und Ihren Fortschritt konzentrieren. Positive Affirmationen können Ihnen helfen, Ihren Fokus von negativen Gedanken auf positive Aspekte Ihrer Persönlichkeit und Ihres Lebens zu verlagern.

Abschließend ist es wichtig zu verstehen, dass die Verwendung positiver Affirmationen kein Allheilmittel, sondern ein wirksames Mittel zum Aufbau mentaler Stärke und zur Steigerung des Selbstvertrauens ist. Dies kann besonders für Opfer von Aggression und Mobbing wichtig sein, da sie häufig mit Kritik und negativen Bewertungen konfrontiert werden. Positive Aussagen helfen ihnen, eine Schutzbarriere gegen die negativen Auswirkungen des Angreifers aufzubauen und das Vertrauen in die eigenen Stärken und Fähigkeiten wiederherzustellen.

8. Ziele setzen und erreichen: Setzen Sie sich kleine Ziele und erreichen Sie diese nach und nach. Dies wird Ihnen helfen, sich effektiver und sicherer in Ihren Fähigkeiten zu fühlen.

Das Setzen und Erreichen von Zielen ist nicht nur der Schlüssel zu mehr Produktivität, sondern auch ein Mittel zum Aufbau von Selbstwertgefühl und Selbstvertrauen. Für Opfer von Aggression und Mobbing, insbesondere für Menschen mit hoher Sensibilität und mangelndem Selbstvertrauen, kann das Setzen kleiner Ziele und deren schrittweises Erreichen ein wirkungsvolles Instrument zur Neudefinition der eigenen Fähigkeiten und zur Stärkung der psychischen Belastbarkeit sein.

Der erste Schritt bei der Festlegung von Zielen besteht darin, konkrete und messbare Ergebnisse zu identifizieren, die Sie erreichen möchten. Es ist wichtig, dass Ihre Ziele realistisch und erreichbar sind, damit Sie schrittweise darauf hinarbeiten können, sie zu erreichen. Wenn Ihr Ziel beispielsweise darin besteht, Ihre Kommunikationsfähigkeiten zu verbessern, könnten Sie sich dazu herausfordern, jeden Tag ein Gespräch mit einem Fremden zu beginnen.

Dann sollten Sie Ihre großen Ziele in kleinere, konkretere Schritte herunterbrechen. Dies trägt dazu bei, dass der Prozess zur Erreichung Ihres Ziels leichter zu bewältigen und motivierender ist, da Sie in jeder Phase Fortschritte sehen. Wenn Ihr großes Ziel beispielsweise darin besteht, einen neuen Job zu finden, könnten kleine Schritte sein: Ihren Lebenslauf aktualisieren, nach offenen Stellen suchen, sich auf Vorstellungsgespräche vorbereiten usw.

Es ist auch wichtig, Quellen der Unterstützung und Motivation im Prozess der Zielerreichung zu finden. Dies kann die Unterstützung von Freunden, der Familie oder Fachleuten sein, die Ihnen dabei helfen können, Ihre Ziele auf dem richtigen Weg zu halten und Ihnen Selbstvertrauen und Motivation zu verleihen. Teilen Sie Ihre Ziele mit Menschen in Ihrem Umfeld und bitten Sie sie, Sie in diesem Prozess zu unterstützen.

Auf dem Weg zum Erreichen Ihrer Ziele treten zwangsläufig Schwierigkeiten und Rückschläge auf, und es ist wichtig, diese bewältigen zu können. Betrachten Sie Misserfolge als Chance für Wachstum und Lernen und nicht als Quelle von Selbstkritik und Verzweiflung. Analysieren Sie Ihre Fehler, lernen Sie daraus und machen Sie mit neuen Erfahrungen weiter.

Schließlich ist es wichtig, jeden kleinen Erfolg auf dem Weg zum Ziel zu feiern. Belohnen Sie sich für jeden Fortschritt und jeden Fortschritt, auch wenn er unbedeutend erscheint. Dadurch bleiben Ihre Motivation und Ihr Selbstvertrauen erhalten, was letztendlich zum erfolgreichen Erreichen Ihrer Ziele führt.

Insgesamt ist das Setzen und Erreichen von Zielen ein wirksames Instrument zur Stärkung des Selbstwertgefühls und des Selbstvertrauens für Opfer von Aggression und Mobbing. Dieser Prozess hilft ihnen, sich effektiver und sicherer in ihren Fähigkeiten zu fühlen, was wiederum zu ihrem psychischen Wohlbefinden und ihrer erfolgreichen Bewältigung beiträgt.

9. Um Hilfe bitten: Zögern Sie nicht, um Hilfe zu bitten, wenn Sie das Gefühl haben, dass Sie eine Situation nicht alleine bewältigen können. Wenden Sie sich an Freunde, Familie oder Fachleute, die Ihnen helfen können, Ihre Situation zu verstehen und eine Lösung zu finden.

Um Hilfe zu bitten ist kein Zeichen von Schwäche, sondern ein Ausdruck von Stärke und Bewusstsein für Ihre Bedürfnisse. Für Opfer von Aggression und Mobbing, insbesondere für diejenigen, die sensibel und unsicher sind, kann dies der Schlüssel sein, die Situation neu zu definieren und Lösungen zu finden.

Zunächst ist es wichtig zu verstehen, dass die Bitte um Hilfe kein Zeichen von Schwäche oder mangelnden Fähigkeiten ist. Niemand kann jedes Problem alleine lösen, und es gibt Zeiten, in denen die Hilfe anderer erforderlich sein kann. Die Unterstützung anderer hilft nicht nur bei der Lösung des Problems, sondern vermittelt auch ein Gefühl der Unterstützung und des Verständnisses, was besonders wichtig für diejenigen ist, die unter Aggression oder Mobbing leiden.

Es ist auch wichtig, die richtigen Menschen auszuwählen, an die man sich wenden kann, um Hilfe zu erhalten. Freunde, Familie oder Fachleute können in verschiedenen Situationen hilfreich sein. Freunde und Familie können auf der Grundlage persönlicher Erfahrungen emotionale Unterstützung und Ratschläge geben, während Fachkräfte wie Psychologen oder Berater über das nötige Wissen und die Fähigkeiten verfügen, um in schwierigen Situationen zu helfen.

Teilen Sie Ihre Gefühle und Erfahrungen gerne mit denen, denen Sie vertrauen. Oft kann schon das bloße Reden über das Problem Spannungen abbauen und Ihnen helfen, die Situation klarer zu sehen. Dies kann auch der erste Schritt zur Lösungsfindung sein.

Darüber hinaus kann die Suche nach Hilfe auch die Suche nach professioneller Hilfe umfassen. Psychologische Unterstützung oder Beratung kann Ihnen helfen, Ihre Gefühle zu verstehen, zu lernen, effektiv mit Aggression oder Mobbing umzugehen und Strategien zum Umgang mit Angst und Selbstvertrauen zu entwickeln.

Denken Sie abschließend daran, dass das Bitten um Hilfe ein Akt der Sorge um sich selbst und Ihr Wohlbefinden ist. Nutzen Sie diese Ressource gerne, wenn Sie das Gefühl haben, dass es schwierig oder unmöglich ist, eine Situation alleine zu bewältigen. Ihr Wohlbefinden und Ihr Selbstvertrauen sind es wert, die Unterstützung und Hilfe zu erhalten, die Sie brauchen.

Tipps zum Aufbau von Stärke und Selbstvertrauen werden Ihnen helfen, selbstbewusster und stärker zu werden, was Ihnen wiederum dabei hilft, mit Mobbing-Situationen umzugehen und Ihre Lebensqualität zu verbessern.

❖ · ❖ · ❖ · ❖ · ❖ · ❖ · ❖ · ❖ · ❖ · ❖ · ❖ · ❖ · ❖ · ❖

Kapitel 13.
Deine Maske des Biests.

Dieses Kapitel wurde ausschließlich für ein Kind geschrieben, das anfällig für Mobbing ist, da die „Maske des Biests" das Kind in gefährlichen Momenten retten kann.

In einer Welt, in der Aggression und Mobbing immer häufiger vorkommen, ist es wichtig, über Werkzeuge und Strategien zu verfügen, die Ihnen helfen, sich zu schützen und Ihr Selbstvertrauen zu bewahren. In diesem Kapitel werden wir über das Konzept der „Maske des Tieres" sprechen und wie sie Ihr Verbündeter im Kampf gegen negative Einflüsse werden kann.

Die Maske des Tieres ist eine metaphorische Darstellung der Fähigkeit eines Menschen, sein Denken und Verhalten als Reaktion auf verschiedene Situationen zu ändern, insbesondere in Fällen, in denen es notwendig ist, sich vor Aggression und Druck anderer zu schützen. Stellen Sie sich vor, dass Sie ein inneres Tier haben – ein Symbol für Stärke, Entschlossenheit und Selbstvertrauen. Wenn Sie das Gefühl haben, einer Bedrohung oder aggressivem Verhalten ausgesetzt zu sein, können Sie diese Tiermaske aufsetzen, um Ihre Position zu stärken und sich zu schützen.

Die Maske des Biests ermöglicht es Ihnen, Ihre innere Einstellung und Herangehensweise an eine Situation zu ändern, sodass Sie selbstbewusster und effektiver reagieren können. Dies bedeutet nicht, dass Sie Ihre Authentizität verlieren oder aggressives Verhalten annehmen. Im Gegenteil: Es ist eine Möglichkeit, die eigene Integrität zu wahren und sich vor negativen Einflüssen zu schützen, ohne die persönlichen Werte und Prinzipien zu verlieren.

Die Maske des Biests wird benötigt, um Ihnen zu helfen, die Kontrolle über sich selbst und die Situation in den Momenten zu behalten, in denen Sie sich verletzlich fühlen oder unter dem Druck anderer Menschen stehen. Es ist ein Werkzeug zur Selbstverteidigung und zum Aufbau von Selbstvertrauen, das Ihnen hilft, unter allen Umständen standhaft und emotional stabil zu bleiben.

Wenn es darum geht, die Maske des Tieres „aufzusetzen", ist dies nicht nur ein körperlicher Vorgang, sondern in erster Linie ein psychologischer Vorgang. Es ist wichtig zu lernen, in die richtige Geisteshaltung zu wechseln, um effektiv auf aggressive Situationen reagieren zu können. Hier sind ein paar Schritte, die Ihnen helfen werden, die Maske des Biests „aufzusetzen" und Ihr Verhalten zu ändern:

1. Mentale Vorbereitung: Beginnen Sie mit dem mentalen Training. Stellen Sie sich vor, Sie schlüpfen in die Rolle eines Tieres: kraftvoll, stark, selbstbewusst und bereit, sich zu verteidigen. Stellen Sie sich dieses Bild

voller Wut, Verachtung und Hass gegenüber Ihrem Angreifer vor. Dadurch können Sie die richtigen Emotionen aktivieren und sich auf eine Kampfsituation vorbereiten.

2. Training mit Gefühlen von Wut und Mitgefühl: Konzentrieren Sie sich beim Training darauf, Gefühle von Wut und Mitgefühl gegenüber Ihrem Angreifer hervorzurufen. Dies wird Ihnen helfen, die Maske des Biests zu aktivieren und in den gewünschten emotionalen Modus zu wechseln. Es ist wichtig zu lernen, diese Emotionen zu kontrollieren und sie als Kraft- und Motivationsquelle zu nutzen.

3. Übungstraining: Führen Sie regelmäßige Schulungen durch, bei denen Sie Konfliktsituationen oder Angriffe des Angreifers herbeiführen. Stellen Sie sich vor, Sie wären ein Biest, das die Angriffe Ihres Gegners mit Intelligenz, Stärke und Wut abwehrt. Dies wird Ihnen helfen, Ihre Reaktionen auf Aggressionen zu üben und Ihre Verteidigungsfähigkeiten zu verbessern.

4. Werden Sie wie er, aber schlauer, stärker und wütender: Denken Sie daran, dass Ihr Ziel nicht nur darin besteht, die Angriffe des Angreifers abzuwehren, sondern auch darin, sich selbst zu schützen und Ihre Integrität zu bewahren. Werden Sie wie er in dem Sinne, dass Sie Ihre Biestmaske aktivieren und ihm zeigen, dass Sie sich nicht einschüchtern oder zerstören lassen. Seien Sie schlau und nutzen Sie Ihre intellektuelle und emotionale Stärke, um wirksame Wege zu finden, sich zu schützen. Seien Sie stärker, zeigen Sie Ihre körperliche und emotionale Belastbarkeit. Und seien Sie gemeiner, in dem Sinne, dass Sie nicht zulassen, dass der Angreifer Sie manipuliert und Ihre Selbstachtung und Ihre Grenzen verletzt.

Eine Biestmaske zu tragen bedeutet nicht, sich ganztägig in ein Biest zu verwandeln. Das bedeutet, dass Sie lernen, im richtigen Moment die richtigen Geisteszustände und Emotionen zu aktivieren, um sich selbst zu schützen und Ihr Selbstvertrauen zu bewahren. Trainiere, übe und glaube an dich.

Um die Tiermaske zum Schutz vor Mobbing und Aggression zu verwenden, muss man verstehen, wie sie den Geisteszustand einer Person verändern kann und wie man sie in Konfliktsituationen effektiv „aufsetzt". Hier sind einige Möglichkeiten, die Maske des Biests zu verwenden und ihre Auswirkungen auf den Geisteszustand des Opfers:

1. Aktivierung der Maske des Biests vor einer Konfliktsituation:

- Bevor das Opfer einen Angriff des Angreifers erwartet, kann es ein mentales Training und eine Visualisierung durchführen und so seine Tiermaske aktivieren.

- Die Visualisierung eines mächtigen, starken und selbstbewussten Tieres wird dem Opfer helfen, sich sicherer und bereit zu fühlen, mit der Situation umzugehen.

2. Mentalen Fokus ändern:

- Durch das Aufsetzen der Maske des Biests ändert das Opfer seinen

Fokus von Gefühlen der Verletzlichkeit und Angst hin zu Stärke und Entschlossenheit.

- Die Maske des Biests hilft Ihnen, sich darauf zu konzentrieren, auf Aggressionen mit Selbstvertrauen und Entschlossenheit zu reagieren, anstatt in Panik oder Hilflosigkeit zu verfallen.

3. Emotionen als Kraftquelle nutzen:

- Die Maske des Biests aktiviert die Emotionen Wut, Verachtung und Entschlossenheit, die als Kraft- und Motivationsquelle zum Selbstschutz genutzt werden können.

- Diese Emotionen helfen dem Opfer, Angst und Unsicherheit zu überwinden, sodass es effektiver mit dem Angreifer umgehen kann.

4. Bildung von selbstbewusstem Verhalten:

- Durch das Tragen der Maske des Biestes ändert das Opfer sein Verhalten und wird selbstbewusster und entschlossener.

- Sie kann einen strahlenden und energischen Gesichtsausdruck, eine Stimme und Gesten einsetzen, um gegenüber einem Angreifer ihr Selbstvertrauen und ihre Standhaftigkeit zu zeigen.

5. Aggressive Grenzverteidigung:

- Die Maske des Tieres hilft dem Opfer, eine aggressive Haltung einzunehmen und seine persönlichen Grenzen und Rechte zu schützen.

- Das Opfer kann klar und selbstbewusst seine Grenzen zum Ausdruck bringen und Respekt einfordern, um dem Angreifer zu zeigen, dass es seiner Dominanz nicht nachgeben wird.

Die Maske des Tieres zu tragen bedeutet nicht, zum Aggressor zu werden oder Gewalt anzuwenden. Das bedeutet, dass Sie Ihre Stärke und Ihr Selbstvertrauen akzeptieren, um sich vor Aggression und Mobbing zu schützen. Darüber hinaus hilft die Verwendung der Tiermaske dem Opfer, seine psychische Integrität und sein emotionales Wohlbefinden in einer Konfliktsituation zu bewahren.

Die Rolle der Tiermaske beim Schutz vor Aggression und Mobbing besteht darin, dem Opfer dabei zu helfen, negative Situationen effektiver zu bewältigen und sein Selbstvertrauen und seine psychologische Integrität zu bewahren. Hier sind die Hauptaspekte der Rolle der Tiermaske:

1. Emotionen und Kraft aktivieren: Die Maske des Biests hilft, Emotionen wie Wut, Entschlossenheit und Nächstenliebe zu aktivieren. Diese Emotionen dienen dem Opfer als Kraft- und Motivationsquelle und ermöglichen ihm, selbstbewusster auf Aggression und Mobbing zu reagieren.

2. Änderung des psychologischen Fokus: Durch das Aufsetzen der Maske des Biests ändert das Opfer seinen Geisteszustand von Gefühlen der Verletzlichkeit und Hilflosigkeit hin zu Stärke und Entschlossenheit. Dadurch behält sie die Kontrolle über die Situation und kann sicherere Entscheidungen treffen.

3. Persönliche Grenzen schützen: Die Maske des Biests hilft dem

Opfer, seine persönlichen Grenzen festzulegen und zu schützen. Es ermöglicht Ihnen, Ihre Bedürfnisse und Forderungen klar und selbstbewusst zum Ausdruck zu bringen, ohne dass es zu Verstößen seitens des Angreifers kommt.

4. Manifestation von Durchsetzungsvermögen: Die Maske des Tieres hilft dem Opfer, durchsetzungsfähiges Verhalten zu zeigen, das heißt, seine Gedanken, Gefühle und Bedürfnisse selbstbewusst und klar auszudrücken. Dadurch kann sie sich vor negativen Einflüssen schützen und in ihren Beziehungen zu anderen gesunde Grenzen setzen.

5. Erhöhtes Selbstwertgefühl und Selbstvertrauen: Die Verwendung der Biestmaske hilft dem Opfer, sich selbstbewusster und kraftvoller zu fühlen. Dies trägt dazu bei, das Selbstwertgefühl und das Selbstwertgefühl zu steigern, wodurch sie weniger anfällig für den Einfluss des Angreifers und Mobbing wird.

Im Allgemeinen spielt die Maske des Biests eine wichtige Rolle beim Schutz des Opfers vor Aggression und Mobbing und hilft ihm, innere Ressourcen zu aktivieren und negative Situationen effektiver zu bewältigen. Es ermöglicht dem Opfer, trotz der Herausforderungen und Prüfungen, denen es gegenübersteht, seine Stärke, Würde und sein Selbstvertrauen zu bewahren.

Um die Maske des Tieres zu beherrschen, muss man nicht nur das Konzept dieser Metapher verstehen, sondern auch Situationen erkennen, in denen ihre Verwendung notwendig wird. Lass uns genauer hinschauen:

1. Die Maske des Tieres verstehen: Um die Maske des Tieres zu beherrschen, muss man zunächst verstehen, was sie darstellt. Die Biestmaske ist ein Symbol für Stärke, Entschlossenheit und Selbstvertrauen, das ein Opfer aktivieren kann, um sich vor Aggression und Mobbing zu schützen. Dies ist nicht nur eine Maske, sondern auch ein psychologisches Werkzeug, das dabei hilft, den mentalen Zustand und das Verhalten zu ändern.

2. Situationen erkennen: Um die Bestienmaske zu beherrschen, muss das Opfer lernen, Situationen zu erkennen, in denen ihre Verwendung nützlich sein könnte. Dies können Zeiten sein, in denen sie aggressives Verhalten oder Bedrohungen durch andere Menschen erfährt, in denen sie sich verletzlich oder unter Druck fühlt. Zu solchen Situationen können Konflikte am Arbeitsplatz oder in der Schule, unangenehme Begegnungen mit aggressiven Menschen oder sogar innere Kämpfe mit negativen Gedanken und Emotionen gehören.

3. Auf Herausforderungen reagieren: Sobald das Opfer Situationen erkannt hat, in denen es notwendig ist, „die Maske des Biests aufzusetzen", muss es lernen, mit Zuversicht und Entschlossenheit auf Herausforderungen zu reagieren. Dazu kann gehören, eine durchsetzungsfähige Sprache und Körpersprache zu verwenden, klare Grenzen und Erwartungen zu setzen und in Beziehungen mit anderen

selbstbewusst zu sein.

4. Training und Übung: Die Beherrschung der Beast Mask erfordert Training und Übung. Das Opfer kann Visualisierungsübungen durchführen und sich dabei die Rolle eines starken und selbstbewussten Tieres vorstellen. Sie kann ihre Fähigkeiten auch in realen Situationen üben, indem sie mit einfacheren beginnt und sich nach und nach zu schwierigeren übergeht.

5. Bewerten und anpassen: Es ist wichtig, dass das Opfer regelmäßig die Wirksamkeit der Verwendung der Tiermaske bewertet und seine Vorgehensweise bei Bedarf anpasst. Sie kann lernen, welche Strategien in verschiedenen Situationen am besten funktionieren, und lernen, ihre Emotionen besser zu erkennen und zu bewältigen.

Die Beherrschung der Beast-Maske erfordert Zeit, Geduld und Übung, aber sie kann für Opfer von Aggression und Mobbing ein wirkungsvolles Schutz- und Selbstvertrauensinstrument sein. Dadurch können sie sich selbstbewusster fühlen und negative Situationen mit Kraft und Entschlossenheit meistern.

Das Training und die Entwicklung emotionaler Regulierungsfähigkeiten ist ein wichtiger Teil der Verwendung der Beast Mask. Wenn ein Mobbingopfer die Maske des Biests aufsetzt, muss es seine Emotionen unter Kontrolle halten, um in Konfliktsituationen ruhig und selbstbewusst zu bleiben. Hier sind einige Möglichkeiten, wie Sie diese Fähigkeiten üben und weiterentwickeln können:

1. Sich Ihrer Emotionen bewusst werden: Der erste Schritt zur emotionalen Regulierung ist das Bewusstsein Ihrer eigenen Emotionen. Das Opfer muss lernen zu erkennen, welche Emotionen in verschiedenen Situationen entstehen und wie diese sich auf sein Verhalten auswirken.

2. Atemtechniken: Atemübungen helfen, Stress und Ängste abzubauen, wodurch Sie Ihre Emotionen besser kontrollieren können. Das Opfer kann tiefes Atmen oder andere Entspannungstechniken üben, um sich in Momenten der Anspannung zu beruhigen.

3. Üben Sie Meditation und Visualisierung: Meditation und Visualisierung helfen dabei, die Konzentration zu verbessern und sich auf den gegenwärtigen Moment zu konzentrieren, was dabei hilft, Emotionen zu kontrollieren. Das Opfer führt möglicherweise kurze Meditationssitzungen durch oder nutzt die Visualisierung, um sich vorzustellen, dass es ruhig und stark ist, während es die Maske des Tieres aufsetzt.

4. Gedankenmanagement: Das Opfer kann lernen, seine Gedanken neu zu formulieren und von negativ auf positiv umzustellen. Dies hilft Ihnen, Ihre emotionale Reaktion auf eine Situation zu ändern und ruhiger und ausgeglichener zu bleiben.

5. Selbstbewusstsein entwickeln: Das Opfer muss sich seiner Stärken und Schwächen sowie seiner Auslöser bewusst sein, die

emotionale Reaktionen hervorrufen können. Dadurch kann sie ihre Emotionen besser kontrollieren und entsprechend ihren Zielen und Bedürfnissen darauf reagieren.

6. Üben Sie in realen Situationen: Das Opfer muss die emotionale Regulierung aktiv in realen Situationen üben, in denen es sich verletzlich oder anfällig für Aggressionen fühlt. Nach und nach wird sie Fähigkeiten entwickeln, Emotionen zu kontrollieren und ruhiger und selbstbewusster zu werden.

Das Training und die Entwicklung emotionaler Regulierungsfähigkeiten sind wichtige Aspekte beim Einsatz der Tiermaske zum Schutz vor Aggression und Mobbing. Diese Fähigkeiten ermöglichen es dem Opfer, in allen Situationen ruhig und selbstbewusst zu bleiben, was ihm hilft, Herausforderungen effektiv zu meistern und seine psychische Integrität zu bewahren.

Der effektive Einsatz der Beast Mask in Mobbing-Situationen kann der Schlüssel zum Schutz und zur Selbstverteidigung sein. Hier einige praktische Tipps, wie Sie die Biest-Maske effektiv nutzen können:

1. Vorbereitung und Schulung:

- Führen Sie Vorbereitungen und Schulungen durch, bevor Sie sich in eine potenzielle Konfliktsituation begeben. Stellen Sie sich vor, Sie wären ein starkes und selbstbewusstes Tier, das bereit ist, sich zu verteidigen.

- Üben Sie emotionale Regulierungs- und Entspannungstechniken, um Ihre Emotionen während einer Mobbing-Situation zu bewältigen.

2. Selbstbewusstes Verhalten:

- Zeigen Sie Vertrauen in Ihr Verhalten und Ihren Gesichtsausdruck. Behalten Sie eine aufrechte Haltung bei, halten Sie Augenkontakt und verwenden Sie eine klare Stimme, wenn Sie mit dem Angreifer kommunizieren.

- Denken Sie daran, dass Ihr Selbstvertrauen dazu beitragen kann, Aggressionen zu unterdrücken und den Angreifer davon zu überzeugen, dass Sie kein leichtes Ziel sind.

3. Grenzen setzen:

- Seien Sie bereit, Ihre Grenzen klar zum Ausdruck zu bringen und Respekt einzufordern. Zögern Sie nicht, darauf hinzuweisen, dass Sie sich unwohl fühlen oder mit dem Verhalten des Angreifers nicht einverstanden sind.

- Behalten Sie Ihre Grenzen unerschütterlich bei, auch wenn der Angreifer versucht, sie zu verletzen.

4. Durchsetzungsfähige Kommunikation:

- Nutzen Sie durchsetzungsfähige Kommunikationsfähigkeiten, um Ihre Gedanken und Gefühle klar und selbstbewusst auszudrücken, ohne aggressiv zu sein.

- Üben Sie bei Bedarf vorbereitete Formulierungen oder Antworten auf typische Mobbing-Szenarien.

5. Reagieren Sie nicht auf Provokationen:

- Denken Sie daran, dass der Angreifer möglicherweise versucht, Sie zu provozieren, um eine negative Reaktion hervorzurufen. Stehen Sie über diesen Versuchen und bleiben Sie ruhig.

- Ignorieren Sie Beleidigungen und Drohungen, konzentrieren Sie sich auf Ihr Ziel – sich selbst zu schützen und ruhig zu bleiben.

6. Unterstützung finden:

- Zögern Sie nicht, um Hilfe zu bitten, wenn die Situation außer Kontrolle gerät. Wenden Sie sich an Freunde, Familie oder Fachleute, die Sie unterstützen und Ihnen helfen können, eine Lösung für das Problem zu finden.

- Notieren oder merken Sie sich die Kontaktinformationen von Organisationen, die Mobbingopfern Hilfe anbieten, um zusätzliche Unterstützung und Beratung zu erhalten.

7. Bleiben Sie ruhig und unter Kontrolle:

- Es ist wichtig, in Mobbing-Situationen ruhig zu bleiben und die Kontrolle über die eigenen Gefühle zu behalten. Verwenden Sie die Maske des Biests, um Angst und Unsicherheit zu unterdrücken und sich weiterhin darauf zu konzentrieren, sich selbst zu schützen.

Die Verwendung einer Biestmaske erfordert Übung und Geschick, kann aber eine wirksame Abwehr gegen Aggression und Mobbing sein. Denken Sie daran, dass Ihre Sicherheit und Ihr Wohlbefinden von größter Bedeutung sind und Sie das Recht haben, sich vor allen Formen von Gewalt und Herrschaft zu schützen.

Um gemäß der Maske des Biests zu reagieren, müssen Sie die verschiedenen Arten aggressiven Verhaltens verstehen und wirksame Strategien entwickeln, um darauf zu reagieren. Hier finden Sie einen Überblick über die Arten aggressiven Verhaltens und geeignete Reaktionsstrategien:

1. Körperliche Aggression: Dazu gehören körperliche Angriffe, Schläge, Tritte, Stoßen und andere Formen körperlicher Gewalt. Reaktionsstrategien:

- Entfernen Sie sich vom Angreifer und entfernen Sie sich aus der gefährlichen Situation.

- Wenn möglich, rufen Sie um Hilfe oder bitten Sie andere um Hilfe.

- Wenden Sie bei Bedarf Selbstverteidigungstechniken an, um sich zu schützen.

2. Verbale Aggression: Dazu gehören Beleidigungen, Drohungen, Spott, Demütigungen und andere Formen verbaler Gewalt. Reaktionsstrategien:

- Bleiben Sie ruhig und geraten Sie nicht in einen Streit mit dem Angreifer.

- Drücken Sie Ihre Grenzen klar und selbstbewusst aus und fordern

Sie Respekt ein.

- Ignorieren Sie Beleidigungen und Drohungen und lassen Sie den Angreifer Ihre Reaktion nicht sehen.

3. Psychische Aggression: Dazu gehören Demütigung, Manipulation, Isolation, psychischer Druck und andere Formen psychischer Gewalt. Reaktionsstrategien:

- Bewahren Sie Ihre Selbstachtung und Ihr Selbstvertrauen, indem Sie die Versuche des Tyrannen, Ihr Selbstwertgefühl zu untergraben, zurückweisen.

- Nutzen Sie durchsetzungsfähige Kommunikationsfähigkeiten, um Ihre Gefühle und Bedürfnisse klar und selbstbewusst auszudrücken.

- Suchen Sie Unterstützung bei Freunden, Familie oder Fachleuten, wenn Sie das Gefühl haben, dass Sie alleine nicht zurechtkommen.

4. Soziale Aggression: Dazu gehören der Ausschluss aus der Gruppe, das Verbreiten von Klatsch, die Zerstörung von Beziehungen und andere Formen sozialer Gewalt. Reaktionsstrategien:

- Pflegen Sie Ihre sozialen Kontakte und Beziehungen zu denen, die Sie unterstützen und respektieren.

- Ignorieren Sie Klatsch und Verleumdung, lassen Sie sich nicht auf Konflikte ein und reagieren Sie nicht auf Provokationen.

- Suchen Sie Hilfe bei sozialen Gruppen oder Organisationen, wenn Sie mit systematischen Formen sozialer Gewalt konfrontiert sind.

Es ist wichtig, sich daran zu erinnern, dass eine wirksame Reaktion auf Aggressionen eine Kombination aus Selbstbeherrschung, Selbstvertrauen und strategischem Denken erfordert.

Mit den folgenden Strategien können Sie beim Tragen der Maske des Biests Selbstvertrauen und Stärke bewahren:

1. Positive Bestätigung: Wiederholen Sie positive Aussagen über sich selbst. Stellen Sie sicher, dass Sie Ihre Gedanken auf Ihre Stärken und Erfolge konzentrieren und nicht auf negative Gedanken über sich selbst. Dies wird dazu beitragen, Ihr Selbstvertrauen und Ihre Stärke zu stärken.

2. Erfolgsvisualisierung: Stellen Sie sich eine starke und selbstbewusste Person vor, die bereit ist, sich vor Aggressionen zu schützen. Stellen Sie sich vor, Sie befinden sich in verschiedenen Mobbing-Situationen, in denen Sie Herausforderungen erfolgreich meistern und die Kontrolle über die Situation behalten.

3. Unterstützung durch soziale Netzwerke: Vernetzen Sie sich mit Freunden, Familie oder anderen vertrauenswürdigen Personen, die Sie unterstützen und Ihr Selbstvertrauen und Ihre Stärke bestätigen können. Die Unterstützung anderer trägt zur Aufrechterhaltung des emotionalen Wohlbefindens bei.

4. Körperliche Aktivität: Machen Sie körperliche Aktivität, die Ihnen Spaß macht und Ihren Körper stärkt. Körperliche Stärke und Gesundheit können Ihnen Selbstvertrauen und Stärke verleihen.

5. Entwicklung von Selbstverteidigungsfähigkeiten: Beherrschen Sie Selbstverteidigungsfähigkeiten und lernen Sie, sich im Falle einer Aggression effektiv zu verteidigen. Zu wissen, dass Sie sich schützen können, stärkt Ihr Selbstvertrauen und Ihre Stärke.

6. Üben Sie die mentale Vorbereitung: Nehmen Sie sich Zeit für die mentale Vorbereitung, indem Sie sich stark und selbstbewusst vorstellen. Mentales Training hilft Ihnen, in kritischen Momenten konzentriert und einsatzbereit zu bleiben.

7. Akzeptieren Sie Ihre Grenzen und Bedürfnisse: Seien Sie sich Ihrer Grenzen und Bedürfnisse sicher und fühlen Sie sich frei, diese klar und selbstbewusst auszudrücken. Wenn Sie Ihre Bedürfnisse kennen und akzeptieren, bewahren Sie Ihre Stärke und Ihr Selbstvertrauen.

Indem Sie Selbstvertrauen und Stärke bewahren, wenn Sie die Maske des Biests tragen, können Sie sich besser vor Aggression und Mobbing schützen und gleichzeitig Ihre psychologische Integrität bewahren.

Hier sind einige Beispielszenarien und Erfolgsgeschichten, die zeigen, wie die Verwendung der Maske des Biests anderen Mobbingopfern helfen kann:

Beispiel 1: Szenario: Jane wird in der Schule dauerhaft gemobbt. Vor anderen Schülern wird sie oft gemobbt und gedemütigt.

Erfolgsgeschichte: Jane beginnt, die Maske des Biests zu tragen und präsentiert sich als stark und selbstbewusst. Sie lernte, ihre Grenzen auszudrücken und Respekt einzufordern. Infolgedessen ist das Mobbing deutlich zurückgegangen und einige ehemalige Mobber haben ihre Angriffe eingestellt.

Beispiel 2: Szenario: Mark wurde am Arbeitsplatz Opfer von psychischem Mobbing. Sein Chef kritisiert ständig seine Arbeit und macht vor seinen Kollegen abfällige Bemerkungen.

Erfolgsgeschichte: Mark beschließt, bei der Arbeit eine Biestmaske zu verwenden. Er wird selbstbewusster und beginnt, seine Interessen zu verteidigen. Bald bemerkt der Chef eine Veränderung in Marks Verhalten und hört auf, ihn zu demütigen. Mark erhält zunehmend Respekt von seinen Kollegen.

Beispiel 3: Szenario: Anna leidet unter Online-Mobbing. In sozialen Netzwerken erhält sie häufig Drohungen und Beleidigungen von anonymen Personen.

Erfolgsgeschichte: Anna beginnt in der virtuellen Welt, eine Biestmaske zu tragen. Sie reagiert nicht mehr auf Provokationen und Drohungen und beginnt stattdessen, ihre Gedanken und Gefühle selbstbewusst und selbstbewusst auszudrücken. Dies führt dazu, dass die Angreifer das Interesse verlieren und die Verfolgung einstellen.

Diese Beispiele zeigen, wie die Verwendung der Maske des Biests Mobbingopfern helfen kann, ihre Mentalität und ihr Verhalten zu ändern, was wiederum zu einer Verringerung der Aggression und einer Verbesserung ihrer Lebensqualität führt. Sie unterstreichen die Bedeutung von Selbstvertrauen und Stärke in Mobbing-Situationen und zeigen, dass dies mit der richtigen mentalen Vorbereitung und Abwehrstrategien erreicht werden kann.

Bei der Verwendung der Biestmaske können zahlreiche Hindernisse auftreten, die ihre Wirksamkeit beeinträchtigen können. Hier sind einige der größten Hindernisse und wie man sie überwindet:

1. Angst und Unsicherheit: Opfer von Mobbing verspüren oft Angst und Selbstzweifel, was die Verwendung der Biestmaske beeinträchtigen kann. Sie haben möglicherweise Angst vor einer negativen Reaktion anderer oder befürchten, dass die Situation dadurch nur noch schlimmer wird.

- Überwindung: Um Angst und Unsicherheit zu überwinden, ist es wichtig, sich allmählich an die Verwendung der Maske des Biests zu gewöhnen. Dies kann durch das Üben emotionaler Regulierung und Durchsetzungsvermögen erreicht werden. Training und Rollenspiele können dazu beitragen, die Fähigkeiten zur emotionalen Kontrolle zu verbessern und das Selbstvertrauen zu stärken.

2. Mangelnde Unterstützung durch andere: Manche Menschen verstehen die Verwendung der Maske des Biests möglicherweise nicht oder billigen sie nicht, was für diejenigen, die versuchen, sie zu verwenden, zu Schwierigkeiten führen kann.

- Bewältigung: Es ist wichtig, Unterstützung von engen Freunden, der Familie oder Fachleuten zu finden, die Ihre Situation verstehen und bereit sind zu helfen. Der Kontakt zu Menschen, die Sie unterstützen, kann dazu beitragen, Ihr Selbstvertrauen und Ihr Selbstvertrauen im Umgang mit der Maske des Biests zu stärken.

3. Mangelnde Übung und Schulung: Die Verwendung der Beast Mask erfordert Übung und Schulung, um zu einem wirksamen Anti-Mobbing-Mittel zu werden. Für manche kann es schwierig sein, dies regelmäßig aufrechtzuerhalten.

- Überwindung: Regelmäßiges Üben und Training sind der Schlüssel zum erfolgreichen Einsatz der Maske des Biests. Entwickeln Sie Ihre Fähigkeiten zur emotionalen Regulierung und zum Selbstvertrauen, indem Sie positive Affirmationen wiederholen und mit Unterstützung von Freunden oder Fachleuten an Trainingsszenarien teilnehmen.

4. Beharrlichkeit des Angreifers: Manchmal können Angreifer hartnäckig sein und ihre Aktionen fortsetzen, obwohl sie die Maske des Biests tragen.

- Überwindung: In solchen Situationen ist es wichtig, beharrlich und konsequent die Maske des Biests zu verwenden. Verwenden Sie durchsetzungsfähige Kommunikations- und emotionale Stabilitätsstrategien, um effektiv mit einem Angreifer umzugehen.

Die Überwindung dieser Hindernisse erfordert Zeit, Mühe und Unterstützung, aber mit Übung und Beharrlichkeit können Sie die Verwendung der Beast Mask meistern und sich effektiv gegen Mobbing wehren.

Die Aufrechterhaltung der Motivation und des Selbstvertrauens beim Tragen der Biestmaske ist der Schlüssel zur erfolgreichen Bekämpfung von Mobbing. Hier sind einige Tipps, die Ihnen dabei helfen können:

1. Bestimmen Sie Ihre Ziele und Motivationen: Bestimmen Sie, warum Sie die Biestmaske verwenden möchten und welche Ziele Sie erreichen möchten. Behalten Sie Ihre Ziele im Auge und erinnern Sie sich daran, wenn Schwierigkeiten auftreten.

2. Üben Sie regelmäßig: Durch regelmäßiges Üben und Training werden Sie sicherer im Umgang mit der Biestmaske. Nehmen Sie sich jeden Tag Zeit, um emotionale Regulierung und durchsetzungsfähige Kommunikation zu üben.

3. Lernen Sie aus Ihren Fehlern: Wenn etwas nicht funktioniert, verzweifeln Sie nicht. Versuchen Sie stattdessen, aus Ihren Fehlern zu lernen und zu verstehen, wie Sie Ihre Fähigkeiten verbessern können. Jeder Misserfolg bringt Sie dem Erfolg näher, wenn Sie bereit sind zu lernen.

4. Suchen Sie Unterstützung: Zögern Sie nicht, Freunde, Familie oder Fachleute um Hilfe zu bitten, wenn Sie Unterstützung oder Rat benötigen. Erzählen Sie ihnen von Ihren Erfahrungen mit der Biestmaske und bitten Sie um Feedback.

5. Behalten Sie eine positive Einstellung bei: Konzentrieren Sie sich auf Ihre Stärken und Erfolge statt auf Misserfolge und Schwierigkeiten. Denken Sie daran, dass Sie jedes Hindernis überwinden können, wenn Sie an sich glauben.

6. Belohnen Sie sich für den Erfolg: Belohnen Sie sich für Ihre Erfolge bei der Verwendung der Maske des Biests. Belohnen Sie sich nach jeder gemeisterten Herausforderung oder jedem kleinen Ziel, das Sie erreichen.

7. Führen Sie ein Fortschrittsprotokoll: Das Führen eines Tagebuchs über Ihre Fortschritte hilft Ihnen, Ihre Fortschritte und Verbesserungen zu verfolgen. Es wird Ihnen auch helfen zu erkennen, wie weit Sie bereits gekommen sind.

8. Bleiben Sie flexibel und geduldig: Denken Sie daran, dass die Entwicklung von Fähigkeiten Zeit und Mühe erfordert. Seien Sie darauf vorbereitet, dass nicht von Anfang an alles perfekt sein wird, und machen Sie auch in schwierigen Momenten weiter.

Bleiben Sie motiviert und selbstbewusst, indem Sie diese Tipps befolgen, und denken Sie daran, dass Sie mit jedem Schritt vorwärts Ihren Zielen näher kommen.

Die Verwendung einer Biestmaske kann ein wirksames Mittel sein, um sich vor Mobbing zu schützen. Es ist jedoch wichtig, die Unterstützung anderer zu haben und bei Bedarf professionelle Hilfe in Anspruch zu nehmen. Hier sind einige Quellen, auf die Sie sich bei der Verwendung der Maske des Biests verlassen können:

1. Familie und Freunde: Enge Menschen wie Familie und Freunde können Ihre erste Verteidigungslinie sein. Sie können Ihnen emotionale Unterstützung bieten, Ihnen beim Entspannen helfen und Ihnen Tipps zur Bewältigung von Mobbing geben.

2. Lehrer und Arbeitgeber: Wenn Sie in der Schule, an der Universität oder am Arbeitsplatz Mobbing erleben, bitten Sie Ihre Lehrer oder Ihr Management um Hilfe. Sie können Strategien zur Lösung des Problems vorschlagen und Maßnahmen ergreifen, um weitere Vorfälle zu verhindern.

3. Psychologen und Berater: Professionelle Psychologen, Berater und Therapeuten verfügen über die erforderlichen Fähigkeiten und Erfahrungen, um bei der Bewältigung emotionaler Schwierigkeiten, einschließlich Mobbing, zu helfen. Sie können Sie emotional unterstützen, Ihnen bei der Entwicklung von Bewältigungsstrategien helfen und konkrete Empfehlungen geben.

4. Selbsthilfegruppen: Der Beitritt zu Selbsthilfegruppen für Mobbingopfer bietet Ihnen die Möglichkeit, Erfahrungen mit Menschen auszutauschen, die ähnliche Probleme haben. In diesen Gruppen erhalten Sie Unterstützung, Verständnis und praktische Ratschläge.

5. Online-Ressourcen: Es stehen viele Online-Ressourcen zur Verfügung, um Mobbing zu bekämpfen und Opfer zu unterstützen. Dies können Websites, Foren, Social-Media-Communities oder Apps zur Unterstützung der psychischen Gesundheit sein.

6. Helplines: In einigen Ländern gibt es Organisationen, die Helplines für Menschen anbieten, die Mobbing und anderen Problemen ausgesetzt sind. Für vertrauliche Unterstützung und Beratung können Sie sich an sie wenden.

Es ist wichtig, sich daran zu erinnern, dass das Bitten um Hilfe kein Zeichen von Schwäche ist, sondern im Gegenteil ein Ausdruck von Stärke und Selbstvertrauen. Finden Sie Menschen, denen Sie vertrauen, und zögern Sie nicht, sich an sie zu wenden, wenn Sie Hilfe benötigen. Gemeinsam können Sie alle Schwierigkeiten bewältigen, auch Mobbing.

Kapitel 14.
Schaffung einer sicheren Schulumgebung.

Die Rolle von Schulen und Bildungseinrichtungen bei der Mobbingprävention ist entscheidend für die Schaffung eines sicheren und unterstützenden Umfelds für alle Schüler. Hier sind einige wichtige Punkte, die die Rolle der Schule in diesem Prozess definieren:

1. Legen Sie eine Null-Toleranz-Richtlinie fest: Schulen sollten über klare und eindeutige Richtlinien verfügen, die Mobbing in all seinen Formen verbieten. Dazu gehört, Mobbing zu definieren, darauf hinzuweisen, dass es nicht geduldet wird, und die Folgen für die Täter zu beschreiben.

Die Einführung einer Null-Toleranz-Schulpolitik ist der Schlüssel zur Bekämpfung von Mobbing und zur Gewährleistung der Sicherheit aller Schüler. Es sollte eine klare Definition von Mobbing, einen Hinweis darauf, dass es nicht toleriert wird, und eine Beschreibung der Konsequenzen für Täter enthalten.

Richtlinien sollten klar definieren, was als Mobbing gilt, einschließlich physischem, verbalem, psychologischem und Cybermobbing. Dies hilft allen am Bildungsprozess Beteiligten zu verstehen, was inakzeptables Verhalten ist.

Darüber hinaus ist es wichtig zu betonen, dass Mobbing in jeglicher Form nicht toleriert und streng bestraft wird. Dies schafft klare Grenzen und sendet ein starkes Signal, dass die Schule Mobbing sehr ernst nimmt.

Eine Null-Toleranz-Politik sollte auch Konsequenzen für Verstöße aufzeigen. Dies kann Disziplinarmaßnahmen, die obligatorische Teilnahme an Bildungsprogrammen oder Beratung sowie die Einbeziehung der Eltern von Straftätern zur gemeinsamen Lösung des Problems umfassen.

Es ist wichtig, dass die Null-Toleranz-Politik nicht nur ein Papierdokument ist, sondern ein echter Arbeitsmechanismus, der von allen Schulmitarbeitern unterstützt und in der täglichen Praxis aktiv genutzt wird. Dies erfordert die Schulung des Personals, die Überwachung der Einhaltung von Richtlinien und die regelmäßige Aktualisierung von Strategien, um sich ändernden Anforderungen und Herausforderungen gerecht zu werden.

2. Schulung für Personal und Schüler: Schulen sollten Personal und Schüler über Mobbing, seine Folgen und Möglichkeiten zur Prävention schulen. Dazu können Schulungen, Kurse zur sozialen Kompetenz und Programme zur Unterstützung der psychischen Gesundheit gehören.

Die Aufklärung von Personal und Schülern über Mobbing ist ein wichtiger Schritt, um Mobbing vorzubeugen und ein sicheres Schulumfeld zu schaffen. Sozialkompetenztraining und -unterricht können den Schülern dabei helfen, Fähigkeiten in den Bereichen Empathie, Respekt für Unterschiede, Konfliktlösung und gesunde Beziehungen zu entwickeln.

Die Schulung des Personals sollte das Bewusstsein für die Anzeichen von Mobbing, Präventions- und Interventionsstrategien sowie Möglichkeiten zur Unterstützung von Opfern und Tätern umfassen. Dies hilft den Mitarbeitern, Mobbing zu erkennen, effektiv zu reagieren und angemessene Hilfe und Unterstützung zu leisten.

Die Ausbildung kann auch Programme zur Unterstützung der psychischen Gesundheit umfassen, die darauf abzielen, die Fähigkeiten der Schüler in den Bereichen Selbstregulierung, Stressbewältigung und Anpassung an negative Situationen zu entwickeln. Dies ermöglicht es Kindern, ihre Emotionen besser zu verstehen und zu bewältigen, wodurch die Wahrscheinlichkeit geringer wird, dass sie als Opfer oder Täter in Mobbing verwickelt werden.

Es ist wichtig, dass das Lernen systematisch und in den Bildungsprozess integriert ist und kein zufälliges oder isoliertes Ereignis ist. Dies trägt dazu bei, eine Kultur des Respekts und der Unterstützung zu schaffen, in der Mobbing keinen Platz hat und die Schüler sich sicher und respektiert fühlen.

3. Schaffen Sie ein unterstützendes Umfeld: Schulen sollten aktiv daran arbeiten, ein unterstützendes und integratives Umfeld zu schaffen, in dem sich jeder Schüler sicher und respektiert fühlt. Dazu gehört die Organisation freundschaftlicher Veranstaltungen, die Förderung der Vielfalt und die Schaffung von Möglichkeiten für positive Interaktionen zwischen Studierenden.

Die Schaffung eines unterstützenden Schulumfelds ist der Schlüssel zur Verhinderung von Mobbing und zur Förderung des Wohlbefindens aller Schüler. Um dies zu erreichen, ist es notwendig, aktive Maßnahmen zu ergreifen, um freundschaftliche und integrative Veranstaltungen zu organisieren, die dazu beitragen, eine positive Atmosphäre in der Bildungseinrichtung zu schaffen.

Eine Möglichkeit, ein unterstützendes Umfeld zu schaffen, besteht darin, Aktivitäten durchzuführen, die Vielfalt fördern und individuelle Unterschiede respektieren. Dies können Thementage sein, die verschiedenen Kulturen und Traditionen gewidmet sind, Veranstaltungen, die dem Pride Month oder dem Internationalen Tag der Toleranz gewidmet sind, sowie Bildungsprojekte, die auf das Studium der Geschichte und Kultur verschiedener Völker abzielen.

Darüber hinaus können Schulen Programme zur psychologischen Unterstützung und zur Entwicklung der sozialen Kompetenzen der Schüler organisieren. Dazu können Kurse zur Entwicklung emotionaler Intelligenz, Schulungen zu Kommunikation und Konfliktlösung sowie Gruppenkurse zum Aufbau von Freundschaften und zur Stärkung des Teamgeists gehören.

Es ist auch wichtig, Möglichkeiten für positive Interaktionen zwischen Schülern unterschiedlichen Alters, unterschiedlicher Klassenstufen und soziokulturellen Hintergrunds zu schaffen. Dies können Kooperationsprojekte, ehrenamtliche Veranstaltungen, Sportwettkämpfe oder Kunstausstellungen sein, die dazu beitragen, Schüler zusammenzubringen und ein Zugehörigkeitsgefühl zur Schulgemeinschaft zu entwickeln.

Die Schaffung eines solch unterstützenden Umfelds erfordert Anstrengungen seitens des gesamten Schulpersonals, einschließlich der Verwaltung, der Lehrer, Psychologen und Eltern. Die Ergebnisse im Hinblick auf ein verbessertes Schulklima und weniger Mobbing sind jedoch die Mühe wert.

4. Proaktives Eingreifen: Schulen müssen schnell auf Mobbing-Vorfälle reagieren und wirksame Maßnahmen ergreifen, um solches Verhalten zu stoppen. Dies kann die Befragung von Teilnehmern, die Verhängung von Disziplinarmaßnahmen und die Unterstützung von Opfern und Tätern umfassen.

Proaktives Eingreifen in der Schule ist von entscheidender Bedeutung, um Mobbing zu bekämpfen und den Schülern ein sicheres und unterstützendes Umfeld zu bieten. Das bedeutet, nicht nur auf Mobbingvorfälle zu reagieren, sondern auch konkrete Schritte zu unternehmen, um das Verhalten zu stoppen und alle Beteiligten zu unterstützen.

Es ist wichtig, dass Schulen schnell auf Mobbingvorfälle reagieren. Dazu kann die sofortige Durchführung von Befragungen der an dem Vorfall Beteiligten gehören, um die Umstände und Folgen des Vorfalls zu klären. Diese Gespräche müssen sowohl den Opfern als auch den Tätern Aufmerksamkeit schenken und ihnen die Möglichkeit geben, ihre Gefühle und Standpunkte zum Ausdruck zu bringen.

Schulen können verschiedene Disziplinarmaßnahmen ergreifen, um Mobbing zu stoppen und zu verhindern, dass es erneut auftritt. Dazu können Bestrafung in Form eines Verweises, Ausschluss von der Schule für eine bestimmte Zeit, aber auch Bildungsprogramme oder Schulungen zu sozialen Kompetenzen und emotionaler Kompetenz gehören.

Ein wichtiger Aspekt proaktiver Intervention ist die Unterstützung sowohl für Mobbingopfer als auch für Mobbingtäter. Den Opfern sollte psychologische und emotionale Unterstützung sowie Hilfe beim Wiederaufbau des Vertrauens zu anderen angeboten werden. Den Tätern sollte Hilfe dabei angeboten werden, ihre Emotionen zu verstehen und zu bewältigen und angemessene Formen der Interaktion mit anderen zu entwickeln.

Somit trägt die proaktive Intervention der Schule bei Mobbing nicht nur dazu bei, negatives Verhalten zu stoppen, sondern trägt auch dazu bei, ein sicheres und unterstützendes Umfeld für alle Schüler zu schaffen.

5. Zusammenarbeit mit Eltern und der Gemeinde: Es ist wichtig, dass Schulen mit den Eltern, der Gemeinde und externen Organisationen zusammenarbeiten, um Mobbing zu verhindern. Eltern können wertvolle Informationen und Unterstützung bereitstellen, und externe Organisationen können zusätzliche Ressourcen und Fachwissen bereitstellen.

Die Zusammenarbeit zwischen Schulen, Eltern und der Gemeinschaft ist wichtig, um Mobbing zu bekämpfen und eine sichere Lernumgebung für alle Kinder zu schaffen.

Eltern haben eine einzigartige Perspektive auf das Verhalten und den emotionalen Zustand ihrer Kinder. Die Bereitstellung wertvoller Informationen an die Schule über Mobbing, das möglicherweise außerhalb der Schule auftritt, hilft Lehrern und Administratoren, effektiver auf das Problem zu reagieren. Eltern können ihr Kind auch zusätzlich unterstützen, indem sie ihm bei der Entwicklung von Selbstverteidigungs-, Kommunikations- und emotionalen Belastbarkeitsfähigkeiten helfen.

Auch die Zusammenarbeit mit externen Organisationen wie Nichtregierungsorganisationen, Kinderhilfezentren oder Mobbingexperten ist ein wichtiger Aspekt der Mobbingprävention. Diese Organisationen können Schulen mit zusätzlichen Ressourcen, Programmen und Expertenunterstützung versorgen, um wirksame Anti-Mobbing-Strategien zu entwickeln und ein sicheres Umfeld für Schüler zu schaffen.

Daher ist die Zusammenarbeit zwischen Schule, Eltern und der Gemeinschaft ein Schlüsselelement für die erfolgreiche Bekämpfung von Mobbing. Es bringt alle Beteiligten zusammen, um ein unterstützendes und sicheres Umfeld zu schaffen, in dem sich jedes Kind geschützt und respektiert fühlen kann.

6. Überwachung und Bewertung: Schulen sollten Mobbingvorfälle regelmäßig überwachen, die Wirksamkeit ihrer Interventionen bewerten und bei Bedarf Anpassungen an ihren Richtlinien und Praktiken vornehmen.

Überwachung und Bewertung sind wichtige Bestandteile der Bemühungen einer Schule, Mobbing zu verhindern und ein sicheres Umfeld für Schüler zu schaffen.

Schulen sollten Mobbingvorfälle regelmäßig überwachen, um das Ausmaß des Problems und seine Merkmale zu verstehen. Dazu können Vorfallanalysen, Statistiken und Feedback von Schülern, Eltern und Schulpersonal gehören. Eine wirksame Überwachung kann Trends erkennen, Ursachen und Faktoren identifizieren, die zu Mobbing beitragen, und gefährdete Gruppen von Schülern identifizieren.

Durch die Bewertung der Wirksamkeit von Maßnahmen zur Mobbingprävention können wir feststellen, wie erfolgreich sie bei der Erreichung ihrer Ziele waren. Schulen sollten die Ergebnisse ihrer Bemühungen regelmäßig anhand quantitativer und qualitativer Daten überprüfen. Dadurch können Sie erfolgreiche Techniken und Strategien identifizieren, aber auch solche, die einer Anpassung oder Überarbeitung bedürfen.

Es ist auch wichtig, das Gesamtklima der Schule und den Grad des Respekts, der Unterstützung und der Inklusion unter den Schülern zu beurteilen. Die Durchführung anonymer Umfragen oder Fokusgruppen unter Schülern kann dabei helfen, ihre Wahrnehmung des schulischen Umfelds zu ermitteln und potenzielle Probleme oder Schwachstellen zu identifizieren.

Basierend auf den Ergebnissen der Überwachung und Evaluierung sollten Schulen Maßnahmen ergreifen, um ihre Richtlinien und Praktiken bei Bedarf anzupassen. Dazu können Änderungen am Lehrplan, verbesserte Mechanismen zur Reaktion auf Mobbingvorfälle und die Aktualisierung der Schulrichtlinien gehören, um bewährte Praktiken und Richtlinien widerzuspiegeln.

Auf diese Weise können Schulen durch Überwachung und Evaluierung den Überblick über Mobbing behalten, ihre Ansätze an die Bedürfnisse anpassen und effektiv auf Veränderungen im Bildungsumfeld reagieren.

Insgesamt spielen Schulen eine Schlüsselrolle im Kampf gegen Mobbing, indem sie ein sicheres und unterstützendes Umfeld schaffen, in dem jeder Schüler das Recht auf Bildung ohne Angst oder Bedrohung hat.

Programme und Initiativen zur Schaffung sicherer und integrativer Schulumgebungen:

1. Ausbildung von Lehrkräften und Schulpersonal:
Die Aufklärung von Lehrern und Schulpersonal über Mobbing ist ein wichtiger Schritt bei der Schaffung eines sicheren und unterstützenden Umfelds für Schüler. Dies vermittelt Lehrern das nötige Wissen und die nötigen Fähigkeiten, um Mobbing zu erkennen, zu verhindern und darauf zu reagieren.

Diese Schulung vermittelt dem Schulpersonal Informationen über verschiedene Formen von Mobbing, darunter physisches, verbales, soziales und Cybermobbing. Sie erfahren, welche Handlungen und Verhaltensweisen als Mobbing erkennbar sind und lernen, es von gewöhnlichen Konflikten oder freundschaftlichen Meinungsverschiedenheiten zu unterscheiden.

Ein weiterer wichtiger Aspekt der Schulung ist das Bewusstsein für die Folgen von Mobbing für Opfer, Täter und die gesamte Schulgemeinschaft. Lehrer erfahren, welche negativen emotionalen und psychologischen Folgen bei gemobbten Kindern auftreten können und wie sich das Problem auf das Gesamtklima in der Schule auswirken kann.

Darüber hinaus umfasst die Schulung eine Einführung in Techniken zur Mobbingprävention und wirksame Strategien zur Reaktion auf Vorfälle. Dazu kann die Vermittlung von Kommunikationsfähigkeiten, die Lösung von Konflikten, die Festlegung von Unterrichtsregeln und die Schaffung einer unterstützenden Atmosphäre gehören.

Es ist wichtig, dass die Schulung regelmäßig stattfindet und praktische Szenarien und Rollenspiele umfasst, damit die Lehrer das Gelernte in die Praxis umsetzen können. Es ist auch notwendig, den Mitarbeitern Ressourcen und Unterstützung zur Verfügung zu stellen, damit sie effektiv auf Mobbing reagieren und Kindern in schwierigen Situationen helfen können.

Lehrerschulungen in Empathie, Konfliktlösung und Klassenmanagement sind wichtige Instrumente, die dabei helfen, die Fähigkeiten und Kompetenzen aufzubauen, die für die Schaffung einer sicheren und unterstützenden Lernumgebung erforderlich sind.

Ein Empathiekurs ermöglicht es Lehrern, die Emotionen und Erfahrungen der Schüler besser zu verstehen, was ihnen hilft, Anzeichen von Unbehagen und Mobbing im Frühstadium zu erkennen. Dies trägt auch dazu bei, eine vertrauensvollere Beziehung zwischen Lehrer und Schüler aufzubauen.

Durch das Konfliktlösungstraining lernen Lehrer, Konfliktsituationen im Klassenzimmer effektiv zu bewältigen, Schülern dabei zu helfen, konstruktive Wege zur Problemlösung zu finden und eine Eskalation von Konflikten zu verhindern, die zu Mobbing führen kann.

Klassenmanagement ist ein weiterer wichtiger Aspekt der Lehrerausbildung, der dabei hilft, das Verhalten der Schüler effektiv zu steuern und eine strukturierte Lernumgebung zu schaffen, in der sich jeder sicher und respektiert fühlt.

Diese Schulungen helfen nicht nur, Mobbing vorzubeugen, sondern tragen auch zum Gesamterfolg der Schüler bei, indem sie das Bildungserlebnis verbessern und die Schulgemeinschaft stärken.

2. Bildungsprogramme für Studierende:

Der Unterricht über die Bedeutung von Respekt, Toleranz und Verständnis für Unterschiede ist der Schlüssel zur sozialen Kompetenz und emotionalen Intelligenz der Schüler. In diesen Lektionen lernen die Schüler die Grundprinzipien des Respekts gegenüber anderen, unabhängig von deren Rasse, Geschlecht, Religion, kulturellem oder sozialem Hintergrund.

Es ist wichtig, dass Lektionen zu Respekt und Toleranz so früh wie möglich in den Lehrplan aufgenommen werden und während der gesamten

Ausbildung fortgesetzt werden. Dies trägt dazu bei, diese Werte in den Köpfen der Schüler zu stärken und eine positive Einstellung zu Vielfalt und Inklusion zu entwickeln.

Im Unterricht zur Vermittlung von Respekt und Toleranz beschäftigen sich die Studierenden mit Beispielen für Diskriminierung und negativem Verhalten und diskutieren deren Folgen für den Einzelnen und die Gesellschaft. Sie lernen auch das Konzept der Empathie und lernen, sich in die Lage anderer Menschen zu versetzen und deren Gefühle und Erfahrungen zu verstehen.

Darüber hinaus erkunden die Schüler durch diese Lektionen die kulturelle und religiöse Vielfalt und lernen verschiedene Kulturen, Traditionen und Bräuche kennen, was dazu beiträgt, ihre Offenheit für Neues und ihren Respekt für Unterschiede zu entwickeln.

Unterricht in Respekt und Toleranz kann auch die Vermittlung von Fähigkeiten zur friedlichen Lösung von Konflikten und die Förderung positiver Interaktionen zwischen Schülern umfassen. Dies trägt dazu bei, in der Schule eine Atmosphäre des gegenseitigen Verständnisses, des Vertrauens und der Sicherheit zu schaffen, in der sich jeder Schüler akzeptiert und respektiert fühlt.

Die Vermittlung sozialer Kompetenz in der Schule spielt eine wichtige Rolle bei der Entwicklung der Fähigkeiten der Schüler, die für eine erfolgreiche Interaktion mit anderen und die Anpassung an das soziale Umfeld erforderlich sind. Dieser Prozess umfasst mehrere Schlüsselaspekte:

Die Studierenden lernen, ihre Gedanken und Ideen effektiv auszudrücken, anderen zuzuhören, Fragen zu stellen und Konflikte konstruktiv zu lösen.

Auch die Entwicklung emotionaler Intelligenz ist ein wichtiger Teil des Lernens. Die Schüler lernen, ihre Emotionen zu erkennen und zu bewältigen, die emotionalen Zustände anderer zu verstehen und Empathie und Unterstützung zu zeigen.

Die Vermittlung sozialer Kompetenz hilft den Schülern, Respekt für Unterschiede zu entwickeln, einschließlich Unterschieden in Kultur, Rasse, Geschlecht, Religion und anderen Aspekten. Dies trägt zur Bildung einer toleranten und integrativen Gesellschaft bei.

Trainingsprogramme für soziale Kompetenz umfassen typischerweise eine Vielzahl von Techniken wie Rollenspiele, Gruppendiskussionen, Empathieübungen und Fallstudien. Auch Lehrer spielen eine wichtige Rolle, indem sie sozial-kommunikatives Verhalten modellieren und den Schülern zusätzliche Unterstützung und Anleitung bieten.

Ziel solcher Programme ist nicht nur die Entwicklung von Fähigkeiten, sondern auch die Entwicklung eines informierten und verantwortungsvollen Verhaltens in sozialen Situationen, was wiederum zur Schaffung eines sicheren und unterstützenden Umfelds in der Schule beiträgt.

3. Programme zur Unterstützung der psychischen Gesundheit:

Programme zur Unterstützung der psychischen Gesundheit der Schulen spielen eine wichtige Rolle bei der Schaffung eines positiven Umfelds für das Lernen und die Entwicklung der Schüler. Ein solches Programm besteht darin, Gruppensitzungen für Schüler anzubieten, um Stress abzubauen und das Selbstwertgefühl zu stärken.

Diese Sitzungen werden in der Regel von qualifizierten Psychologen oder Gesundheitsfachkräften durchgeführt. Sie können verschiedene Methoden und Techniken umfassen, die darauf abzielen, das psychische Wohlbefinden der Schüler zu verbessern.

Diese Sitzungen ermöglichen es den Schülern, ihre Emotionen, Erfahrungen und Sorgen in einer sicheren und unterstützenden Umgebung zu besprechen. Sie lernen, ihre Gefühle auszudrücken, sie anzuerkennen und Wege zu finden, mit Stress und Schwierigkeiten umzugehen.

Darüber hinaus können diese Gruppensitzungen verschiedene Übungen und Spiele umfassen, die darauf abzielen, Selbstregulationsfähigkeiten zu entwickeln, Kommunikationsfähigkeiten zu verbessern und soziale Unterstützung unter den Schülern zu entwickeln.

Das Ziel solcher Programme besteht nicht nur darin, den Studierenden bei der Lösung ihrer persönlichen Probleme und beim Stressabbau zu helfen, sondern ihnen auch Fähigkeiten und Ressourcen zur Verbesserung ihres allgemeinen psychischen Wohlbefindens zu vermitteln. Dies trägt dazu bei, ein gesünderes und unterstützenderes Schulumfeld zu schaffen, in dem sich jeder Schüler wertgeschätzt und respektiert fühlt.

Die individuelle Beratung von Schülern, die aufgrund von Mobbing emotionale Schwierigkeiten haben, ist ein wichtiger Aspekt der psychischen Gesundheitsförderung in der Schule.

Diese Beratungen werden in der Regel von zugelassenen Psychologen oder Beratern für psychische Gesundheit durchgeführt. Sie bieten den Studierenden die Möglichkeit, ihre Probleme und emotionalen Erfahrungen in einem vertraulichen Rahmen zu besprechen.

Durch individuelle Beratung können Studierende Unterstützung, Verständnis und Ressourcen erhalten, um effektiv mit den durch Mobbing verursachten negativen Emotionen und Stress umzugehen. Ein Psychologe oder Berater kann dem Schüler helfen, seine Gefühle zu verstehen, Stressfaktoren zu identifizieren und Wege zu finden, auf sie zu reagieren.

Die Beratung kann eine Vielzahl von Methoden und Techniken umfassen, die auf den Umgang mit Emotionen, die Verbesserung des Selbstwertgefühls und die Entwicklung von Anti-Mobbing-Strategien abzielen. Dies gibt dem Schüler das Gefühl, unterstützt zu werden, und hilft ihm, Problemlösungsfähigkeiten zu erlernen und sich an widrige

Situationen anzupassen.

Das Hauptziel der Einzelberatung besteht darin, den Studierenden eine individuelle Unterstützung für ihr psychisches Wohlbefinden zu bieten und ihnen bei der Bewältigung der negativen Auswirkungen von Mobbing zu helfen. Dies trägt dazu bei, die emotionale Belastbarkeit der Schüler zu stärken und ihr allgemeines Wohlbefinden zu verbessern.

4. Veranstaltungen und Aktionen:

Die Organisation von Anti-Mobbing- und Diversity-Themenwochen oder -monaten ist eine wirksame Möglichkeit, das Bewusstsein für Mobbing zu schärfen und ein positives Schulumfeld zu schaffen.

Durch solche Aktivitäten können Schulen eine Vielzahl von Aktivitäten, Veranstaltungen und Kampagnen durchführen, die darauf abzielen, das Bewusstsein zu schärfen, Toleranz zu fördern und dazu beizutragen, ein integratives Umfeld für alle Schüler zu schaffen.

Ein zentraler Bestandteil dieser Themenwochen bzw. -monate ist die Durchführung von Bildungsveranstaltungen wie Vorträgen, Workshops, Diskussionen und Unterricht zum Thema Mobbing und der Bedeutung der Förderung von Diversität. Diese Veranstaltungen können Reden von Spezialisten und Psychologen sowie Geschichten von Studierenden umfassen, die Mobbing erlebt haben oder Diversität unterstützen.

Darüber hinaus können Schulen verschiedene kreative Projekte, Wettbewerbe, Kunstausstellungen und Sportveranstaltungen organisieren, die darauf abzielen, Vielfalt zu unterstützen und die Bedeutung des Respekts für jeden Schüler zu fördern. Dazu kann die Erstellung von Kunstwerken, Postern, Videos oder Performances gehören, die Anti-Mobbing-Botschaften zum Ausdruck bringen und Toleranz fördern.

Solche thematischen Wochen oder Monate können auch besondere Veranstaltungen und Tage umfassen, wie den „Tag der Freundschaft", „Tag der Freundlichkeit", „Tag der Toleranz" und andere, an denen sich die Schüler an verschiedenen guten Taten, Aktionen und Initiativen beteiligen können, die darauf abzielen, jeden einzelnen zu unterstützen andere und die Bekämpfung negativer Phänomene, einschließlich Mobbing.

Insgesamt spielt die Organisation solcher Themenveranstaltungen eine wichtige Rolle dabei, eine positive Atmosphäre in der Schule zu schaffen, das Bewusstsein für die Gefahren von Mobbing und die Bedeutung der Förderung von Vielfalt zu schärfen und dazu beizutragen, Schüler zu toleranten, einfühlsamen und verantwortungsbewussten Bürgern zu entwickeln.

Die Durchführung von Aktivitäten zur Sensibilisierung für die Schäden, die Mobbing mit sich bringt, und Möglichkeiten, Mobbing vorzubeugen, spielt eine wichtige Rolle bei der Bekämpfung dieses negativen Phänomens und der Schaffung eines sicheren Umfelds in der Schule.

Solche Veranstaltungen können ein breites Spektrum an Aktivitäten und Initiativen umfassen. Schulen können beispielsweise Vorträge und Präsentationen für Schüler, Eltern und Pädagogen organisieren, in denen Mobbing-Experten Informationen über die schädlichen Auswirkungen von Mobbing auf Opfer und Täter austauschen und wirksame Strategien zur Prävention und Beendigung von Mobbing diskutieren.

Darüber hinaus können Veranstaltungen Thementage oder -wochen umfassen, die der Bekämpfung von Mobbing gewidmet sind. Während dieser Veranstaltungen können die Schüler an einer Vielzahl von Aktivitäten, Spielen, Diskussionen und kreativen Projekten teilnehmen, die ihnen helfen, das Problem von Mobbing besser zu verstehen und wirksame Möglichkeiten zu lernen, dagegen zu reagieren.

Darüber hinaus können Schulen Technologietools wie Videos, interaktive Präsentationen und Online-Kurse nutzen, um Informationen über Mobbing einem breiteren Publikum zugänglich zu machen und sie allen Beteiligten zugänglich zu machen.

Wichtig ist, dass diese Veranstaltungen nicht nur informativ, sondern auch interaktiv und inspirierend sind. Sie sollten Diskussionselemente, Rollenspiele, Fallstudien und andere Aktivitäten umfassen, die den Teilnehmern helfen, Empathie zu erlernen, Fähigkeiten zur Konfliktlösung zu entwickeln und ihre Gedanken und Gefühle zum Thema Mobbing zu diskutieren.

Insgesamt sind Anti-Mobbing-Sensibilisierungsmaßnahmen ein wichtiger Schritt zur Schaffung eines Bildungsumfelds ohne Gewalt und Diskriminierung und zur Förderung einer toleranten und respektvollen Gesellschaft.

5. Schulübergreifende und internationale Programme:
Die Teilnahme an schulübergreifenden oder internationalen Programmen zur Bekämpfung von Mobbing und Gewalt unter Kindern kann eine sinnvolle und wirksame Möglichkeit sein, Erfahrungen, Ideen und bewährte Verfahren zwischen verschiedenen Schulen und Gemeinden auszutauschen.

Bei diesen Programmen handelt es sich in der Regel um eine Zusammenarbeit zwischen verschiedenen Schulen innerhalb und außerhalb des Landes. Dazu können der Austausch von Studierenden und Lehrenden, gemeinsame Veranstaltungen, Seminare, Schulungen und Konferenzen sowie gemeinsame Forschungsprojekte gehören.

Der Hauptzweck solcher Programme besteht darin, Wissen und Erfahrungen bei der Prävention und Beendigung von Mobbing zu teilen und Unterstützungsnetzwerke zwischen Schulen und Gemeinden zu schaffen. Durch die Teilnahme an solchen Programmen können Schulen mehr über bewährte Verfahren erfahren, die anderswo erfolgreich umgesetzt wurden, und diese an ihren eigenen Kontext anpassen.

Darüber hinaus fördern schulübergreifende und internationale Programme auch das interkulturelle Verständnis und die Zusammenarbeit, was in der heutigen Welt ein wichtiger Aspekt des Lernens von Schülern ist. Die Interaktion mit Gleichaltrigen aus anderen Ländern ermöglicht es den Schülern, unterschiedliche Kulturen und Standpunkte besser zu verstehen und Respekt und Toleranz für Unterschiede zu entwickeln.

Somit kann die Teilnahme an schulübergreifenden und internationalen Anti-Mobbing-Programmen die schulische Lernerfahrung erheblich bereichern, zur Entwicklung sozialer Verantwortung und zur Bildung eines freundlichen und sicheren Umfelds in der Schule und darüber hinaus beitragen.

Der Erfahrungsaustausch mit anderen Schulen und Organisationen ist ein wichtiger Aspekt bei der Entwicklung wirksamer Anti-Mobbing-Strategien. Dieser Prozess ermöglicht es den Schulen, sich über Best Practices zu informieren, die andernorts erfolgreich umgesetzt wurden, und diese Erfahrungen für ihre eigenen Bedürfnisse zu nutzen.

Durch den Erfahrungsaustausch können Schulen verschiedene Ansätze zur Prävention und Beendigung von Mobbing diskutieren und ihre eigenen Methoden und Strategien austauschen. Dies kann den Austausch von Informationen über Schulungsprogramme, die Durchführung gemeinsamer Arbeitssitzungen, die Teilnahme an gemeinsamen Forschungsprojekten und die gemeinsame Nutzung von Ressourcen umfassen.

Darüber hinaus ermöglicht die Zusammenarbeit mit anderen Schulen und Organisationen den Austausch von Informationen über bestimmte Mobbingvorfälle und wirksame Methoden zur Reaktion darauf. Dies hilft Schulen, adaptive Strategien zu entwickeln, die ihren eigenen Bedürfnissen und Kontexten entsprechen.

Das Hauptziel des Erfahrungsaustauschs besteht darin, gemeinsam eine Gemeinschaft aufzubauen, in der sich jede Schule gegenseitig bei der Bekämpfung von Mobbing und der Schaffung eines sicheren und integrativen Umfelds für alle Schüler unterstützen kann. Dies ermöglicht es Institutionen, nicht nur Erfolge, sondern auch Herausforderungen, mit denen sie konfrontiert sind, auszutauschen und gemeinsam die wirksamsten Strategien zur Bekämpfung von Mobbing zu entwickeln.

6. Einbindung der Eltern und der Gemeinschaft:

Bei der Bekämpfung dieses negativen Phänomens spielt die Durchführung von Elterngesprächen und Seminaren zum Thema Mobbing und Methoden der Kinderförderung eine Schlüsselrolle. Treffen dieser Art bieten Eltern die Möglichkeit, sich über die Anzeichen von Mobbing, seine Folgen und Möglichkeiten zu informieren, wie sie ihren Kindern helfen können, wenn ein Problem auftritt.

Elterngespräche und Workshops bieten Eltern die Möglichkeit, ihre

Anliegen und Fragen mit erfahrenen Fachkräften wie Psychologen oder Sozialarbeitern zu besprechen. Sie erhalten Tipps und Ratschläge, wie sie mit Kindern über Mobbing kommunizieren können, wie sie Anzeichen dafür erkennen, dass ihr Kind Opfer oder Täter ist, und wie sie ihr Kind bei der Bewältigung der Situation unterstützen können.

Ein wichtiger Aspekt dieser Treffen besteht darin, ein unterstützendes Umfeld zu schaffen, in dem sich Eltern wohl fühlen und frei ihre Gedanken und Sorgen äußern können. Dies fördert eine offenere und effektivere Kommunikation zwischen Schule und Familie, was wiederum zu erfolgreicheren Anti-Mobbing-Bemühungen beiträgt.

Darüber hinaus kann die Durchführung von Elterntreffen und Workshops Eltern dabei helfen, sich aktiv an den Anti-Mobbing-Bemühungen in ihrer Gemeinde zu beteiligen. Sie können Elternkomitees oder Aktionsgruppen beitreten, die sich für die Schaffung einer sicheren Umgebung für Kinder in der Schule und darüber hinaus einsetzen.

Bei der Bekämpfung von Mobbing und der Unterstützung der von diesem Phänomen betroffenen Kinder spielt die Einbindung öffentlicher Organisationen und Experten eine wichtige Rolle. Gemeinschaftsorganisationen wie Nichtregierungsorganisationen (NGOs) können wertvolle Ressourcen und Unterstützung bereitstellen und bei der Organisation von Veranstaltungen und Kampagnen zur Mobbingprävention helfen.

Experten aus Psychologie, Soziologie, Pädagogik und anderen verwandten Bereichen können von großem Nutzen sein, wenn sie ihr Wissen und ihre Erfahrung bei der Entwicklung wirksamer Anti-Mobbing-Strategien einbringen. Sie können Schulpersonal und Eltern beraten, wie sie Mobbing vorbeugen und darauf reagieren können, und dabei helfen, die Wirksamkeit von Programmen und Praktiken zu bewerten.

Es ist auch wichtig, mit den örtlichen Strafverfolgungs- und Regierungsbehörden zusammenzuarbeiten, um Mobbing zu bekämpfen. Diese Organisationen können zusätzliche Ressourcen und rechtliche Unterstützung bereitstellen und bei der Untersuchung schwerwiegender Mobbingvorfälle helfen.

Daher ist die Einbindung öffentlicher Organisationen und Experten ein wichtiger Bestandteil eines umfassenden Ansatzes zur Prävention und Überwindung von Mobbing in Bildungseinrichtungen. Diese Partner können zusätzliche Ressourcen, Wissen und Erfahrung bereitstellen, die die Bemühungen von Schulen und Gemeinden, allen Schülern ein sicheres und unterstützendes Umfeld zu bieten, erheblich verbessern können.

7. Überwachung und Bewertung:

Die regelmäßige Überwachung von Mobbing-Vorfällen und die Bewertung der Wirksamkeit der ergriffenen Maßnahmen sind Schlüsselelemente für die erfolgreiche Bekämpfung dieses Phänomens im schulischen Umfeld.

Um Mobbing-Vorfälle effektiv zu bewältigen, ist es notwendig, systematische Aufzeichnungen aller Vorfälle zu führen. Dazu gehört die Aufzeichnung von Mobbingvorfällen, einschließlich Datum, Ort, Teilnehmer und Beschreibung des Vorfalls. Es ist auch wichtig, wiederholte oder schwere Fälle von Mobbing zu erkennen, damit entsprechende Maßnahmen ergriffen werden können.

Neben der Erfassung von Mobbingvorfällen ist es notwendig, die Wirksamkeit der Maßnahmen zur Mobbingprävention regelmäßig zu evaluieren. Dazu kann die Analyse von Daten zu Mobbing-Vorfällen, die Bewertung des Ausmaßes der Einhaltung von Anti-Mobbing-Richtlinien sowie die Prüfung von Rückmeldungen und Empfehlungen von Schülern, Eltern und Schulpersonal gehören.

Die Bewertung der Wirksamkeit der ergriffenen Maßnahmen hilft dabei, zu bestimmen, welche Aspekte von Richtlinien und Praktiken einer Verbesserung bedürfen und auf welche Bereiche der Schwerpunkt gelegt werden sollte. Basierend auf diesen Daten können wirksamere Anti-Mobbing-Strategien entwickelt und die Unterstützungssysteme für Studierende kontinuierlich verbessert werden.

Regelmäßige Überwachung und Bewertung spielen daher eine wichtige Rolle bei der Aufrechterhaltung eines sicheren und unterstützenden Schulumfelds sowie bei der kontinuierlichen Verbesserung der Methoden zur Prävention und Reaktion auf Mobbing.

Die Datenanalyse spielt eine wichtige Rolle beim Verständnis von Trends und der Wirksamkeit von Anti-Mobbing-Maßnahmen im schulischen Umfeld.

Der Datenanalyseprozess sammelt Informationen über Mobbingvorfälle, deren Merkmale, Kontext, Teilnehmer und Konsequenzen. Zu diesen Daten können die Anzahl und Art der Vorfälle, die beteiligten Parteien sowie Merkmale des Ortes und Zeitpunkts der Vorfälle gehören.

Der Hauptzweck der Datenanalyse besteht darin, Trends und Muster im Verhalten und in der Dynamik von Mobbing in der Schule zu identifizieren. Beispielsweise kann eine Analyse zeigen, dass es an bestimmten Orten oder in bestimmten Zeiträumen am häufigsten zu Mobbingvorfällen kommt oder dass bestimmte Gruppen von Schülern eher Opfer oder Täter sind. Diese Erkenntnisse können Schulen dabei helfen, ihre Bemühungen zur Mobbingprävention gezielter auszurichten.

Die Daten werden auch verwendet, um die Wirksamkeit von Anti-Mobbing-Maßnahmen zu bewerten. Durch den Vergleich von Daten vor und nach der Umsetzung spezifischer Programme oder Strategien kann deren Auswirkungen auf Mobbing in der Schule beurteilt werden. Wenn nach der Umsetzung der Maßnahmen die Zahl der Mobbingfälle zurückgegangen ist, kann dies ein Hinweis auf die Wirksamkeit dieser

Maßnahmen sein.

Daher ist die Datenanalyse ein wichtiges Instrument zur Erkennung von Trends, zur Bewertung der Wirksamkeit von Anti-Mobbing-Interventionen und zur Entwicklung von Strategien zur Verhinderung dieses negativen Phänomens im schulischen Umfeld.

Alle oben beschriebenen Programme und Initiativen zielen darauf ab, ein sicheres und unterstützendes Schulumfeld für jeden Schüler zu schaffen. Dies ist ein zentrales Anliegen der Schulgemeinschaft, da eine sichere und unterstützende Umgebung eine Schlüsselrolle beim Lernen und der Entwicklung von Kindern spielt.

Durch die Schaffung einer sicheren Umgebung soll sich jeder Schüler vor allen Formen von Gewalt, Bedrohung und Diskriminierung geschützt fühlen. Schulen sind bestrebt, ein Umfeld zu schaffen, in dem sich die Schüler frei äußern und sich wohl und respektiert fühlen können. Dazu gehört nicht nur die körperliche Sicherheit, sondern auch das emotionale und psychische Wohlbefinden.

Zu einer unterstützenden Umgebung gehört ein Unterstützungssystem für alle Schüler, unabhängig von ihren individuellen Bedürfnissen oder ihrer Situation. Dazu kann der Zugang zu Beratung durch Psychologen, Sozialarbeiter, Lehrer und andere Fachkräfte gehören, die den Schülern bei Problemen oder Schwierigkeiten helfen können.

Die oben beschriebenen Programme und Initiativen sind wichtige Schritte zur Schaffung eines solchen Umfelds. Sie zielen darauf ab, Mobbing vorzubeugen, Empathie und soziale Kompetenz zu steigern und Schülern und Schulpersonal wirksame Strategien zur Konfliktlösung und zur Unterstützung der psychischen Gesundheit zu vermitteln.

Wichtig ist auch die Einbeziehung der Eltern, der Öffentlichkeit und externer Organisationen in diesen Prozess. Eltern können eine aktive Rolle bei der Unterstützung ihrer Kinder spielen und an Anti-Mobbing-Schulungen teilnehmen. Gemeinschaftsorganisationen und Experten können zusätzliche Ressourcen und Fachwissen bereitstellen.

Schließlich ermöglicht die regelmäßige Überwachung und Bewertung der Wirksamkeit von Interventionen den Schulen, ihre Strategien an veränderte Bedürfnisse und Situationen anzupassen. Die Datenanalyse hilft dabei, Trends und erfolgreiche Ansätze zu erkennen und Bereiche zu identifizieren, die zusätzlicher Aufmerksamkeit und Verbesserung bedürfen.

Daher werden all diese Bemühungen mit dem Ziel initiiert, ein Bildungsumfeld zu schaffen, das für jeden Schüler sicher, integrativ und unterstützend ist.

❖ · ❖ · ❖ · ❖ · ❖ · ❖ · ❖ · ❖ · ❖ · ❖ · ❖ · ❖ · ❖ · ❖ · ❖

Kapitel 15.
Spezifische Situationen und Reaktionsstrategien.

Wenn Ihr Kind Mobbing beobachtet oder daran teilnimmt, ist es wichtig, sofort und wirksam zu handeln. Nachfolgend finden Sie spezifische Situationen und Reaktionsstrategien:

1. Wenn Ihr Kind Zeuge von Mobbing wird:

- Unterstützen Sie Ihr Kind emotional und lassen Sie es wissen, dass es das Richtige getan hat, indem Sie auf das Geschehen achten.

Wenn Ihr Kind Zeuge von Mobbing wird, ist es wichtig, ihm Unterstützung und Anleitung zu geben. Stellen Sie zunächst sicher, dass er sich sicher fühlt, und sprechen Sie dann mit ihm über das, was passiert ist. Hören Sie auf seine Gefühle und Reaktionen und ermöglichen Sie ihm, seine Gefühle auszudrücken. Betonen Sie, dass er das Richtige getan hat, indem er auf den Mobbing-Vorfall aufmerksam gemacht hat, und loben Sie ihn dafür.

Besprechen Sie anschließend mögliche Handlungsstrategien mit Ihrem Kind. Sagen Sie ihm, wie er einem Mobbingopfer helfen kann oder wie er einen Vorfall in der Schule melden kann. Besprechen Sie verschiedene Optionen und helfen Sie ihm, die effektivste auszuwählen.

Unterstützen Sie die Entscheidung Ihres Kindes und lassen Sie es wissen, dass seine Handlungen wichtig sind. Erklären Sie, dass Interventionen und Unterstützung dazu beitragen, ein sicheres Schulumfeld zu schaffen. Es ist auch wichtig, mit Ihrem Kind zu besprechen, wie es in Zukunft helfen kann, ähnliche Situationen zu verhindern.

Denken Sie daran, dass Ihre Unterstützung und Anleitung Ihrem Kind helfen wird, ähnliche Situationen in Zukunft besser zu verstehen und damit umzugehen. Es ist auch wichtig, eine offene Atmosphäre zu schaffen, in der sich Ihr Kind wohl fühlt, wenn es mit Ihnen über solche Themen spricht.

- Ermutigen Sie Ihr Kind, mit Ihnen oder anderen vertrauenswürdigen Erwachsenen Informationen darüber zu teilen, was passiert ist.

Um Vertrauen aufzubauen und ein sicheres Umfeld zu schaffen, ist es wichtig, Ihr Kind zu ermutigen, Informationen über Mobbing mit Ihnen oder anderen Erwachsenen zu teilen. Sie sollten eine offene und unterstützende Umgebung schaffen, in der Ihr Kind das Gefühl hat, alle Bedenken besprechen zu können. Betonen Sie, dass es wichtig ist, über Mobbing Bescheid zu wissen, damit Sie ihnen helfen und sie schützen können. Ermutigen Sie Ihr Kind, offen zu sein und erklären Sie ihm, dass das Melden von Mobbing keine Meldung ist, sondern vielmehr dazu beiträgt, das Problem zu lösen. Wenn Ihr Kind nicht bereit ist, das Problem mit Ihnen zu besprechen, bieten Sie alternative Kommunikationswege an, z. B. ein Gespräch mit einem Lehrer, einem Schulberater oder einem anderen vertrauenswürdigen Erwachsenen. Hauptsache, Ihr Kind weiß, dass es sich in jeder Situation auf Ihre Unterstützung und Hilfe verlassen kann.

- Besprechen Sie mit Ihrem Kind Strategien, wie Sie dem Opfer helfen oder den Vorfall der Schule melden können.

Wenn Sie mit Ihrem Kind Strategien besprechen, wie Sie einem Opfer helfen oder einen Vorfall in der Schule melden können, ist es wichtig, zunächst zu verstehen, dass Mobbing viele Formen und Erscheinungsformen annehmen kann. Erklären Sie Ihrem Kind, dass Mobbing körperlich (z. B. Schlagen oder Verspotten) oder emotional (Beleidigungen, Drohungen) sein kann und auch Cybermobbing umfassen kann. Betonen Sie, dass es wichtig ist, zu helfen, egal ob das Opfer ein Freund, ein Bekannter oder ein Fremder ist.

Sobald Ihr Kind Mobbing versteht, besprechen Sie mögliche Strategien, um dem Opfer zu helfen. Zur Unterstützung kann die Unterstützung des Opfers während des Vorfalls gehören, z. B. das Beistehen oder das Bitten eines Lehrers oder Erwachsenen um Hilfe. Es ist auch wichtig zu besprechen, wie das Kind das Opfer nach dem Vorfall unterstützen kann, indem es beispielsweise sein Mitgefühl zum Ausdruck bringt oder dem Opfer hilft, mit einem Lehrer oder Elternteil über den Vorfall zu sprechen.

Besprechen Sie anschließend mit Ihrem Kind, wie es den Vorfall der Schule melden kann. Betonen Sie, dass es wichtig ist, alle Mobbingvorfälle zu melden, auch wenn das Kind nicht das Opfer oder Zeuge ist. Erklären Sie das Verfahren: An wen Sie sich wenden können (Lehrer, Schulberater), wie Sie den Vorfall beschreiben (Ort, Zeit, Teilnehmer) und warum es wichtig ist, dies so schnell wie möglich zu tun.

Es sollte auch betont werden, dass Mobbing-Situationen niemals vernachlässigt werden sollten, da dies schwerwiegende Folgen für das Opfer haben kann. Erklären Sie Ihrem Kind, dass die Meldung eines Vorfalls kein Hinweisgeber ist, sondern eine Möglichkeit, künftiges Mobbing zu verhindern und ein sicheres Umfeld für alle zu gewährleisten.

2. Wenn Ihr Kind Opfer von Mobbing wird:

- Unterstützen Sie Ihr Kind mit Verständnis und Einfühlungsvermögen, besprechen Sie aber auch die Schwere des Verhaltens und seine Folgen.

Wenn Ihr Kind in Mobbing verwickelt wird, ist es wichtig, es zu unterstützen und die Schwere seines Verhaltens zu besprechen.

Zeigen Sie zu Beginn des Gesprächs Verständnis und Empathie für Ihr Kind. Sagen Sie ihm, dass Sie bereit sind, ihm zuzuhören und ihm bei der Lösung dieser Situation zu helfen. Es ist wichtig, dass Ihr Kind das Gefühl hat, dass es sich an Sie wenden kann, um Hilfe und Unterstützung zu erhalten, ohne Angst haben zu müssen, beurteilt zu werden.

Es ist jedoch auch wichtig, mit Ihrem Kind die Schwere seines Verhaltens und die Folgen für andere zu besprechen. Betonen Sie, dass sich die Teilnahme an Mobbing nicht nur negativ auf das Opfer, sondern auch auf den Teilnehmer selbst auswirkt und sein emotionales und soziales Wohlbefinden beeinträchtigt. Erklären Sie, dass Mobbing dem Opfer schweren Schaden zufügen kann, einschließlich psychischer Schäden und Verlust des Selbstwertgefühls, und dass die Teilnahme an solchen Handlungen inakzeptabel ist.

Sprechen Sie mit Ihrem Kind darüber, wie es die Situation verbessern kann. Unterstützen Sie ihn dabei, Wege zu finden, sich beim Opfer zu entschuldigen und die Verantwortung für seine Taten zu übernehmen. Ermutigen Sie ihn, alternative Formen der Interaktion mit anderen Kindern in Betracht zu ziehen, die auf Respekt und Verständnis basieren.

Stellen Sie abschließend sicher, dass Ihr Kind versteht, dass Sie über sein Verhalten besorgt sind und dass Sie bereit sind, es dabei zu unterstützen, sein Verhalten gegenüber anderen Menschen zu ändern. Machen Sie ihm klar, dass er sich in solchen Situationen immer an Sie wenden kann, wenn es um Hilfe und Rat geht.

- Besprechen Sie mit Ihrem Kind, welche Handlungen oder Worte unangemessen sein könnten und wie Sie Ihr Verhalten ändern können.

Wenn Sie mit Ihrem Kind über unangemessene Handlungen oder Worte sprechen, ist es wichtig, das Problem verständnisvoll und ohne Wertung anzugehen.

Betonen Sie zu Beginn des Gesprächs, dass der Zweck Ihres Gesprächs nicht darin besteht, Ihr Kind zu bestrafen, sondern ihm zu helfen, die Konsequenzen seines Handelns zu verstehen und zu lernen, respektvoller mit anderen zu kommunizieren. Sagen Sie Ihrem Kind, dass Sie verstehen, dass wir manchmal Dinge sagen oder tun, die anderen Schmerzen oder Probleme bereiten können. Es ist jedoch wichtig zu lernen, unsere Reaktionen zu kontrollieren und angemessenere Kommunikationswege zu wählen.

Bitten Sie Ihr Kind, darüber zu sprechen, welche Handlungen oder Worte seiner Meinung nach unangemessen sein könnten. Unterstützen Sie ihn dabei, seine Gedanken und Gefühle auszudrücken, auch wenn diese nicht immer richtig oder angemessen sind. Dies wird ihm helfen zu erkennen, wie sich sein Verhalten auf andere auswirken kann.

Besprechen Sie anschließend alternative Verhaltensweisen oder Kommunikationsweisen mit Ihrem Kind. Ermutigen Sie ihn, über Situationen nachzudenken, in denen er sich gereizt oder verletzt fühlt, und wie er auf diese Situationen so reagieren kann, dass Konflikte vermieden werden oder anderen Menschen Ärger bereitet wird. Unterstützen Sie ihn dabei, Lösungen zu finden und seine Gedanken dazu zu äußern.

Stellen Sie abschließend sicher, dass Ihr Kind versteht, dass Sie immer da sind, um es zu unterstützen und ihm in schwierigen Situationen zu helfen. Erklären Sie ihm erneut, dass es wichtig ist, mit anderen Menschen mit Respekt und Sorgfalt umzugehen, und dass er sich jederzeit um Rat oder Unterstützung an Sie wenden kann, wenn ihm etwas unklar ist oder er sich unsicher fühlt.

- Bitten Sie das Schulpersonal oder Anti-Mobbing-Spezialisten um Hilfe, um Unterstützung und eine Lösung der Situation zu erhalten.

Wenn Ihr Kind Opfer von Mobbing wird, ist es wichtig, sofort Unterstützung und Hilfe zu leisten. Einer der ersten Schritte könnte darin bestehen, Hilfe von Schulpersonal oder Anti-Mobbing-Spezialisten in Anspruch zu nehmen.

Schulpersonal wie Lehrer, Sicherheitsberater oder Psychologen werden darin geschult, Mobbing zu erkennen und darauf zu reagieren. Sie können Ihrem Kind emotionale Unterstützung bieten und bei der Lösung der Situation helfen. Sie können ein Gespräch mit den am Vorfall Beteiligten führen, die Umstände des Vorfalls herausfinden und die notwendigen Maßnahmen ergreifen, um weitere Verstöße zu verhindern.

Auch Anti-Mobbing-Spezialisten können wertvolle Hilfe leisten. Dies können Lehrer, Psychologen, Sozialarbeiter oder Vertreter öffentlicher Organisationen sein, die sich auf die Unterstützung von Kindern und Jugendlichen spezialisiert haben. Sie verfügen über Fachwissen und Erfahrung im Umgang mit Mobbing und können spezifische Strategien zur Lösung der Situation anbieten und dabei helfen, die nächsten Schritte zu planen, um ähnliche Vorfälle in der Zukunft zu verhindern.

Auch die Suche nach Hilfe von Schulpersonal oder Anti-Mobbing-Spezialisten kann Ihrem Kind helfen, sich sicher und unterstützt zu fühlen. Dies zeigt ihm, dass er mit seinen Problemen nicht allein ist und dass es Menschen gibt, die bereit sind, ihm im Kampf gegen Mobbing zu helfen.

3. Wenn Ihr Kind Opfer von Mobbing wird:
- Bieten Sie Ihrem Kind Unterstützung und Schutz, indem Sie seine Gefühle und Sorgen besprechen.

Wenn Ihr Kind Opfer von Mobbing wird, ist es wichtig, ihm Unterstützung und Schutz zu bieten. Zunächst sollten Sie mit ihm über seine Gefühle und Sorgen sprechen. Erlauben Sie ihm, seine Gefühle auszudrücken und zu teilen, was passiert. Achten Sie auf seine Erfahrungen und zeigen Sie Verständnis für seine Situation.

Zusätzlich zur emotionalen Unterstützung benötigt Ihr Kind möglicherweise Ihren Schutz. Besprechen Sie mit ihm Strategien, wie er auf Mobbing-Vorfälle reagieren kann und welche Maßnahmen er ergreifen kann, um sich zu schützen. Es ist wichtig, ihm zu versichern, dass er ein Recht auf Sicherheit hat und dass Sie ihn in allen Situationen unterstützen werden.

Es ist auch wichtig, Hilfe von Schulpersonal oder Anti-Mobbing-Spezialisten in Anspruch zu nehmen. Sie können Ihrem Kind zusätzliche Unterstützung bieten und bei der Lösung der Situation helfen. Das Schulpersonal kann den Vorfall untersuchen, Maßnahmen ergreifen, um weiteres Mobbing zu verhindern, und die Sicherheit Ihres Kindes im schulischen Umfeld gewährleisten.

Denken Sie daran, dass Ihre Unterstützung und Ihr Schutz eine entscheidende Rolle dabei spielen, wie Ihr Kind mit Mobbing umgeht. Seien Sie für ihn da, hören Sie ihm zu und geben Sie ihm die Hilfe, die er braucht, damit er diese schwierige Situation meistern kann und sich beschützt fühlt.

- Ermutigen Sie Ihr Kind, Ihnen oder einem anderen vertrauenswürdigen Erwachsenen zu erzählen, was passiert, ohne es mit dem Problem allein zu lassen.

Wenn Ihr Kind Opfer von Mobbing wird, ist es wichtig, es zu ermutigen, Ihnen oder einem anderen vertrauenswürdigen Erwachsenen zu erzählen, was passiert. Dies ist einer der wichtigsten Schritte, um die Situation zu lösen und sicherzustellen, dass Ihr Kind unterstützt wird. Unterstützen Sie ihn, indem Sie ihm zeigen, dass er mit dem Problem nicht allein gelassen wird und dass Sie immer bereit sind, ihm zuzuhören und zu helfen.

Es ist wichtig, eine vertrauensvolle Beziehung zu Ihrem Kind aufzubauen, damit es sich bei Problemen wohl und selbstbewusst an Sie wenden kann. Drücken Sie ihm gegenüber Ihre Bereitschaft aus, ihm zuzuhören und seine Gefühle ohne Urteil zu akzeptieren. Betonen Sie, dass es nicht seine Schuld ist, was ihm passiert, und dass es wichtig ist, über ähnliche Situationen zu sprechen, um gemeinsam eine Lösung zu finden.

Wenn es Ihrem Kind peinlich ist, über Mobbing zu sprechen, versuchen Sie, einen sicheren Raum für das Gespräch zu schaffen. Sie können ein Gespräch beginnen, indem Sie ihn nach seiner Schulzeit oder seinen Freunden fragen. Zeigen Sie ihm, dass Sie an seinem Leben interessiert sind und bereit sind, ihn in jeder Situation zu unterstützen.

Darüber hinaus ist es wichtig, mit Ihrem Kind Strategien zu besprechen, wie es auf Mobbing reagieren und welche Maßnahmen es ergreifen kann, um sich zu schützen. Unterstützen Sie seine Entscheidungen und lassen Sie ihn wissen, dass er sich in jeder Situation auf Sie verlassen kann.

- Kontaktieren Sie Schulpersonal oder Anti-Mobbing-Spezialisten für sofortiges Eingreifen und Unterstützung.

Wenn Ihr Kind Opfer von Mobbing wird, wenden Sie sich an das Schulpersonal oder Anti-Mobbing-Spezialisten, um sofortige Intervention und Unterstützung zu erhalten. Dies ist ein wichtiger Schritt, um die Sicherheit Ihres Kindes zu gewährleisten und das Problem zu lösen.

Das Schulpersonal, darunter Lehrer, Administratoren und Berater, wird darin geschult, auf Mobbing zu reagieren und betroffene Kinder zu unterstützen. Sie können vertrauliche Hilfe leisten, Treffen mit Konfliktbeteiligten vereinbaren und Strategien zur Lösung der Situation entwickeln.

Stellen Sie bei der Kontaktaufnahme mit Schulpersonal oder Anti-Mobbing-Spezialisten sicher, dass sich Ihr Kind unterstützt und geschützt fühlt. Erläutern Sie Ihre Bedenken und Bedenken und bitten Sie um konkrete Schritte, die zur Lösung der Situation unternommen werden.

Es ist wichtig, einen offenen Dialog mit dem Kind zu führen und seinen emotionalen Zustand zu überwachen, während das Problem gelöst wird. Denken Sie daran, dass Ihre Reaktion und Unterstützung eine Schlüsselrolle dabei spielen, wie Ihr Kind mit Mobbing umgeht und wie schnell die Situation gelöst wird.

4. Zusätzliche Strategien:

- Besprechen Sie Sicherheitsstrategien mit Ihrem Kind, z. B. das Vermeiden von Konfliktsituationen und das Bitten um Hilfe, wenn nötig.

Das Besprechen von Sicherheitsstrategien mit Ihrem Kind ist ein wichtiger Aspekt im Umgang mit Mobbing. Eltern sollten ihrem Kind beibringen, potenziell gefährliche Situationen zu erkennen und diese zu vermeiden. Dazu kann gehören, den Kontakt mit Kindern zu meiden, die aggressives Verhalten zeigen oder ein angespanntes Umfeld schaffen.

Es ist wichtig, dass das Kind weiß, dass es das Recht hat, bei Problemen die Hilfe eines Erwachsenen in Anspruch zu nehmen. Dies können Lehrer, Schulberater oder Eltern sein. Wichtig ist auch, mit Ihrem Kind zu besprechen, welche konkreten Maßnahmen im Falle von Mobbing oder einer Gefährdung der Sicherheit ergriffen werden sollten.

Die Unterstützung der Eltern und die Vermittlung adäquater Verhaltensstrategien in Konfliktsituationen erhöhen die Chancen des Kindes, Mobbing-bedingte Probleme zu verhindern oder zu lösen, deutlich.

- Unterstützen Sie Ihr Kind beim Problemlösungsprozess, einschließlich der gemeinsamen Besprechung möglicher Maßnahmen und deren Konsequenzen.

Die Unterstützung eines Kindes im Umgang mit Mobbing ist ein wichtiger Aspekt, um sein emotionales Wohlbefinden zu fördern und ihm bei der Bewältigung einer unangenehmen Situation zu helfen. Wenn Eltern sich aktiv an der Lösung eines Problems beteiligen, zeigt dies dem Kind, dass es nicht allein ist und dass es Unterstützung und Hilfe hat.

Es ist wichtig, mit Ihrem Kind offen und ehrlich über das Geschehene zu sprechen und sich seinen Standpunkt anzuhören. Dadurch fühlt sich das Kind verstanden und unterstützt. Anschließend können Eltern mit ihrem Kind mögliche Möglichkeiten besprechen, mit der Situation umzugehen.

Bei der Erörterung möglicher Maßnahmen und ihrer Konsequenzen ist es wichtig zu betonen, wie wichtig es ist, fundierte Entscheidungen zu treffen und zu verstehen, welche Konsequenzen jede Entscheidung haben kann. Dies kann die Erörterung möglicher Wege zur Lösung des Konflikts sowie die Ermittlung möglicher Risiken und negativer Folgen jeder Entscheidung umfassen.

Das gemeinsame Besprechen eines Aktionsplans hilft dem Kind, sich bei der Lösung des Problems sicherer und bewusster zu fühlen. Es stärkt auch die Bindung zwischen Eltern und Kind und erhöht die Wahrscheinlichkeit, dass sie in Zukunft Hilfe und Rat suchen.

Es ist wichtig, sich daran zu erinnern, dass im Falle von Mobbing die Reaktion unmittelbar und wirksam sein muss und dass die Unterstützung der Eltern eine Schlüsselrolle dabei spielt, dem Kind zu helfen, mit den negativen Folgen dieses Phänomens umzugehen.

- Strategien zur Kommunikation mit Eltern von Kindern, die möglicherweise an Mobbing beteiligt sind. Strategien für die Kommunikation mit Eltern von Kindern, die möglicherweise an Mobbing beteiligt sind, sind wichtig, um ein wirksames Unterstützungssystem zu schaffen und negative Folgen für alle Beteiligten zu verhindern.

Zunächst ist es wichtig, eine offene und vertrauensvolle Atmosphäre unter den Eltern aufrechtzuerhalten. Dies ermöglicht es ihnen, sich wohl und sicher zu fühlen und alle Probleme im Zusammenhang mit Mobbing zu besprechen. Eltern sollten wissen, dass sie sich für Hilfe und Unterstützung an das Schulpersonal oder die Schulleitung wenden können.

Es ist auch wichtig, Eltern Zugang zu Informationen über Mobbing und seine Folgen zu verschaffen. Dazu kann die Durchführung von Informationsveranstaltungen, Workshops oder die Bereitstellung von Handouts mit hilfreichen Tipps und Ressourcen gehören. Wenn Eltern über Mobbing aufgeklärt werden, können sie die Anzeichen erkennen und effektiv reagieren, wenn ihr Kind oder andere Kinder auf das Problem stoßen.

Darüber hinaus ist es wichtig, Feedback- und Unterstützungsmechanismen für Eltern zu schaffen, damit diese problemlos mit dem Schulpersonal kommunizieren und ihre Bedenken oder Beobachtungen teilen können. Dies kann durch regelmäßige Treffen mit dem Klassenlehrer, dem Psychologen oder anderen Schulspezialisten geschehen.

Hilfreich ist es auch, ein Unterstützungsnetzwerk unter Eltern aufzubauen, in dem sie Erfahrungen und Tipps zur Mobbingprävention und zur Unterstützung ihrer Kinder austauschen können. Dazu könnte die Organisation von Elterngruppen oder Online-Foren gehören, in denen sie ihre Probleme diskutieren und gegenseitige Unterstützung finden können.

Insgesamt sollten sich Kommunikationsstrategien für Eltern auf die Stärkung der Partnerschaft zwischen Zuhause und Schule konzentrieren, um gemeinsam Mobbing vorzubeugen und ein sicheres und unterstützendes Umfeld für alle Kinder zu schaffen.

- Arbeit mit Kindern, die unter Aggression und Verhaltensproblemen leiden. Die Arbeit mit Kindern, die unter Aggression und Verhaltensproblemen leiden, erfordert einen umfassenden Ansatz und umfasst mehrere Schlüsselaspekte.

Zunächst ist es wichtig, eine gründliche Beurteilung durchzuführen und die Gründe für das aggressive Verhalten des Kindes zu ermitteln. Dies kann die Kommunikation mit dem Kind selbst, seinen Eltern, Lehrern und anderen Erwachsenen sowie eine Analyse seiner Umgebung und Lebensbedingungen umfassen. Basierend auf diesen Informationen kann ein personalisierter Unterstützungs- und Interventionsplan entwickelt werden.

Bei der Arbeit mit aggressiven Kindern ist es wichtig, einen empathischen und nicht bestrafenden Ansatz zu wählen. Das Kind muss das Gefühl haben, dass seine Sorgen und Gefühle respektiert werden und dass ihm ein sicherer Raum gegeben wird, seine Gefühle auszudrücken. Es ist wichtig zu bedenken, dass aggressives Verhalten oft eine Reaktion auf Stress, Angst oder negative Lebensereignisse ist.

Eine Vielzahl von Techniken kann eingesetzt werden, um Kindern beim Erlernen adaptiver Verhaltensstrategien zu helfen, darunter Spieltherapie, Kunsttherapie, kognitive Verhaltenstherapie und soziale Fähigkeiten. Diese Methoden helfen Kindern, sich ihrer Emotionen bewusst zu werden, Fähigkeiten zur Selbstregulierung zu entwickeln und zu lernen, konstruktiv auf herausfordernde Situationen zu reagieren.

Ein wichtiger Aspekt der Arbeit mit aggressiven Kindern ist auch die Zusammenarbeit mit ihren Familien. Eltern spielen eine Schlüsselrolle bei der Unterstützung des Kindes und der Einführung neuer Verhaltensstrategien in seinen Alltag. Daher ist es wichtig, Eltern mit den notwendigen Informationen, Schulungen und Ressourcen für die Arbeit mit ihrem Kind zu Hause auszustatten.

Schließlich erfordert die Arbeit mit aggressiven Kindern eine enge Zusammenarbeit zwischen Lehrern, Psychologen, Sozialarbeitern und anderen Spezialisten. Ein Team von Spezialisten kann individuelle Förderprogramme entwickeln, die Fortschritte des Kindes überwachen und die Vorgehensweise an seine Bedürfnisse anpassen.

Insgesamt erfordert die Arbeit mit aggressiven Kindern Geduld, Empathie und Kompetenz seitens der Erwachsenen sowie eine konzertierte Anstrengung aller Beteiligten, um ein unterstützendes Umfeld zu schaffen und dem Kind bei der Entwicklung gesunder Verhaltens- und Bewältigungsstrategien zu helfen.

❖ · ❖ · ❖ · ❖ · ❖ · ❖ · ❖ · ❖ · ❖ · ❖ · ❖ · ❖ · ❖ · ❖ · ❖

Abschluss.

Abschließend sollte ein Buch zur Mobbingprävention die Bedeutung der aktiven Rolle der Eltern in diesem Prozess hervorheben. Eltern spielen eine beispiellose Rolle bei der Gestaltung des Charakters und Verhaltens ihrer Kinder, und ihr Einfluss auf die Gestaltung moralischer Werte und ethischer Standards ist von unschätzbarem Wert.

Die aktive Einbeziehung der Eltern in die Mobbingprävention beginnt damit, ihnen das Problem verständlich zu machen. Eltern sollten sich der Anzeichen und Folgen von Mobbing bewusst sein und wissen, wie sie es verhindern und auf Vorfälle von Gewalt oder Diskriminierung in der Schule oder in der Gemeinde reagieren können.

Es ist auch wichtig, dass Eltern mit ihren Kindern einen Dialog über Mobbing führen und ihnen einen sicheren Raum bieten, in dem sie ihre Gefühle und Sorgen äußern können. Kinder müssen wissen, dass sie sich bei Mobbing an ihre Eltern wenden können, um Hilfe und Unterstützung zu erhalten.

Darüber hinaus können Eltern durch die Teilnahme an Eltern-Lehrer-Konferenzen, Selbsthilfegruppen und Bildungsaktivitäten einen aktiven Beitrag zu Mobbing-Präventionsinitiativen in Schule und Gemeinde leisten. Sie können auch positive zwischenmenschliche Beziehungen in der Familie aufrechterhalten, indem sie mit Kindern über die Bedeutung von Respekt, Toleranz und Freundlichkeit sprechen.

Insgesamt ist die aktive Rolle der Eltern ein Schlüsselelement für die erfolgreiche Bekämpfung von Mobbing. Ihr Engagement in Bildung, Unterstützung und Intervention trägt dazu bei, ein sicheres und respektvolles Umfeld sowohl in der Schule als auch in der breiteren Gemeinschaft zu schaffen.

Eltern , die ihren Kindern aktiv helfen, Mobbing zu überwinden, wissen, dass ihre Bemühungen einen großen Unterschied machen und zu positiven Ergebnissen führen können. Die psychischen und physischen Veränderungen, die bei Kindern auftreten, können bei der Bekämpfung von Mobbing im Bildungsbereich von Bedeutung und wirksam sein.

Für Eltern, die die Veränderungen im Verhalten und emotionalen Zustand ihrer Kinder aufgrund von Mobbing genau beobachten, ist es wichtig, sich daran zu erinnern, dass ihre Unterstützung und aktive Beteiligung eine entscheidende Rolle bei der Bekämpfung dieses negativen Phänomens spielen. Ihr Handeln ist für Ihre Kinder in den schwierigsten Situationen eine Quelle der Stärke und des Selbstvertrauens.

Die Momente, in denen Sie ihnen von Ihren Erfahrungen erzählen, ihnen Trost und Unterstützung geben, sie beraten und betreuen, sind von großer Bedeutung. Sie sind eine Stütze und eine verlässliche Stütze in ihrem Leben, die es ihnen ermöglicht, sich im Kampf gegen Angreifer beschützt und nicht allein zu fühlen.

Jeder Schritt, den Sie gemeinsam mit Ihren Kindern unternehmen, um ihr geistiges und körperliches Wohlbefinden zu verbessern, soll ihnen Sicherheit und Selbstvertrauen geben. Ihre Bemühungen helfen ihnen nicht nur, aktuelle Schwierigkeiten zu überwinden, sondern formen sie auch zu starken und entschlossenen Individuen, die bereit sind, alle Herausforderungen und Angreifer abzuwehren.

Denken Sie daran, dass Ihre aktive Rolle und Aufmerksamkeit für Kinder ein Schlüsselfaktor bei der Schaffung einer unterstützenden und geschützten Umgebung ist, in der sie wachsen und gedeihen können. Gemeinsam können Sie alle Hindernisse überwinden und ihnen eine glänzende und erfolgreiche Zukunft ermöglichen, frei von Mobbing und Diskriminierung.

❖ · ❖ · ❖ · ❖ · ❖ · ❖ · ❖ · ❖ · ❖ · ❖ · ❖ · ❖ · ❖ · ❖ · ❖

Wohltätigkeit .

auch von meiner privaten Wohltätigkeitsstiftung „UA heart" erzählen , in der ich und meine Frau eine sehr wichtige und edle Arbeit leisten. Diese persönliche Stiftung unterstützt Waisenhäuser in der Ukraine, in denen Kinder untergebracht werden, die ihre Eltern aufgrund des brutalen Krieges Russlands gegen die Ukraine verloren haben.

Diese Kinder brauchen unsere Unterstützung und Fürsorge. Sie wollen in Frieden und Glück leben, lernen und sich weiterentwickeln, Freunde und Familie haben. Aber sie haben nichts als Angst und Einsamkeit. Sie warten auf unsere Hilfe und Hoffnung.

Unsere persönliche Stiftung „UA Herz" organisiert verschiedene Veranstaltungen und Projekte, um das Leben dieser Kinder zu verbessern. Er sammelt Spenden, um Kleidung, Spielzeug, Bücher, Medikamente und andere notwendige Dinge zu kaufen. Er veranstaltet auch Veranstaltungen, bei denen Kinder mit Freiwilligen, Psychologen und anderen Menschen kommunizieren können, die bereit sind, ihre Wärme und Liebe mit ihnen zu teilen. Wenn Sie möchten, können Sie dieser Stiftung beitreten und zur Rettung dieser Kinder beitragen, indem Sie auf der unten aufgeführten Website der Stiftung eine Spende tätigen. Sie können auch ehrenamtlich tätig werden und eines der Waisenhäuser in der Ukraine besuchen, um den Kindern persönlich Ihre Aufmerksamkeit und Ihr Lächeln zu schenken. Sie können Ihren Freunden und Bekannten von dem Fonds erzählen, um Informationen über seine Aktivitäten zu verbreiten.

Lassen Sie uns dem Schicksal dieser Kinder nicht gleichgültig gegenüberstehen. Zeigen wir ihnen, dass wir sie nicht vergessen haben, dass wir bei ihnen sind, dass wir sie lieben und an sie glauben. Geben wir ihnen eine Chance auf eine glückliche Kindheit und eine glänzende Zukunft. Öffnen wir unsere Herzen für die Stiftung „UA heart".

https://www.buymeacoffee.com/UAheart

https://www.facebook.com/o.nashchubskiy

Jetzt herrscht Krieg in der Ukraine, Städte werden zerstört, Zivilisten sterben, Familien werden zerstört und Kinder verlieren ihre Eltern und bleiben Waisen. Ich bin mir sicher, dass Ihnen diese große Tragödie, die sich in unserem Jahrhundert vor unseren Augen in der Ukraine abspielt, nicht gleichgültig bleiben kann. Und wenn Sie den Wunsch haben, etwas Gutes zu tun, um diesen unglücklichen Kriegsopfern zu helfen, die ein besseres Leben verdienen, dann gibt es mehrere Möglichkeiten, Ihre Freundlichkeit und Ihr Mitgefühl zu zeigen.

Sie können auch eine Spende an unsere gemeinnützige Privatstiftung für Familien leisten, die Waisenkindern humanitäre Hilfe leistet in der Ukraine :

Und es gibt noch eine andere Möglichkeit, Kindern zu helfen, die für jedermann leicht zugänglich ist: Kaufen Sie ein weiteres Exemplar dieses Buches und geben Sie es an jeden weiter, den Sie möchten . Auf diese Weise unterstützen Sie finanziell die Autoren des Buches, die die Hälfte des Erlöses für vom Krieg betroffene Kinder spenden. Schließlich sind es Kinder, die Zukunft unseres Planeten, und wir können sie nicht ohne Unterstützung und Fürsorge zurücklassen.

Aber die beste Möglichkeit, zu helfen, ist die Adoption eines Kindes aus der Ukraine. Auf diese Weise retten Sie ein zerstörtes Leben und geben ihm eine neue Familie, ein neues Zuhause, eine neue Hoffnung. Sie werden einer kleinen unschuldigen Seele, die Ihre Liebe und Fürsorge so sehr braucht, eine Zukunft im Leben schenken. Sie werden diese Welt zu einem besseren und freundlicheren Ort machen und dafür das Wertvollste erhalten, nämlich die Dankbarkeit und das Glück des Kindes, das Ihr Sohn oder Ihre Tochter wird."